AMAR SIN SUFRIR

Amar sin sufrir

Ni los hombres son imposibles,
ni las mujeres incomprensibles

María Jesús Álava Reyes

la esfera ⊕ de los libros

Primera edición: junio de 2024

© María Jesús Álava Reyes, 2006
© La Esfera de los Libros, S.L., 2006, 2010
Avenida de San Luis, 25
28033 Madrid
Teléf.: 91 296 02 00 • Fax: 91 296 02 06
Pág. web: www.esferalibros.com

ISBN: 978-84-1384-829-7
Depósito legal: M-8665-2024
Fotomecánica: Unidad Editorial
Fotocomposición: IRC, S. L.
Impresión y encuadernación: Cofás.
Impreso en España-*Printed in Spain*

Índice

A César García Fernández de Valderrama
y a Conchita de Daniel.
Todo mi cariño y mi admiración
ante la grandeza de vuestro amor.

Agradecimientos

GRACIAS:

A todas las personas que me habéis ayudado a descubrir, sentir, vivir y compartir los sentimientos y las emociones.

Introducción

Cuando el amor nos hace sufrir

Muchas personas dicen que su vida cambió cuando descubrieron el amor, cuando experimentaron el sentimiento más profundo del ser humano. Pero transcurrido un tiempo, un porcentaje importante empieza a preocuparse cuando aparecen las dificultades y hacen acto de presencia los desencuentros; entonces se sienten invadidas por las dudas, los miedos, los temores y las inseguridades; no saben cómo actuar, y lo que era dicha y alegría, con frecuencia se transforma en desasosiego, ansiedad o dolor.

En otros casos el amor termina en naufragio y llega la frustración, incluso el resentimiento y la desesperanza. Entonces se sienten atrapadas por lo que consideran una equivocación, un fallo terrible en la elección de la persona con quien quisieron compartir su vida.

¿Qué ha pasado para que se haya producido ese cambio tan drástico, para que un gran porcentaje de parejas confiese, al cabo del tiempo, que se equivocó?

Afortunadamente, no todas las relaciones están condenadas al fracaso, pero cuando las crisis se suceden, los sentimientos más profundos parecen ponerse a prueba.

La secuencia de los hechos se repite de forma constante y...

> ... *A veces, del amor al desamor sólo hay un paso, el paso del tiempo.*

En un principio surge el amor, y puede hacerlo de forma imprevista. De repente nos sentimos desbordados; aparecen nuevas e intensas sensaciones que nos sobrecogen, nos llenan de incertidumbres y desasosiegos, de preguntas sin respuesta, de dudas que nos ahogan..., de un sinvivir que da paso a la felicidad más intensa que nunca habíamos experimentado, a la emoción más profunda y más sorprendente, a un sinfín de ilusiones, de alegrías, de certezas y seguridades, de gozos compartidos y de pasiones sin límites.

¡Qué bien nos sentimos en esos momentos!, pero ¡cuánto dolor puede esperarnos al cabo del tiempo!

¿Qué ocurre para pasar de un extremo al otro, para saltar de la cúspide de la montaña al hoyo más profundo?

¿Han llegado el desamor, el desencanto, la decepción... o nos hemos sentido ahogados por la incomprensión?

¿Qué está fallando?, ¿dónde ha ido a parar ese cariño que parecía inagotable, ese afecto lleno de ternura y sensibilidad, esa excitación que sentíamos al ver o pensar en la otra persona?

¿Cómo es posible que esas relaciones que parecían eternas se vuelvan efímeras, y que las parejas que se sentían tan seguras de su amor, como para desear estar siempre juntas y unirse en matrimonio, fracasen en los países occidentales de forma tan estrepitosa? El 50 por ciento termina en divorcio, pero ¿cuántas parejas desearían acabar con esa pesadilla en que se ha convertido su convivencia?

¿Quizá la naturaleza nos está jugando una mala pasada y nos empeñamos en un imposible? ¿Deberíamos asumir que los hombres y las mujeres no estamos hechos para vivir juntos? O... ¿tal vez el fallo radica en que las circunstancias que hoy nos rodean son muy diferentes, las expectativas muy altas y las dificultades demasiado profundas?

¿El problema es de los hombres?, ¿de las mujeres?, ¿o todos somos víctimas?

Comentábamos en anteriores libros —*La inutilidad del sufrimiento* y *Emociones que hieren*— que nunca nos habían enseñado a relacionarnos, a comunicarnos de forma eficaz y a dejar de sufrir inútilmente. De la misma forma, por muy increíble que nos parezca, no nos mostraron, ni de pequeños, ni de adolescentes, ni de adultos, cómo podríamos entendernos mejor las mujeres y los hombres.

¿Por qué el amor nos hace sufrir?, ¿es tan difícil llevarnos bien, pasadas las primeras fases de la relación? Las respuestas son muchas, pero seguramente la principal es porque no sabemos qué es lo que podemos esperar. No sabemos cómo somos, cómo sentimos, en qué nos parecemos, en qué nos diferenciamos, lo que nos aleja, lo que nos acerca, lo que nos une, lo que nos separa...

> *La psicología nos puede mostrar, tanto las causas que nos conducen al fracaso en nuestras relaciones, como las claves que nos ayuden a superar nuestras diferencias.*

En un tema tan importante como éste, en que está en juego nuestra felicidad, el conocimiento de la psicología del hombre y de la mujer puede ayudarnos a entendernos, a encontrar explicaciones a nuestras conductas tan dispares, a conseguir que actuemos desde la lógica y el razonamiento, desde la no exigencia de imposibles, desde la comprensión y la flexibilidad que da el conocimiento mutuo.

Podemos optar por seguir como hasta ahora y sufrir inútilmente a causa de nuestra ignorancia; o podemos descubrir las claves que nos facilitarán el porqué de nuestras reacciones, el entendimiento de nuestras conductas, los secretos de nuestros sentimientos...

Sin duda, aún podemos elegir: ¿queremos seguir construyendo muros infranqueables o preferimos quitar los obstáculos que continuamente surgen en el transcurso de las relaciones? ¿Esperamos a envejecer para que, cuando ya no hay remedio, la experiencia nos muestre cómo podríamos haber salvado nuestras diferencias o empezamos hoy mismo a mirar con ojos nuevos, con ojos que nos permitan ver lo que nuestras emociones nos escondieron?

En este libro vamos a tratar de aprender las claves que nos explican por qué algunas relaciones pueden salvarse, y por qué debemos poner fin a otras relaciones donde el desamor ha hecho acto de presencia, al menos en uno de los integrantes de la pareja. Vamos a tratar de exponer, de forma muy práctica, aquellos principios psicológicos que nos ayudarán a explicarnos situaciones difíciles, reacciones insospechadas y conductas problemáticas.

Seguro que la lectura de los siguientes capítulos nos ofrecerá un nuevo prisma, a modo de caleidoscopio, que nos permitirá analizar las relaciones afectivas desde los distintos ángulos, formas y colores en que pueden desarrollarse.

Las personas somos tan complejas que merece la pena conocer los secretos que nos ayudarán a entendernos y aceptarnos.

Como siempre, para facilitar nuestra comprensión, utilizaremos ejemplos, casos que hemos extraído de nuestra práctica de la psicología. Lógicamente, cambiaremos algunos datos fundamentales, para que los protagonistas no puedan ser identificados.

Capítulo 1

Cuando surgen las dudas

Inevitablemente, pasado cierto tiempo, empiezan las dudas y con ellas el dolor hace acto de presencia en la relación.

En algunos casos sólo habrán transcurrido unos días o semanas, cuando ese sentimiento de inquietud empieza a sobrevolar sobre nosotros; en otros, esa emoción que nos perturba no surge hasta varios meses, o incluso años, después.

Las dudas pueden llegar de repente o poco a poco, casi imperceptiblemente. De cualquier forma, con su aterrizaje comienzan las incertidumbres y, apenas sin darnos cuenta, ese sentimiento que nos embargaba y nos llenaba de felicidad, da paso a un estado de excitación poco placentero, en el que la ansiedad, incluso la angustia, ha desplazado a la ensoñación y a la alegría tan intensa de la primera fase del enamoramiento.

Los efectos serán muy distintos según el carácter y los antecedentes de cada uno. Las personas optimistas y seguras de sí mismas afrontarán esta etapa con buen ánimo, intentarán superar las dificultades y lo harán transmitiendo ilusión y esperanza. Por el contrario, las personas más pesimistas o que arrastren importantes desengaños amorosos vivirán estas dudas desde el miedo, desde ese sentimiento tan profundo e irracional que paraliza y bloquea, y nos lleva al desencanto y la frustración. Es como si hubieran estado en un proceso de permanente alarma, en el que por fin terminan constatando que sus temores tenían un claro fundamento. ¡Cuidado con el pesimismo!, una persona que rápidamente lo ve todo negro tiene pocas posibilidades de ser feliz de manera continuada.

> *El pesimismo arrastra, el optimismo envuelve, pero la relación de fuerzas no está equilibrada.*

Cuando surgen las dudas, el pesimista terminará con la paciencia del optimista, antes de que éste consiga que los miedos y las inseguridades del pesimista dejen paso a la racionalidad y la objetividad de los hechos.

Las reacciones dependerán más del carácter de cada uno, que del hecho de que sean hombres o mujeres.

Es cierto que las mujeres tienen más facilidad para llegar a la ensoñación y al romanticismo, pero la sensibilidad de algunos hombres puede ser igual de intensa, aunque normalmente se manifiesta de forma menos evidente.

Las causas que pueden desencadenar las dudas son tan diversas como complejas somos las personas. Un comentario, una actitud, una conducta a la que no habíamos dado importancia otras veces, adquiere de pronto un dramatismo que parece mover los cimientos más profundos. En otras ocasiones, aparentemente no habrá pasado nada especial, pero nuestros pensamientos, casi de forma imperceptible, empezarán a cuestionar lo que la pareja ha hecho o dejado de hacer, lo que nosotros deseábamos que hiciera, lo que creemos que debería haber pasado, lo que el otro puede estar pensando, lo que no nos dice pero espera que nosotros adivinemos, lo que nos oculta... Al final, nos encontramos en medio de una gran tormenta originada por nosotros mismos. En estos casos, la pareja sufre un fuerte desgaste. Por una parte, la persona que no controla sus pensamientos, y no es consciente de que está provocando emociones erróneas, pide, exige o espera lo que el otro no puede darle; y el otro miembro, de repente, siente cómo un alud, que no sabe de dónde ha venido, arrastra y hace naufragar su relación afectiva.

Con frecuencia vienen a la consulta parejas o personas que se sienten derrotadas y llenas de dolor. Cuando intentamos profundizar en las causas que han originado ese sufrimiento, surgen las preguntas sin respuesta; las dudas y vacilaciones se multiplican; uno y otro buscan desesperadamente lo que cambió su relación y, en muchos casos, terminan diciendo algo parecido a: «Un día, casi sin darme cuenta, descubrí que todo había cambiado, que ya no me sentía querido/a, que no esperaba con impaciencia el momento de vernos, que no me gustaba lo que él/ella hacía; que lo que antes me resultaba simpático ahora me molestaba; que su actitud era egoísta, que yo no le importaba...».

En otras ocasiones, sencillamente, uno de los dos manifiesta que «el amor se ha terminado y no cabe darle más vueltas».

Habría que matizar mucho lo que es amor, enamoramiento, pasión, cariño, afectividad... Lo iremos viendo a lo largo del presente libro; ahora vamos a intentar descifrar algunas de las preguntas que continuamente surgen cuando aparecen las primeras dudas, y lo haremos enmarcándolas en su justo sitio, desde las diferencias que suelen experimentar hombres y mujeres, y desde la profundidad de esa sensibilidad única e irrepetible que tenemos cada persona.

Una de las primeras dudas es: ¿se terminó el amor, el cariño?

¿Se terminó el amor, el cariño?

Más que una duda, muchas veces parece un lamento. Las expresiones más comunes son: «¡Cómo es posible que ya se haya terminado el amor!»; o, lo que es peor: «¡Pero ¿cómo ha durado tan poco su amor?!».

Aquí normalmente se produce una diferencia en la forma de enfocar esta situación, según se trate de un hombre o una mujer. Sin pretender generalizar, la mayoría de los hombres asume con menos resistencias esta posibilidad. Su naturaleza biológica, muy diferente a la de la mujer, les lleva a aceptar más rápidamente que el amor se ha podido terminar. Ellos suelen vivir esa primera fase de enamoramiento, que a veces confunden con apasionamiento, con gran intensidad; pero también se desinflan con mayor facilidad. Sin duda, los miles de años de historia, en que las funciones que realizaban los hombres y las mujeres eran muy distintas, han condicionado fuertemente sus emociones y sentimientos en relación al amor.

El hombre se dedicaba habitualmente a la guerra o a la caza, mientras que la mujer cuidaba de la familia y cultivaba el campo. En ellos todo era acción, rapidez, fuerza, lucha, victoria, derrota, idas, venidas y vuelta a empezar. En las mujeres predominaba la atención, la observación y el cuidado de la prole y del resto de la familia, la paciencia, la perseverancia, el trabajo callado y continuado..., y la larga espera del hombre.

No debemos pensar que la huella que ha dejado en nosotros la conducta realizada durante miles y miles de años desaparezca de nuestra base biológica en unas pocas décadas. En este sentido, resulta paradójica la poca importancia que se ha otorgado a este hecho por parte de la educación que hemos recibido; ¿cómo es posible que apenas nos hayan informado sobre estas profundas diferencias, que marcan en gran medida la vida y los sentimientos de los hombres y las mujeres?

Algunos aspectos nos parecen tan evidentes que nadie los pone en duda. Por ejemplo, todos asumimos que los hombres tienen más fuerza física que las mujeres, ¿pero por qué no tenemos claro que los hombres y las mujeres sienten el amor de forma diferente? ¡Cuidado!, no estoy diciendo que unos lo sientan con mayor o menor profundidad, pero sí que lo viven de forma distinta.

Al igual que nuestra sexualidad es diferente, cuando surgen las dudas en las relaciones amorosas o afectivas, nuestra vivencia también es dispar.

Si el hombre ha identificado amor con pulsión sexual, cuando ésta disminuye por el paso del tiempo, o porque se han producido una serie de circunstancias que han condicionado esa relación, puede pensar que ya se terminó el amor y, en consecuencia, cambia su conducta o sus manifestaciones.

A las mujeres les cuesta más asumir que el amor se ha terminado, porque lo experimentan de forma distinta. Salvo ciertos casos, y en determinadas edades, para la mujer la sexualidad será un componente más del amor, pero no el único, y en muchas ocasiones ni tan siquiera será el elemento crucial.

La afectividad también es diferente y la mujer estará especialmente sensible a las manifestaciones de cariño, a los cuidados, mimos, atenciones y detalles por parte de su pareja. Para la mujer, el hecho de que sienta la ausencia de estas manifestaciones significa que ella aún las espera; sus dudas y angustias surgen al constatar que su pareja no parece sentir esta necesidad o, lo que a veces es peor, no parece ser consciente de que ella lo está pasando mal.

Ahí empiezan las diferencias insalvables y, sin quererlo, surgen las semillas del desencuentro.

La mujer, lejos de pensar que el hombre siente el amor de otra forma y lo manifiesta de manera distinta, empieza a pedir y a exigir esas manifestaciones afectivas que tanto añora y que en ella van unidas al hecho de sentir amor.

El hombre, con frecuencia, se siente sorprendido y requerido a tener determinadas manifestaciones afectivas que le cuestan, pues en muchas ocasiones no le surgen de forma espontánea. Por otra parte, el hecho de sentirse «casi obligado», lejos de estimularle o acercarle afectivamente hacia su pareja, le produce rechazo y distanciamiento.

Las dudas sobre si se terminó el amor o el cariño en muchas ocasiones no se producirían si ambos, hombres y mujeres, conociéramos perfectamente la forma de vivir el amor de unos y otros; si supiéramos en detalle las distintas fases que atravesamos, la secuencia de manifestaciones afectivas que se van produciendo, cómo podemos estimularlas, lo que hace que cada día ese amor crezca, lo que lo destruye, lo que lo potencia, lo que lo arruina...

Pero los hechos son los que son, dirán muchos lectores, y se preguntarán qué hacer cuándo en su caso concreto surgen esas dudas, esas terribles preguntas que parecen marcar el final de una etapa feliz.

Vamos a intentar dar respuesta a esas situaciones difíciles que todos hemos vivido. Posteriormente, según profundicemos en la lectura del libro, iremos conociendo esas diferencias y singularidades que nos ofrecerán más luz en estas situaciones llenas de incertidumbre; mientras tanto, señalaremos algunas claves que nos pueden ayudar en estos momentos:

1. En toda relación afectiva, tarde o temprano surgirán dudas. Cuando lleguen, las viviremos como una parte más del proceso, no como el inicio de un final anunciado.

2. Las dudas no son peligrosas, cuando las recibimos sin angustia nos ayudan a objetivar nuestros sentimientos y nos muestran hasta qué punto controlamos o no nuestras emociones.

3. Además de analizar lo que está pasando, nos ayudará mucho el ser consciente de lo que estamos pensando. Ya decíamos que los pensamientos son previos a las emociones y, en gran medida, son los responsables de lo que sentimos en cada momento. En muchas ocasiones, nuestros esfuerzos se dirigirán a cambiar nuestros pensamientos catastrofistas por otros más realistas y más racionales. Si lo hacemos, nos sorprenderá ver en qué medida conseguimos mejorar nuestro estado de ánimo.

4. Es bueno que tomemos distancia de la situación, para ello podemos utilizar el registro* de conducta. Cuando lo rellenamos, sentimos como poco a poco la razón termina prevaleciendo sobre la emoción. Posteriormente veremos qué podemos hacer para mejorar estas situaciones en un futuro.

Registro de conducta

Nombre _____   Edad _____

Día/hora	Situación ¿Dónde estáis, quiénes y qué hacéis?	Conducta problema ¿Qué hace o dice la pareja? (literalmente)	Respuesta tuya o de otras personas presentes (literalmente qué hacen o dicen)

* Los registros constituyen una herramienta fundamental para el psicólogo, pues le permite tener una radiografía muy completa de la situación; gracias a los registros sabemos qué está pasando, cuándo ocurre, en qué circunstancias, cómo reaccionan las distintas personas..., pero también son de gran de ayuda para quien los realiza, pues empieza a darse cuenta de una serie de hechos que antes le podían haber pasado desapercibidos.

Los registros son anotaciones «literales» de lo que pasa en el medio familiar, social, laboral... del paciente. De esta forma, la evaluación será más completa y nos permitirá ajustar al máximo nuestras pautas de intervención. Nos ayudan a ser objetivos con los hechos y, desde el principio, nos hacen ser conscientes de nuestras propias actuaciones, de las conductas de los que nos rodean, de cómo reaccionamos ante los acontecimientos, de cómo influimos o nos dejamos influir por los demás...

En las situaciones de pareja, los registros nos muestran cómo reacciona cada uno, ante qué circunstancias se producen los momentos más conflictivos, las acciones que crean tensión en la pareja, las que relajan el ambiente, las que ayudan a establecer «puentes» entre ambos...

A lo largo de una intervención psicológica, lo normal es que pidamos que nos hagan distintos tipos de registros, que nos ayudarán a evaluar las variables fundamentales del caso; de la misma forma, proporcionarán a la pareja las claves que antes les habían pasado inadvertidas.

5. Cuando nos encontremos demasiado agobiados o confusos ante estas dudas, será importante que nos
   concedamos un tiempo de descanso. Si la situación
   lo permite, unos días o semanas sin ver a nuestra
   pareja nos pueden ayudar a saber lo que sentimos.
   Aquí es probable que la otra persona no quiera acce-
   der a esta tregua, pues la puede vivir como un distanciamiento; será muy importante cómo se lo
   comuniquemos; lo haremos con calma y con afecto,
   pero también con convicción, sin dar marcha atrás.
   De la misma forma que no nos podemos imponer
   un sentimiento, debemos concedernos la tranquilidad y la distancia que nos ayudarán a ver, sentir y
   analizar tanto la situación que vivimos, como el estado
   de nuestra relación.

   Cuando la situación haga muy difícil esta opción,
   porque vivan juntos y tengan hijos en común, se buscará un acuerdo de mínimos, que consistirá en que,
   viviendo juntos, se concederán «un tiempo de descanso
   mutuo», en que no hablarán sobre los sentimientos de
   cada uno, intentarán no realizar actividades conjuntas,
   no tendrán relaciones íntimas...

6. Una vez conseguida esa tregua, para que ésta sea efectiva, en una primera fase nos forzaremos a ocupar
   nuestra mente en cosas distintas; de esta forma conseguiremos ese «distanciamiento», que nos permitirá ver y analizar nuestros sentimientos y los hechos
   con más claridad.

7. Si después de ese periodo seguimos teniendo dudas,
   no forzaremos la relación; se lo explicaremos a nuestra pareja e intentaremos encontrar un acuerdo. Si la

pareja decide que no quiere esperar más, estará en su derecho, pero alejaremos inmediatamente de nuestra mente los pensamientos de derrota o fracaso. Una pareja que decide no dar a la otra persona la tranquilidad que en ese momento necesita, seguramente no era la pareja ideal para continuar la relación amorosa.

Cuando el amor es auténtico, las personas con equilibrio emocional saben que no pueden ni deben forzar las situaciones.

El respeto y la confianza en nosotros mismos y en nuestro amor harán que esas primeras dudas las recibamos con calma. El conocimiento de la singularidad de la otra persona nos ayudará a superar inquietudes, vencer temores y establecer nuevos y fructíferos canales de comunicación.

Si al final, desde la tranquilidad que da el convencimiento, decidimos que se terminó el amor, no renegaremos del mismo; antes bien, intentaremos extraer las enseñanzas y las vivencias que nos aportó, y lo haremos no para trasladarlas a la siguiente relación, sino para avanzar en ese aprendizaje particular que nos permitirá sentirnos mejor cada día con nosotros mismos y con las vivencias que tendremos en un futuro.

Cuando el cariño se ha terminado, lo mejor que podemos hacer es mimarnos; mimarnos en la medida en que lo necesitemos. Para ello no nos regañaremos ni traeremos a nuestra mente sucesos dolorosos. Mimarnos es abrazarnos y querernos en esos momentos de buscada o forzada soledad.

Habrá casos, sin embargo, en los que todavía sintamos dudas y nos planteemos aquello de: ¿aún puedo tener esperanza?

¿Aún puedo tener esperanza?

Con frecuencia muchas personas se plantean si aún pueden tener esperanza. Los psicólogos sabemos que antes de formularnos esta pregunta, deberíamos haber respondido a otra interrogante, que es previa y, en gran medida, condiciona la respuesta anterior.

Sólo merece la pena hablar de esperanza en aquellos casos en que la relación afectiva nos ha llenado de felicidad, pero también de seguridad y equilibrio. Cuando la incertidumbre y la insatisfacción han sido las constantes de ese supuesto amor, ¿para qué queremos que continúe?, ¿para seguir sufriendo?, ¿para esperar, contra todo pronóstico, que la relación cambie y que la otra persona se transforme en lo que desearíamos y no en lo que es...?

¡Con qué frecuencia nos agarramos a relaciones equivocadas! Nos engañamos en un principio y, lejos de rectificar, pretendemos seguir engañándonos, reinventando los hechos, transformando la realidad y esperando imposibles.

Cuando la historia pasada nos ha traído dolor, un dolor inútil, causado no tanto por las situaciones adversas, sino por personas que sienten, analizan, valoran y priorizan de forma diferente, ¡no merece la pena alimentar la esperanza!

Por el contrario, cuando ambos hemos vivido una relación tan intensa como compartida, tan profunda de sentimientos como llena de generosidad, tan plagada de amor como de cariño, tan repleta de respeto como de admiración, ¡MERECE LA PENA VOLVERLO A INTENTAR!, y lo haremos con una única premisa: ¡QUE LOS DOS LO QUERAMOS!, que ambos estemos en el mismo punto de partida, que lo deseemos con la misma intensidad, que ninguno se sienta presionado ni condicionado por el otro, que el motor sea seguir haciendo crecer ese amor, que tanta felicidad nos ha proporcionado.

Cuando sintamos que la otra persona aún nos quiere como nosotros deseamos que nos quiera, y que nosotros seguimos sintiendo ese éxtasis, que sólo hemos alcanzado cuando hemos experimentado el amor que nos llena de plenitud, entonces podremos tener esperanza y pondremos todas nuestras energías para vivir, si cabe con más plenitud, ese amor que tanto nos llena.

Lo contrario no tiene sentido y, como antes comentábamos, las mujeres, con más frecuencia que los hombres, tienden a resistirse y les cuesta dar por terminada una relación que está condenada al fracaso. En un intento tan estéril como doloroso, desean que vuelva a crecer lo que hace tiempo se quemó, incluso lo que nunca llegó a germinar, o sólo existió en su imaginación.

> *Dejemos la esperanza para aquellas relaciones que pueden desembocar en amor compartido y en cariño mutuamente sentido; y llenemos de desesperanza lo que sólo puede conducirnos al dolor y al desencuentro.*

En la misma línea, podemos plantearnos la siguiente pregunta: ¿merece la pena intentarlo?

¿Merece la pena intentarlo?

En realidad, en la pregunta anterior ya hemos contestado a esta interrogante. Como exponíamos, merece la pena sólo si lo que hemos vivido nos llenó de satisfacción, de equilibrio y plenitud, y si ambos aún compartimos lo esencial del amor: léase el respeto, la generosidad, la admiración y el deseo de intentarlo hasta desfondarnos, con lo mejor que llevamos dentro.

> *¡No hay esfuerzo mejor empleado que el que se realiza para superar las dificultades que todo gran amor entraña!, y no hay esfuerzo más baldío que el que se aplica a sentimientos agotados, a esperanzas perdidas o a emociones contrapuestas.*

El caso de Ana y Andrés puede ilustrarnos este capítulo.

El caso de Ana y Andrés

Ana y Andrés vinieron a la consulta para ver si existía alguna posibilidad de recuperar su relación.

La persona más empeñada en intentarlo hasta el final era Ana. Andrés, por el contrario, parecía convencido de que su relación hacía tiempo que había terminado, pero ante la presión de Ana, había decidido acudir a la consulta; pensaba que de esta forma, al menos, no escucharía cada día sus reproches y, además, en lo más profundo de sí mismo, esperaba que fuese un profesional el que convenciera a su pareja de lo absurdo de empeñarse en un imposible.

Ambos superaban ya la treintena, estaban bien situados profesionalmente y arrastraban un largo historial de relaciones insatisfactorias, decepcionantes y poco estables en el tiempo.

Con estos antecedentes se pusieron en nuestras manos.

Como siempre, después de la primera entrevista, lo primero que hicimos fue empezar a trabajar por separado con cada uno de ellos.

Normalmente las parejas esperan que empecemos a trabajar con los dos juntos desde el primer día, pero no tiene mucho sentido repetir en el marco de la consulta las situaciones y las discusiones que tienen lugar en la pareja, si antes no hemos trabajado con ellos cómo enfocar y analizar el problema.

Sólo volvemos a juntarlos cuando hemos constatado que cada uno comprende perfectamente qué ha pasado, cuál es el origen de las dificultades que han tenido, por qué la otra persona reacciona como lo hace y, lo que es más importante, cómo debe abordar, a partir de ahora, la relación con su pareja.

Pronto vimos que Andrés ya no estaba enamorado de Ana, que en el mejor de los casos sentía cierto cariño y lástima por ella, pero nada parecido a ese amor que es capaz de superar dificultades y desencuentros.

Ana tampoco estaba enamorada de Andrés, pero no se resignaba a perderlo. Había recreado una imagen que en nada se parecía a la realidad, por lo que constantemente se estrellaba entre lo que quería, lo que sentía, lo que esperaba y lo que el otro podía ofrecerle. Una y otra vez se desesperaba con sus pensamientos y sus análisis; pensaba que todo el problema era que Andrés seguramente le había sido infiel, y que ahora estaba asustado ante el compromiso que ella le pedía; lejos de admitir las evidencias, creía que la solución era forzar la convivencia, y por ello reclamaba una fecha para irse a vivir juntos. Lo único que había conseguido con esa actitud era que Andrés se sintiese muy presionado y reaccionara a veces desapareciendo durante días, no dando señales de vida, ni cogiendo el teléfono...

Nos costó mucho convencer a Ana de que se estaba empeñando en un imposible; que ambos eran profundamente diferentes, que sus intereses no coincidían, que sus formas de ver la vida eran antagónicas, que no existía entre ellos ese amor que hubiera podido derribar las barreras que se habían levantado entre ambos.

También nos supuso un gran esfuerzo liberar a Andrés de tanta presión, de tanta culpabilidad, de esa profunda convicción que le hacía sentirse incapaz de poder amar a alguien.

Al final, prácticamente no llegamos a estar con los dos de forma conjunta, sólo los reunimos para exponerles las evidencias que, desde el punto de vista psicológico, resultaban irrebatibles.

Lo que sí hicimos fue trabajar de forma individualizada con cada uno de ellos durante varias sesiones. Con Ana fue necesario proporcionarle claves nuevas, que le ayudaron a revisar y analizar su vida y, sobre todo, a recuperar la esperanza. Al final se dio cuenta de que era una persona de gran valía, pero llena de inseguridades e insatisfacciones, que provocaban en ella conductas exigentes y manipuladoras con sus parejas. Cuando aprendió a conocerse y supo profundizar en las diferentes formas de vivir el amor, dejó de exigir para pasar a compartir; se sintió mejor con ella misma y abandonó ese victimismo que tanto la había perjudicado.

Para Andrés fue una auténtica liberación, pero también, como él mismo apuntó, un gran aprendizaje. Se dio cuenta de que las mujeres sienten de forma diferente, que la pasión se termina pasando, que el auténtico amor hay que trabajarlo cada día, que la solución no está en dar lo que te piden hoy, sino en saber si, por encima de todo, quieres a esa persona; si deseas seguir con ella y estás convencido de que sois complementarios; si te produce gran felicidad pensar en ella y profunda desdicha imaginarte su ausencia...

Pronto Andrés comprobó que sentía alivio, más que tristeza, al pensar que podía decidir libremente si continuar o no con Ana; que no tenía obligación de seguir con una persona que le hacía sentirse injustamente tratado; que el amor no era manipulación, ni tiranía.

Andrés aprendió que...

... Las mujeres no somos fáciles, pero no somos ni mejores ni peores que ellos, somos diferentes; a veces tan diferentes que resultamos casi incomprensibles para el género masculino; de la misma forma que algunos hombres pueden resultar imposibles para muchas mujeres; afortunadamente, con frecuencia se produce esa relación «casi perfecta», que cada vez se basa más en el conocimiento y en el respeto de las diferencias.

Andrés y Ana no terminaron como pareja, ni tan siquiera como amigos, pues Ana sentía aún demasiado dolor para mirar a Andrés y no ver en él a alguien que le había decepcionado. Afortunadamente, a medida que fue recuperando su equilibrio y su confianza, pudo darse cuenta de que había tenido enfrente a una buena persona, con la que no podía vivir el amor que ella había deseado, pero a la que podía llamar en un momento de apuro o desesperanza.

En definitiva:

Merece la pena intentarlo cuando hay amor, cuando ese amor nos llena de felicidad y de esperanza, y cuando ambos libremente, sin condicionantes de ningún tipo, manifiestan su firme voluntad de superar las barreras y circunstancias adversas que están viviendo.

Cuando el deseo de continuar sólo viene de una de las partes, debemos aprender a respetar la decisión del otro. Ahí nuestra grandeza no será exigir o manipular, sino sabernos retirar a tiempo y, cuando nuestro equilibrio nos lo permita, ofrecer nuestra ayuda y nuestra generosidad, sin intereses ocultos ni exigencias enmascaradas.

Capítulo 2

Las eternas quejas

Casi todos nosotros, independientemente de nuestra edad, seguro que estamos familiarizados con la mayoría de las quejas que, una y otra vez, escuchamos a los demás o a nosotros mismos, cuando las dudas o las insatisfacciones hacen acto de presencia en las relaciones.

Hay personas que parecen tener una facilidad extrema para «enamorarse», pero este hecho, lejos de ser una ventaja, pronto empieza a convertirse en un inconveniente.

Es lógico que los adolescentes y la gente muy joven crean estar enamorados en cuanto sienten cierto interés o atracción por una persona; pero esos enamoramientos se nutren más de ilusiones que de emociones arraigadas, profundas y duraderas. Con la misma frecuencia que se enamoran, se desenamoran y vuelven a enamorarse en poco tiempo. En realidad, lo que hacen es formarse una imagen irreal, casi idílica, de la persona que es objeto de su interés. El problema empieza cuando esos desengaños los viven con tal profundidad, que les convierten en víctimas muy vulnerables. Entonces su dolor no parece tener consuelo, y pronto se sienten desesperados, hundidos y decepcionados del mundo y de la vida.

Un hecho digno de constatar es que cada día vemos a más adolescentes y jóvenes en las consultas de psicología, inmersos en crisis profundas de ansiedad y abatimiento, que han tenido como desencadenante un desengaño amoroso.

En estas edades todo se vive con una intensidad extrema, y en muchas ocasiones, detrás de una crisis personal o un bajo rendimiento en los estudios, se esconde una profunda decepción, un sentimiento de abandono que no parece encontrar consuelo.

Sin embargo, por extraño que parezca, esta intensidad, este dolor inmenso puede repetirse años después.

> *En las relaciones afectivas, la experiencia no parece que nos sirva de vacuna o protección cuando llegan las crisis o aparecen las dudas.*

Volvemos a enamorarnos y a sufrir como adolescentes. Personas adultas, triunfadoras profesionalmente, con fuerte arraigo familiar y social, pueden experimentar enormes dudas en el ámbito afectivo, que les desestabilizan y les hacen sentirse infelices.

La diferencia fundamental es que los jóvenes manifiestan sus quejas hacia el exterior; fundamentalmente se las comunican a sus amigos/as. Por el contrario, cuanto más avanzamos en edad, más se quedan dentro de nosotros y más sufrimos en silencio. ¡Cuántas personas, con una vida aparentemente feliz y tranquila, esconden profundas decepciones que les llenan de desesperanza!

Pero si analizamos las quejas más frecuentes, observamos como en realidad son las mismas, aunque se manifiesten con un lenguaje distinto. A los quince, a los veinte, a los cuarenta o a los setenta años, las quejas más habituales son:

— Él/ella ya no tiene interés por mí.
— Ya no me quiere.
— Todo parece molestarle.
— Le da igual cómo me sienta.
— ¡Con lo agradable que era al principio!
— ¡Cómo ha podido cambiar tanto!
— No hay comunicación entre nosotros, no me escucha (queja más frecuente en las mujeres).
— No para de hablar, no hay quien la entienda (queja más unánime entre los hombres).
— ¡Qué egoísta y qué poco maduro es! (lo dicen más las mujeres).
— ¡No para de exigir, nunca está satisfecha! (lo dicen más los hombres).
— ¡Sólo le interesa el sexo! (reproche típico pronunciado por las mujeres).
— No se preocupa por los niños, la casa..., le da igual, ¡como al final sabe que todo lo termino haciendo yo! (refiriéndose a los hombres).
— Él con su trabajo, ¡ya tiene bastante!
— ¿Por qué lo complica y lo hace todo tan difícil? (refiriéndose a las mujeres).
— ...

La lista sería interminable, pero si nos fijamos, la mayoría de las quejas expresan decepción, dolor, desengaño, insatisfacción...; en definitiva, falta de sensibilidad.

Con las quejas llegan las alarmas, y con ellas el peligro a las relaciones. Muchas se podrían resolver bien si, como ya hemos señalado, los hombres y las mujeres tuviéramos un conocimiento más profundo y realista sobre nuestras diferencias y nuestras formas de sentir.

Desgraciadamente, esas quejas, que tarde o temprano aparecen en la mayoría de las relaciones, nos llenan de pesimismo, nos confunden y nos sumergen en un laberinto sin salida.

Vamos a intentar ofrecer algunas claves que nos permitan analizarlas desde la lógica, y no desde la insatisfacción.

¡Qué diferente era todo al principio!

Esta queja casi podríamos decir que es universal, universalmente compartida por hombres y mujeres.

Cuando decimos ¡qué diferente era todo al principio!, de nuevo lo hacemos desde la añoranza. La gente no suele decirlo cuando se siente muy feliz, sino cuando experimenta ese cambio hacia una relación menos gratificante.

En este punto, conviene señalar que la mayoría elaboramos expectativas demasiado optimistas o idealistas cuando sentimos esa carga emocional tan intensa y placentera que tiene lugar al principio de una relación.

Con frecuencia, incluso aunque ya hayamos tenido otras experiencias amorosas, nos dejamos llevar por la intensidad de nuestras emociones y nos olvidamos de que estamos viviendo una fase, y que esa fase pasará para dejar lugar a la siguiente, y así sucesivamente.

La confusión llega cuando pensamos que «esta vez es diferente» y que ese estado emocional del principio, que como tal es transitorio, se convertirá en permanente.

Desde la psicología tenemos muy estudiado este proceso. Ya en 1979 Jacobson nos lo describía de forma pormenorizada, y las investigaciones que se han realizado desde entonces siguen confirmando las premisas fundamentales.

Lo normal es que al principio se dé una *atracción inicial mutua*. Ambos miembros de la pareja se sienten atraídos, y lo sienten con tal intensidad que incluso lo experimentan a nivel físico, emocional y cognitivo (en sus pensamientos y en sus procesos mentales).

Esa atracción se ve favorecida por una serie de circunstancias, que hacen que se mantenga en el tiempo. Lógicamente, cuando esas circunstancias desaparecen, la atracción y la intensidad del principio disminuyen.

Algunas personas podrán pensar que el tema se resolvería si consiguiéramos que esas circunstancias continuasen en el tiempo, pero la realidad lo hace casi imposible.

Si examinamos los factores más determinantes de la atracción inicial, de los principios idílicos, comprenderemos las razones de su transitoriedad. Básicamente, las gratificaciones que sentimos al principio se ven favorecidas por:

1. *El carácter restrictivo de la interacción.* Es decir, lo normal es que la pareja, al comienzo de su relación, sólo se vea algunas horas al día, y lo hagan en un contexto gratificante: para dar una vuelta, bailar, tomar una copa, ir al cine, compartir proyectos, ilusiones...

2. *Ausencia de toma de decisiones.* En esa fase, y dado el carácter aún restrictivo de la relación, lo habitual es que la pareja no tenga que tomar decisiones importantes; decisiones que sí aparecen en la vida de una pareja estable: temas económicos, financieros, determinadas obligaciones... Lógicamente, si no tienen que tomar decisiones de ese tipo, tampoco se ven expuestos a las consecuencias que las mismas pueden entrañar.

3. *Novedad de la comunicación sexual.* La novedad en esta área es otro de los aspectos más gratificantes que tienen lugar en esta fase. Evidentemente, esa novedad se pierde con el paso del tiempo y la frecuencia de las relaciones.

4. *Expectativas idealizadas.* Al principio de una relación, los proyectos idealizados, los planes maravillosos, los objetivos increíbles... son muy típicos.

Llegados a este punto, nos podríamos preguntar: ¿hasta cuándo dura esta fase inicial? La respuesta de nuevo dependerá de las circunstancias que rodeen a la pareja y del carácter de cada uno de sus miembros, pero lo normal es que la crisis o el desarrollo del conflicto se inicien poco después de comenzar a vivir juntos. Entonces, tarde o temprano, deberán tomar decisiones importantes, tendrán que afrontar los problemas conjuntamente, se verán en las circunstancias habituales del día: por la mañana, por la tarde, por la noche, cansados, de buen y de mal humor, contrariados por algunos acontecimientos...; irá disminuyendo la novedad en la comunicación sexual, surgirá el choque entre las expectativas y la realidad; los puntos débiles de cada uno serán más palpables, podrán surgir las primeras dificultades económicas, quizás llegue el nacimiento de un hijo cuando aún la pareja no estaba consolidada, o no lo deseaban, o lo deseaba uno pero no el otro...; a veces puede haber interferencias por parte de algún miembro de las respectivas familias; pueden aparecer terceras personas que condicionen y dificulten la relación, incluso amantes; puede darse la pérdida de trabajo, surgir discrepancias ideológicas o políticas...; uno de los dos puede sentir que necesita más soledad o más tiempo para él mismo de lo que el otro está dispuesta a conceder...

Poco a poco, casi sin darnos cuenta, aparecen los reproches, las críticas, las insatisfacciones, los lamentos y los enfados.

Si lo analizamos despacio, veremos en algún momento, antes o después, que uno o los dos miembros de la pareja empieza a pensar con nostalgia ¡qué diferente era todo al principio!

La convivencia no es fácil, pero el problema fundamental es que las dificultades, cuando surgen, pillan de sorpresa a la mayoría de las personas. Las parejas empiezan a vivir juntas, sin haberse preparado para ello de forma objetiva.

Uno de los principales errores es la idealización, por parte de ambos o de uno de los miembros de la pareja; el golpe que viene después es tremendo. Sin darse cuenta, la persona que había idealizado la relación sufre un desengaño muy fuerte y, de forma poco consciente, termina culpabilizando al otro miembro de la decepción y el desencanto que está experimentando.

Los psicólogos sabemos que las relaciones de pareja son difíciles y que la convivencia es una auténtica prueba de fuego; por eso no nos extraña nada que, ante la falta de información y preparación real para afrontar con un mínimo de garantía de éxito estas relaciones, las parejas cada vez se separen antes.

Otro hecho importante es que, además de todo lo expuesto, se dé la circunstancia de que, en esa fase de «conquista», uno de los miembros de la pareja, o los dos, «falsee su propia identidad». Es inevitable y humano que ambos intenten mostrar su «mejor cara», pero una cosa es esforzarse y otra engañar; engañar a sabiendas de que el otro está formándose una imagen que nada tiene que ver con la realidad. La secuencia de los hechos suele repetirse una y otra vez, de tal forma que cuando ya sienten que la otra persona está conquistada y segura, permiten que aparezca su auténtica forma de ser; una forma de ser tan distinta, que a veces incluso es antagónica y opuesta a la que habían mostrado.

Desgraciadamente, esta falsificación es mucho más frecuente de lo que la mayoría puede creer. La persona que padece este engaño sufre un auténtico choque emocional; además tarda en reaccionar, pues no se puede creer lo que está viviendo. Es como si, de repente, esa persona que era maravillosa, servicial, amable, afectiva, tierna, cariñosa..., se convirtiera en un ser despótico, cruel, agresivo, intolerante e inaccesible.

Las consultas de psicología están abarrotadas de estos casos, hombres y mujeres llegan rotos por el dolor y la desesperanza; a veces no acuden para solicitar ayuda para sí mismos, sino que lo hacen por la incidencia que las conductas agresivas o déspotas de sus parejas tiene en otros integrantes de la familia, especialmente en los hijos o en los familiares más cercanos.

Seguramente, si los psicólogos tuviéramos que decidir en qué casos nos encontramos con más dificultades para ayudar

a salir de sus crisis a las personas que acuden a vernos, coin-
cidiríamos en señalar aquellas situaciones en que las personas son o han sido maltratadas por alguien de su entorno, y se
sienten hundidas ante el engaño de que han sido objeto.

No es fácil que alguien reaccione con serenidad, con objetividad, con inteligencia y con decisión ante un desengaño
profundo o un descubrimiento trágico. Cuando la persona
que había ocupado, o aún ocupa, un lugar importante en
nuestra vida se convierte en el mayor enemigo que pudiéramos imaginar, nos sentimos tan impactados, tan hundidos,
que difícilmente tenemos fuerzas para levantarnos y reaccionar
de forma adecuada.

Hay que trabajar mucho para restablecer esa esperanza, para
recuperar la dignidad perdida, para alcanzar la autoestima
que nos devuelva la seguridad y la confianza en nosotros mismos. Trataremos en profundidad este problema en el siguiente
capítulo, en el apartado «¿Por qué disfruta haciéndome
daño?». Ahora volvemos a centrarnos en esa realidad dolorosa, pero menos patológica, que viven muchas parejas que
añoran aquello de: ¡qué diferente era todo al principio!

El caso de Elvira y Esteban

Elvira y Esteban llevaban ocho años viviendo juntos. Para Elvira ésta era su primera experiencia de vida en pareja; por el contrario, Esteban afrontaba su tercera convivencia «prolongada».

Elvira se había sentido razonablemente bien los tres primeros años, pero el nacimiento del hijo de ambos, hacía cinco años,
había marcado un antes y un después en la vida de la pareja.

Por su parte, Esteban creía que el problema fundamental no
había sido el nacimiento de su hijo, sino el cambio que Elvira

había experimentado con la llegada del niño. De hecho, él había sentido cómo había pasado a un segundo plano desde que Elvira supo que se encontraba embarazada.

La realidad, al margen de las hipótesis de ambos, es que apenas se hablaban, y cuando lo hacían era para dirigirse mutuos reproches.

Elvira estaba contemplando seriamente la posibilidad de separarse, pero le costaba dar por fracasada su relación, y le entristecía el hecho de que el niño, a pesar de que según ella su padre no le prestaba casi atención, estaba muy pendiente de todo lo que él hacía o decía.

Esteban, por su parte, había pensado en la posibilidad de separarse hacía tres años, cuando tuvo una relación bastante intensa con otra mujer —relación que Elvira desconocía—, pero ahora «le daba pereza volver a empezar de nuevo», sobre todo, según nos decía, porque no había nadie que le llamase especialmente la atención, aunque seguía teniendo sus «devaneos sentimentales», y porque en última instancia, desde el punto de vista económico, perdería calidad de vida, pues ya le pasaba una pensión a su primera mujer, por la niña que habían tenido en común, y una segunda pensión y tener que comprar o alquilar otra casa mermarían mucho sus ingresos.

Esteban pretendía que llegasen a una convivencia más relajada, donde ambos se concedieran cierta libertad: horarios, salidas independientes, poder quedar con «amigos» propios, no exigir cuentas o explicaciones, poderse coger algún que otro fin de semana cada uno por su parte... Elvira pensaba que para tener ese tipo de convivencia, mejor se separaban.

Acordamos que durante cuatro semanas trabajaríamos de forma independiente con ambos y después nos reuniríamos para intentar ver cómo se encontraba cada uno, si decidían continuar o dejarlo.

Elvira sentía una insatisfacción enorme. Para ella la relación de pareja era importantísima y encontraba que Esteban se la tomaba con mucha ligereza: «Es como si ya no tuviera interés por mí —nos decía—. Al principio era encantador, sensible, afectivo, detallista... y ahora ¡parece que le debes la vida!, continuamente está insatisfecho, pone mala cara, el niño le cansa y le aburre, no le apetece salir a ningún sitio, no me hace caso hasta que, de repente, quiere tener relaciones y entonces se coge unos cabreos enormes, porque a mí no me apetece, pero ¿cómo me va a apetecer?».

Esteban contaba una versión muy distinta, para él la relación era normal: «¡La que puedes esperar después de ocho años juntos! Lo que pasa es que Elvira cree que yo tendría que llegar con un ramo de rosas cada día, decirle las tonterías que decimos los hombres cuando queremos conquistar a una chica, mirarla continuamente con ojos tiernos, jugar con el niño desde que llego a casa, ir al cine o al teatro cuando a ella le apetece, ir a comer a casa de sus padres los domingos..., en fin, ¡menudo panorama!». Esteban opinaba que Elvira era demasiado romántica y había que convencerla de que las cosas no podían ser como al principio, que eso no existía: «Si lo sabré yo, que hace tres años estuve a punto de volverme a equivocar, pensando que esta vez era la definitiva, pero en cuanto le dije a la chica que estaba pensando en separarme, se puso muy posesiva, y cambió radicalmente; pasó de parecerle todo bien y mirarme con ojos seductores a ¡dar órdenes!, una detrás de otra, ¡ya no veía el momento de que yo se lo dijera a mi mujer!, todos los días me esperaba con una bronca, ya no quería que me fuese a vivir a su casa, había que comprarse una casa nueva, quería tener un hijo inmediatamente..., hasta que me di cuenta de que estaba a punto de cometer el mismo error y rompí, poniendo tierra por medio».

Cuando le pregunté a Esteban si él sentía que aún quería a Elvira, contestó encogiéndose de hombros, y finalmente dijo: «Supongo que sí, pero más como compañera que como pareja». Aproveché entonces para decirle que sus experiencias habían sido muy distintas, y que él se encontraba en una fase en la que creía que el amor duraba poco, prácticamente lo que la atracción del principio, pero Elvira aún no había renunciado a vivir un amor intenso y duradero, un amor que se fortaleciera con el tiempo y no se fuera desinflando día a día. No había terminado mi exposición cuando Esteban, desencajado, interrumpió: «Pero eso no existe, eso son las bobadas típicas de las mujeres». «Bien —continué—, eso es lo que Elvira siente, y no está dispuesta a vivir lo que tú propones, porque para ella sería una escenificación, una permanente mentira, y ni quiere ni puede representar un engaño el resto de su vida. Tú das por hecho que ese amor que ella necesita no existe; Elvira seguramente cree que tú no eres capaz de sentirlo, asume incluso que quizá no encuentre ese amor en otra persona, pero no quiere aceptar que todo lo que le queda por vivir en su vida es una relación donde no hay auténtico afecto, donde prima la comodidad, el egoísmo de una de las partes —en este caso el tuyo— y la conveniencia económica. Esteban: no le puedes pedir a una persona que se desilusione para toda su vida, porque —concluí— no se puede vivir sin ilusión y sin esperanza». «Entonces, ¿soy un fracasado, un inmaduro y un egoísta?». «Tú eres quien tiene que contestar a esas preguntas —le dije—, pero lo que conviene que tengas claro es que si no eres capaz de sentir amor, afecto, cariño..., y lo que eso significa para una mujer; es decir, si no eres capaz de actuar con generosidad, con ternura, con alegría...; si no eres capaz de mirar con afecto, de sonreír con frecuencia, de disfrutar estando juntos, de sentir que tu hijo es un regalo, no una condena..., entonces no tiene sentido seguir juntos, por mucho que económicamente signifique un contratiempo. No le puedes pedir a alguien que se resigne a no vivir, a no sentir, a no disfrutar, a recibir constantemente miradas de reproche, de cansancio, de aburrimiento...; miradas llenas de apatía, de falta de interés, de desamor, en suma».

Esteban empezó a mirarme con enfado, pasó después al desagrado, a la incredulidad..., y terminó finalmente por perder la mirada, buscando un horizonte que le devolviera algo distinto, algo que no fuera el inmenso dolor que, de repente, le había invadido. Finalmente me contestó: «Me dejas hecho polvo, hundido en la miseria». «No te confundas —le dije—, te quedas donde estabas, lo que pasa es que antes te negabas a verlo». Después de unos minutos de silencio y de profundo respeto por mi parte, comenté: «Bien, Esteban, intenta encontrar en las próximas semanas ese motor interno, que todos llevamos dentro y que nos puede conducir a una existencia donde la esperanza y la ilusión venzan a la rutina, a la falta de novedad, a los problemas que hay que afrontar en el día a día, al deseo que sólo aparece intermitentemente...; en definitiva, que venzan a la falta de horizontes y a la vivencia de fracaso que tú arrastras». «Y si no lo consigo, ¿qué me espera?». «Tú sabes lo que te espera, por eso estoy segura de que esta crisis te servirá para revisar tu vida, para ordenar tus sentimientos y, lo que es más importante, para recuperar la mejor parte que hay en ti. ¡Ánimo, Esteban, siempre merece la pena que nos miremos por dentro, cuando por fin hemos aprendido a ver!».

Elvira siguió un proceso muy diferente. Trabajamos mucho para que recuperase su autoestima y su confianza en sí misma. En el fondo, a pesar de todas las circunstancias en contra, luchaba desesperadamente por recuperar esa relación que había vivido «al principio» con Esteban. Una y otra vez insistía en que, si en un momento había existido esa conexión tan maravillosa entre ellos, con ayuda tal vez podrían recuperarla.

A su buen ánimo sin duda contribuía el cambio que estaba notando en Esteban. De todas formas, nos centramos más en el proceso que ella debía seguir. Le costó asumir lo siguiente:

> *No nos podemos pasar la vida añorando lo que tuvimos y sintiéndonos mal por lo que no tenemos.*

Elvira comprendió que tenía que mirarse ella misma, porque si estaba permanentemente pendiente de Esteban, también dejaría su felicidad en sus manos. Tenía que prepararse para asumir el control de su vida, para coger las riendas que le permitieran dirigir su destino.

Si conseguía recuperar esa conexión que había tenido al principio con Esteban ¡perfecto!, aunque ella sabía que sería otra conexión distinta, la que se puede tener después de ocho años de convivencia y con las actuales circunstancias que les rodeaban, pero lo importante era que estuviese preparada para seguir adelante, y seguir bien, con ánimo y con fuerza, incluso si la relación con su pareja actual no continuaba.

Vimos que Elvira iba avanzando y ganando terreno, en la medida en que nos hablaba menos de Esteban y más del proceso interno que estaba viviendo. Por fin, un día nos dijo que se encontraba muy bien consigo misma, que se sentía capaz de volver a ser feliz, que sabía que aunque ahora la relación con Esteban funcionaba mejor, no se hundiría el mundo si definitivamente no seguían juntos; de hecho, ella misma pidió una tregua antes de tomar la decisión definitiva de continuar o no con su pareja.

Como era muy aficionada a escribir, le pedimos, al igual que hacemos en otras ocasiones, que resumiera el proceso que había vivido y las principales consecuencias que había extraído. Llegados a este punto tuvimos varias sesiones conjuntas con ella y con Esteban, éste también hizo su lista particular de «aprendizajes» y, finalmente, acordamos que ambos necesitaban un tiempo de tranquilidad y de encontrarse a sí mismos; necesitaban ver cómo se sentían cada uno consigo mismo y en relación a su pareja. Este segundo aspecto no lo habríamos conseguido si no hubieran estado un tiempo viviendo separados.

Después de tres meses, que fue el tiempo que señalamos, ambos decidieron darse una nueva oportunidad, y lo hicieron situándose en el mismo punto de partida.

Esteban volvía con muchas ganas, otra vez se sentía como un joven ilusionado y enamorado; había echado mucho de menos a Elvira y al niño y estaba decidido a dejarse la piel en el intento. No obstante, antes de volver, le insistimos en que no se trataba de repetir la misma historia, que al principio se sintiera muy ilusionado y, al cabo de un tiempo, como le había ocurrido en otras ocasiones, la rutina, la falta de novedad, de impulso o pasión sexual volvieran a hacer mella en su ánimo, y se nos convirtiera en la persona desagradable, antipática y egoísta que había sido. Le recordamos lo siguiente:

> *Sólo cuando el amor se alimenta día a día seguirá creciendo, y lo hará si cuidamos la relación con mimo, si nos esforzamos por entender al otro, por ayudarle, por comunicarnos cuando estamos bien y cuando nos encontramos mal, si sacamos lo mejor de nosotros mismos, si nuestros gestos y nuestras palabras, a pesar de las circunstancias, de las coincidencias o desacuerdos, siempre reflejan el respeto que nos tenemos y el cariño y la ternura que sentimos.*

Elvira estaba ilusionada ante esta nueva etapa; además se sentía muy fuerte y sabía que podría superar una situación de separación definitiva. Por fin era realista y no pediría que se repitieran las mismas escenas y las mismas emociones «que al principio», pero tampoco toleraría una relación donde no imperasen el respeto y el amor en la pareja.

Hicieron su trabajo y elaboraron «unas chuletas» que repasarían con frecuencia y que volverían a leer siempre que se encontrasen flojos, desengañados o con mal ánimo.

Los principales contenidos de estas chuletas eran:

1. Cada etapa tiene su forma de sentir el amor. No podemos esperar que los adolescentes amen con la madurez de los adultos; ni que los adultos se queden estancados en las primeras fases de su enamoramiento.

2. Cuando las condiciones cambian, la relación debe adaptarse a las nuevas circunstancias, y lo hará disfrutando al máximo de las posibilidades y oportunidades que nos brinda cada momento, pero también afrontando conjuntamente los imprevistos, problemas y retos que puedan surgir.

3. No podemos confundir el amor con la fase de atracción inicial mutua que se da al principio de la relación. Esa fase, por mucho que nos cueste aceptarlo, siempre será transitoria.

4. El hecho de que esa fase de atracción inicial mutua pase no significa que con el paso del tiempo nuestro amor pierda intensidad.

5. La novedad en la comunicación sexual pasará, pero si la cuidamos bien, dará paso a otra comunicación más rica, más compartida y más continuada en el tiempo.

6. Las expectativas idealizadas son propias de esa primera fase; no se trata de añorarlas, sino de adaptarlas positivamente a todas las posibilidades que genera la relación de pareja.

7. Si sentimos que, al cabo del tiempo, no somos capaces de experimentar tanto afecto por nuestra pareja como para conseguir que la convivencia sea agradable y podamos generar nuevas expectativas y proyectos que nos ilusionen mutuamente, será el momento de extraer los aprendizajes que nos ha aportado esa relación y de saber cerrar esa fase con

el afecto y el respeto que dos personas que se han querido merecen.

> *Cuando una relación se termina, no se acaban nuestra vida ni nuestras opciones de ser felices; por el contrario, comienza una fase llena de posibilidades, donde la experiencia y las enseñanzas acumuladas constituirán nuestros mejores baluartes.*
>
> *Cualquier situación anterior no fue mejor, fue distinta. El presente, que no el pasado, puede ofrecernos nuevas y esperanzadoras emociones.*

Al final de la crisis tan fuerte que vivieron, Elvira y Esteban se sentían muy satisfechos con el proceso que cada uno había experimentado; no obstante, no podemos inferir por ello que ya siempre serán felices —aunque de momento siguen muy bien—. De la misma forma, conviene asumir, desde la normalidad, que el final en la relación de muchas parejas marca el principio de una etapa mejor.

Una vez analizados los principales procesos que tienen lugar cuando añoramos esa primera etapa de la relación, vamos a revisar otra de las quejas más frecuentes: ahora no soy feliz.

Ahora no soy feliz

Aunque cada persona alberga dentro de sí una definición distinta de lo que significa felicidad, lo cierto es que la mayoría estaríamos encantados si nos sintiésemos felices.

Otra vez nos encontramos más ante un lamento, que ante un reproche. Añoramos la felicidad que vivimos en otros momentos, o esa felicidad que no llegamos a tener nunca, pero que pensamos que alcanzaríamos en nuestra relación de pareja.

Pocas emociones se nos escapan tanto como la felicidad. Hay personas que se pasan la vida añorando esa emoción tan intensa, y al final se dan cuenta de que la estaban buscando en un sitio equivocado; querían encontrarla en su relación con los demás, cuando de repente descubren que siempre la habían llevado consigo, en su corazón, en sus sentimientos, en su generosidad sin límites, en su afecto, en su sentido de la amistad, en su capacidad para dar cariño y ofrecer amor.

Cuando hacemos el historial de cada persona que viene a la consulta del psicólogo, hay una pregunta que siempre formulamos; las respuestas que obtenemos, curiosamente, se parecen mucho. La pregunta es: «¿Cuál es tu máxima ilusión en estos momentos?». Las respuestas más frecuentes que recibimos son: «Ser feliz», «Conseguir la felicidad que busco», «Que mis hijos sean felices», «Encontrarme bien conmigo mismo/a»...

Cuando la relación de la pareja está en crisis, al menos uno de sus miembros no se siente feliz. Cuando dan el paso de ir al psicólogo, esa felicidad se ha hecho especialmente esquiva y llevan tiempo, a veces años, sin que aparezca en sus vidas.

En estos casos, uno de nuestros primeros objetivos es que ambos miembros de la pareja asuman que cada uno es artífice de su felicidad, pues como ya decíamos en otros libros, los demás pueden ayudarnos en nuestra búsqueda de la felicidad, pero ni son los responsables de que lo logremos, ni los culpables de que no lo consigamos.

¡Cuánto daño ha ocasionado este error! ¡Cuántas personas han sido objeto de manipulación por parte de su pareja, que les culpabilizaba por su falta de felicidad! ¡Cuántas situaciones límite!, y ¡cuánto sufrimiento inútil y desgarrador se podría haber evitado!

De nuevo la felicidad suele unirse al principio de la relación, «aquellos tiempos en que éramos felices», y la infelicidad al transcurso de las crisis; de esas crisis por las que, inevitablemente, pasan la mayoría de las parejas.

> *Una relación sin crisis es como un niño sin horizonte, condenado a no crecer.*

Por supuesto que no queremos decir que cuantas más crisis mejor para la relación, pero las crisis en la pareja constituyen oportunidades excelentes, si las sabemos aprovechar, para ir avanzando en esa difícil conjunción de caracteres, de emociones, de intereses y de objetivos mutuos. No obstante, cuando las crisis se viven desde la falta de respeto hacia la opinión o los sentimientos del otro, desde la agresividad, o desde la incomprensión, no solamente no sirven para crecer, sino que constituyen un pronóstico muy negativo, y difícilmente reversible.

Algo parecido ocurre con esas relaciones en que la felicidad de uno parece fundamentarse en la infelicidad o la humillación del otro; eso siempre son relaciones patológicas a las que conviene poner fin cuanto antes. Afortunadamente, en la mayoría de las parejas, las situaciones no llegan a esos extremos.

El caso de Fátima y Felipe es un ejemplo típico de esa búsqueda errónea de la felicidad.

El caso de Fátima y Felipe

Fátima y Felipe formaban una pareja joven, llevaban cinco años conviviendo juntos y tenían un hijo de apenas ocho meses.

Ambos trabajaban mucho fuera de casa, se dedicaban a tareas de consultoría y tenían horarios muy extensos.

La llegada del bebé había supuesto una revolución en sus vidas; especialmente para Fátima, quien se encontraba agotada, insatisfecha y frustrada. Desde hacía meses se sentía profundamente infeliz y pensaba que Felipe era el principal responsable.

Los dos estaban muy agobiados con la situación. Hasta el nacimiento del niño eran una pareja feliz, aunque echaban en falta poder tener algo de tiempo para ellos mismos. Salvo los fines de semana, los días de diario sólo se veían a partir de las ocho y media o las nueve de la noche.

Ahora todo había cambiado. Ambos estaban más crispados, más tensos, saltaban a la mínima, y Fátima, especialmente, se sentía desolada e incomprendida; tenía un sentimiento muy fuerte de no ser una buena madre y no podía entender cómo a Felipe no le pasaba algo parecido. Los dos apenas veían al niño, y cuando llegaban por la noche el pequeño ya estaba muy cansado y con ganas de dormir. En realidad, el bebé parecía tener más cercanía con la persona que lo cuidaba que con ellos. Fátima sentía que Felipe no estaba a la altura de las circunstancias; éste le decía que no exagerase, que a él también le gustaría estar más tiempo con el niño, pero que a muchas parejas les pasaba algo parecido y que, en última instancia, si alguien tenía que cambiar de trabajo, desde luego sería ella.

Fátima nos confesó que Felipe se «le había venido abajo» desde que el niño nació; que ella no pensaba que fuera tan insensible, tan poco maduro y tan irresponsable. No podía comprender que para él lo más importante continuase siendo su trabajo: «Parece que vive en otro planeta, no se da cuenta de que estoy agotada, que me siento muy infeliz y que necesito que afrontemos esta situación juntos; si algo tiene que cambiar será para los dos, ¿o es que el niño ha sido un capricho mío?».

Por su parte, Felipe se sentía desbordado e injustamente atacado: «Cuando llego a casa sólo oigo reproches y veo malas caras. Todos los días se repite la misma historia: que así no podemos seguir, que el niño cada día nos extraña más, que no hemos traído un hijo al mundo para dejarlo en manos de otra persona, que deberíamos buscar los dos otro trabajo que nos permitiera ser padres de verdad, que lo que ocurre es que a mí me da lo mismo, que no tengo sensibilidad... ¡Qué quiere que haga yo!, ¡no es tan fácil conseguir un buen trabajo! Además, a mí me gusta lo que hago, y no puedo decirle a mi jefe que me tengo que ir a las seis de la tarde porque he tenido un hijo. ¡Pero en qué país vive! Parece que ella es la única madre del mundo; lo que pasa es que está histérica desde que nació el niño y todo lo paga conmigo; no para de decirme que no es feliz ¡y parece que yo tengo la culpa! Los días de diario son malos, pero casi temo más los fines de semana. Todo tiene que girar en torno al niño, que si hay que levantarse pronto y darle el biberón porque se despierta temprano, que después hay que cambiarle, jugar un rato, no hacer ruido cuando duerme, darle la papilla, el puré de frutas, sacarle a la calle, jugar otra vez con él...; no puedo tener un segundo libre, porque entonces soy un egoísta, un insensible... ¡No creo yo que todo el mundo lo pase tan mal y lo haga tan complicado, porque entonces nadie tendría niños!».

La situación empeoró aún más cuando el pequeño empezó a tener molestias en los oídos, y a consecuencia de las mismas lloraba por las noches. Fátima montó en cólera al ver que Felipe «se hacía el dormido» para no levantarse, y le tocaba a ella pasarse la mitad de la noche con el niño en vela. La siguiente vez que vino a la consulta estaba decidida a terminar con todo: «Hasta aquí hemos llegado —dijo—, ya no necesito más pruebas, Felipe es el ser más egoísta que he conocido nunca; le da igual que su hijo esté malo, que llore o grite por las noches, que yo me arrastre por el suelo, él sigue durmiendo como si nada fuera con él; si todo me lo voy a tener que chupar yo, y esto es lo que me espera, prefiero terminar cuanto antes». Ante este tipo de situaciones, los psicólogos debemos emplearnos a fondo, pues todos los elementos parecen conjurarse en contra de la pareja.

Cuando Fátima nos contaba lo que había pasado esa semana en que el niño estaba enfermo de los oídos, por primera vez desde que empezamos el tratamiento la interrumpí, y lo hice para adelantarme a todas sus quejas y para exponer con sumo detalle la situación que ella había vivido. «Entonces —le dije— el niño estaba muy inquieto porque le dolían los oídos —una de las cosas que más altera a un niño es el dolor de oídos—, con lo cual, supongo que habría pasado el día muy molesto, ¿verdad?». «Sí —respondió Fátima—, cuando llegamos no paraba de llorar, apenas había comido nada en todo el día y nos costó mucho que se durmiera». «Perfecto —continué—, me imagino la nochecita que vendría después, seguro que no paraba de dar vueltas y de llorar y gimotear y, por supuesto —enfaticé—, ¡Felipe ni flores!, ¡ni se enteraba de que el niño lloraba y estaba malito, él seguía durmiendo tan feliz». «Así fue —aseveró con fuerza Fátima». Después de un largo silencio por mi parte, lo suficiente para conseguir toda la atención y expectación de Fátima, continué, enfatizando esta vez al máximo mis palabras: «Bien, Fátima, si te preguntara si los niños pequeños sienten y piensan como los adultos, ¿qué me dirías? Entonces —continué—, ¿por qué no le pides a un niño que reaccione como un adulto y sin embargo le pides a un hombre que reaccione como una mujer? —Ante su sorpresa, proseguí, pero con un tono más dulce—: Fátima, me temo que nunca te han dicho que los hombres son menos sensibles a los sonidos agudos que las mujeres, pues es así; pregúntale a tus amigas, porque seguro que les ocurre algo parecido. No es que los hombres se hagan los sordos cuando duermen, sencillamente, les cuesta mucho oír el llanto de los niños, y aunque te parezca mentira ¡no se enteran!». «Lo que me faltaba —saltó Fátima—, ahora va a resultar que son unos pobres angelitos». «No, Fátima, simplemente son hombres, y durante millones de años, quien ha estado a cargo de los niños hemos sido las mujeres, y quienes hemos desarrollado un sexto sentido para oírlos en sueños y para distinguir cuando están enfermos o tienen un problema importante, somos las mujeres, y por mucho que ellos quieran, les resulta imposible, de repente, que su naturaleza evolucione en unas cuantas décadas el equivalente a millones de años. Hay cosas que las tenemos muy claras; por ejemplo, no les pedimos que den de mamar, porque sabemos que no pueden; de la misma forma que, por mucho que nosotras nos esforcemos, difícilmente vamos a correr más deprisa que ellos o vamos a conseguir levantar más peso. Pues va siendo hora de que sepamos que hay cosas para las que ellos están biológicamente más preparados y otras donde nosotras les llevamos ventaja. Ya sé que las mujeres hemos demostrado una adaptación increíble y en pocos años hemos sido capaces de desarrollar trabajos que antes eran exclusivos de los hombres; pero para esos trabajos estábamos preparadas, sólo necesitábamos la oportunidad de poderlos hacer, porque eran trabajos intelectuales, y hoy en día sólo un ignorante o un cretino puede sostener que las mujeres somos menos inteligentes que los hombres, pero también hay que ser muy ciegos para no ver que somos diferentes. Fátima, hay rasgos externos muy visibles, que demuestran las grandes diferencias entre un hombre y una mujer; pues de la misma forma hay rasgos internos que no se ven con la misma nitidez, pero están ahí, y lo peor que podemos hacer es seguir ignorándolos. Tú decides, puedes pasarte la vida quejándote y buscando un hombre que tenga la misma sensibilidad que una mujer, por ejemplo, para oír al niño por la noche, para darse cuenta cuando le pasa algo, para ser tan observador y tan intuitivo como nosotras, para poder hablar de varias cosas a la vez..., o, por el contrario, podemos estudiar en qué nos parecemos y en qué nos diferenciamos, y así será más sencillo encontrar acuerdos razonables».

A continuación, cuando aún no había salido de su asombro, aproveché y le dije: «Ahora cogeremos una hoja y apuntaremos todas las cosas que te hacen infeliz: cuando te sientes infeliz cuál crees que es la causa, en qué momentos te ocurre, en qué circunstancias y, finalmente, quién es el responsable. Por ejemplo —continué—, ¿quién tiene la culpa de que no termines de trabajar antes de las ocho de la noche?, ¿es Felipe?; ¿quién es el responsable de que sientas que no estás siendo una buena madre?, ¿también es Felipe?; cuando el niño está enfermo y te sientes infeliz al verlo sufrir, ¿también tiene la culpa Felipe de su enfermedad?».

Poco a poco Fátima dejó de mirarme con sorpresa, y pasó de la indignación a la tristeza, de la ira al llanto, de la rabia a la impotencia. En esos momentos le dije: «¡Ánimo, Fátima, por encima de todo los dos os queréis mucho, y si remáis en el mismo sentido, conseguiréis llegar a la orilla que os propongáis! Nadie siente tanto tu infelicidad como Felipe, recuerda que él no es tu enemigo, él está contigo y los dos formáis parte del mismo equipo. Sin pretenderlo, le estás haciendo responsable de todos tus males, de todas tus insatisfacciones y de toda tu infelicidad, y es lógico que lo hayas hecho, pues es la persona que tienes más cerca, la que has elegido, en la que has depositado tu amor y tu confianza, pero eso no significa que tenga la llave para resolver cualquier situación, para cambiar el horario de los trabajos, para que el niño no se ponga enfermo, para que tú no estés cansada... Fátima, atacándole continuamente sólo conseguirás que ambos os sintáis mal y que os encontréis en un callejón sin salida. ¿Qué tal si el viernes, cuando acostéis al niño, y a pesar del cansancio que tengáis, os vais a bailar los dos juntos? —Ante su cara de sorpresa añadí—: ¿Tú crees que bailar —a ambos les encantaba— es un peligro para vuestra relación? ¡Perfecto!, ahora vamos a confeccionar otra lista, y en ella pondremos todo lo que os gusta, o al menos os gustaba hacer juntos; después haremos otras listas, donde escribiréis cuáles son las cosas que queréis que cambien en vuestras vidas en estos momentos. Pero tiempo al tiempo, de momento, esta noche, si el niño llora y tú te sientes muy agotada, despertarás suavemente a Felipe y le dirás algo parecido a: "¡Cariño, sé que estás derrotado, pero a mí no me quedan fuerzas para coger al niño, se me caería al suelo, por favor, seguro que consigues calmarle, te quiero, mi vida!"». Ante la sonrisa de Fátima, le pregunté: «¿Tú crees que Felipe responderá con un gruñido o se levantará sorprendido y hasta con buen ánimo?».

Esta sesión fue muy dura, pero nos permitió trabajar a fondo con los dos; los reproches dejaron sitio a las sugerencias positivas, ambos acordaron empezar a buscar trabajos que les permitieran tener tiempo libre —tardaron mucho en conseguirlo, pero mientras llegó el momento lo vivieron «en equipo», no como dos enemigos enfrentados—, recuperaron la intensidad de sus relaciones sexuales, alcanzaron un acuerdo sobre el nuevo reparto de tareas y responsabilidades, aprendieron a disfrutar del niño y, sobre todo, volvieron a sentirse felices de estar juntos.

En la última sesión ambos se mostraron muy positivos y convencidos de que esta crisis había sido «una prueba muy dura para su relación», pero coincidían en que al final la habían superado con sobresaliente.

Fátima y Felipe aprendieron:

1. Que cada uno es responsable de su felicidad, pero será más fácil conseguirla si los dos miembros de la pareja se coordinan y forman un buen equipo.
2. Que pueden optar por pedirse imposibles o potenciar sus habilidades.

3. Que las mujeres y los hombres pueden y deben complementarse en el cuidado de los hijos, y lo harán no a pesar de sus diferencias, sino gracias a la riqueza que entrañan sus singulares características.

4. Que los niños no destruyen relaciones que funcionaban bien, pero, para que todos alcancen un buen equilibrio, sí exigen bastantes cambios, mucha carga de generosidad en los padres y determinadas adaptaciones.

5. Que las situaciones más desesperantes encierran grandes oportunidades, pues nos impulsan a tomar decisiones que luego serán vitales en nuestras vidas.

6. Que el inconformismo bien encauzado constituye una excelente ayuda para no resignarse y superar situaciones injustas o poco humanas.

7. Que el trabajo no nos puede robar nuestra vida.

Después de estas reflexiones, es un buen momento para que analicemos otra de las dudas más comunes: entre nosotros no hay comunicación.

Entre nosotros no hay comunicación

Esta queja normalmente la pronuncian las mujeres. Si miramos a nuestro alrededor y hacemos una pequeña encuesta, casi todas las mujeres se sienten insatisfechas del nivel de comunicación que tienen con sus parejas, incluso en aquellos casos en que la relación funciona bastante bien.

Los psicólogos con frecuencia tenemos que emplearnos a fondo para situar en su justa medida lo que significa comunicación para un hombre y una mujer.

Como veremos repetidamente:

Uno de los principales problemas que surgen en las relaciones es que las mujeres piden a los hombres que sientan y reaccionen como lo hacen ellas, y los hombres les piden a las mujeres que se comporten, piensen y analicen como si fueran hombres. ¡Un auténtico despropósito!

No es fácil hacer comprender a los miembros de la pareja que, contra lo que parece dictarles su lógica, las mujeres y los hombres tenemos pocas cosas en común: nuestra sensibilidad, nuestra sexualidad, nuestras necesidades, nuestra forma de vivir la vida, de sentir el amor... son diferentes.

Las mujeres necesitan hablar mucho más que los hombres, y no es un capricho, ni una mala costumbre, es una necesidad; no en vano la naturaleza, que es muy sabia, ha desarrollado más el área del lenguaje en la mujer.

Cuando a la mujer le preocupa algo necesita hablar de ello y busca la ocasión de hacerlo. Este hecho choca con el proceso que tiene lugar en los hombres; ellos generalmente prefieren no hablar, intentan llevar su mente «a otro sitio»; por eso cambian de conversación y tratan de realizar cosas. En este sentido, ante un problema, de repente les sorprendemos cambiando muebles de sitio, colgando cuadros, ampliando la memoria del ordenador, mirando la batería del coche... ¡algo inconcebible para la mente femenina!

Para colmo de desencuentros, cuando la mujer habla de algo que le preocupa no busca que los demás le den soluciones y le digan lo que debe o tiene que hacer; lo que quiere y precisa es que la escuchen, que la pregunten con interés, que le pidan detalles...; de esta forma, ella consigue que su mente estructure el problema y realice el proceso que necesita.

Por el contrario, este esquema mental típicamente femenino hace que los hombres se sientan perdidos y, una y otra vez, se muestren poco hábiles en la comunicación. A pesar de las evidencias y la experiencia en contra, cuando las mujeres les cuentan algo que les preocupa, ellos de nuevo creen que les están pidiendo soluciones y tratan de darlas, y lo hacen basándose en su análisis y su razonamiento lógico. No se dan cuenta de que la empatía —ponerse en el lugar de la otra persona— significa pensar como ella, no como él pensaría y se sentiría en su situación.

La descoordinación es inevitable; ambos están en dos esferas diferentes, incluso contrapuestas. Las mujeres hablan desde la emoción, y los hombres lo hacen desde la literalidad, desde ese razonamiento que para ellos es tan evidente y que les distancia una y otra vez de las mujeres.

La sensación de impotencia es tan fuerte que, en muchos casos, los hombres llegan a la conclusión de que las mujeres son complicadísimas, y algunas mujeres terminan sentenciando que los hombres son demasiado simples.

Con estas primeras premisas ya vemos que el tema de la comunicación es difícil de resolver. Para alcanzar un mínimo punto de encuentro, ambos, hombres y mujeres, deberán hacer un esfuerzo de apertura y de flexibilidad que no resulta sencillo.

A veces, en nuestra labor como profesionales de la psicología, observamos cómo los integrantes de la pareja nos miran con cara de susto, casi de incredulidad, cuando empezamos a pormenorizar lo que pueden esperar uno del otro; cuando ahondamos en las diferencias de sus procesos mentales, en la forma que tienen de vivir sus emociones...

> *¿Podríamos pensar entonces que casi es un milagro que los hombres y las mujeres se terminen entendiendo? ¡En absoluto! Sin esas diferencias la humanidad no hubiera conseguido progresar. Hombres y mujeres nos complementamos a todos los niveles.*

Un ejemplo muy claro lo vemos en el seno de la familia. Ahí los roles del padre y de la madre son igualmente importantes, pero no deben ser los mismos; el niño necesita sentir ambas sensibilidades para estructurar su mente, para organizar sus mecanismos de adaptación, para elaborar los recursos que le permitirán afrontar las distintas situaciones con que se irá encontrando en su vida. De la misma forma, en el colegio verá que con frecuencia los intereses de las niñas y los niños son distintos, como distintos son muchas veces sus juegos y sus habilidades. Por ello es tan importante la educación mixta. No tendría sentido pretender de nuevo separar a las niñas y a los niños. Juntos se complementan y se enriquecen, separados se aíslan, se empobrecen y se llenan de incertidumbres, dudas y prejuicios, que en nada favorecen su evolución y su desarrollo.

En las empresas este tema resulta muy evidente. Los mejores equipos son aquellos en los que hombres y mujeres trabajan juntos; juntos desde el respeto al análisis y al planteamiento de todos y cada uno de los integrantes del equipo —hombres o mujeres—, no a la imposición de unos criterios sobre otros. El resultado final es una convergencia enriquecida desde la diversidad. Resultan contraproducentes aquellos casos en que las mujeres creen que, para progresar en la empresa, deben pensar, razonar y trabajar desde la mentalidad masculina; el mismo error se produce cuando los hombres, que, por ejemplo, están bajo las órdenes de una mujer, creen que deben esforzarse por pensar y razonar desde la mentalidad femenina.

Vamos a tratar de ayudarnos con la exposición de un caso, que es un claro exponente del problema que continuamente vemos en las parejas a las que prestamos ayuda y orientación.

El caso de Beatriz y Borja

Beatriz tenía treinta y cinco años y Borja treinta y nueve cuando vinieron a la consulta. Como casi siempre, la persona que había puesto más empeño en solicitar la ayuda de un psicólogo había sido la mujer.

Tenían una hija de seis años y un niño de dos. A Borja no le gustaban especialmente los niños, y se había sentido bastante perdido cuando éstos eran bebés, pues no sabía qué hacer con ellos, pero a su manera quería mucho a sus hijos y trataba de intervenir al máximo en su educación.

Beatriz pensaba que Borja no sabía comunicarse y que con los niños cometía la misma equivocación que con ella: no les escuchaba, no acertaba a ver qué necesitaban, no sabía observarles, «no tenía un mínimo de sensibilidad» para entenderles.

Había llegado un momento en que Beatriz, que confesaba que llevaba años sintiéndose incomprendida y sin comunicación con su pareja, no estaba dispuesta a seguir así: «Yo lo puedo pasar mal, y es mi problema, pero no voy a consentir que Borja machaque a los niños».

Con estos antecedentes, nos preparamos para afrontar un caso complicado. Llevaban ocho años juntos y, según Borja, durante este periodo de tiempo, no había pasado un solo día en que Beatriz no le hubiese hecho responsable de las dificultades de comunicación que había entre ellos.

Borja estaba harto del tema; no entendía esa queja permanente de su pareja, «pero si todo va normal —decía—, si en realidad no tenemos grandes problemas, lo que ocurre es que todos los días, a todas horas, te viene con la misma cantinela, y ¡claro!, llega un momento en que yo me harto de tanta gili... y tanta bronca por su parte...», «lo que tiene que hacer es dejarse de tonterías, apoyarme con los niños, no quitarme la razón e intentar disfrutar y no complicarse la vida».

Ni que decir tiene que para Beatriz los argumentos de Borja eran como proyectiles lanzados por el enemigo: «¡Cómo puede ser una persona tan insensible!, ¡pero es que no se da cuenta de que así no hay quien viva!, ¡que yo no puedo ser feliz con una persona que no te entiende, no te escucha, que cuando se dirige a ti es para decirte que no digas tonterías!..., y para colmo trata a los niños como si fueran personas mayores, les habla como si tuvieran cuarenta años y todo lo arregla castigándolos, ¡hay que tener valor para decir que no me complique la vida!».

En estos casos, en los que el deterioro y el resentimiento son tan patentes, conviene seleccionar muy bien por dónde empezamos, porque con una situación tan frágil, uno o los dos miembros de la pareja, rápidamente, puede sentirse incomprendido o injustamente tratado y abandonar cualquier tentativa de entendimiento.

Afortunadamente, había un tema que a los dos les preocupaba y que estaba por encima de sus diferencias: sus hijos. Ambos se sentían insatisfechos de la imagen que ofrecían a los niños, por lo que no fue difícil convencerles de que debíamos empezar por ahí.

Acordamos un programa de prioridades, donde abordaríamos los temas más complejos, pero con la secuencia que nosotros determináramos, como expertos en la materia. Este principio es importante, pues cuando la pareja tiene tantos puntos «de desencuentro», rápidamente los dos quieren abordar los conflictos más significativos, y no hay nada más contraproducente, desde el punto de vista de la psicología, que afrontar los temas más sensibles sin la preparación y el entrenamiento previo adecuados. Si lo pensamos detenidamente, pocas posibilidades tendremos de que algo cambie y mejore si nos empeñamos en hacerlo repitiendo los mismos esquemas.

El primer propósito estaba claro. No se trataba de decir quién lo hacía bien o mal, sino qué es lo que necesitaban los niños —cómo lo transmitían, cómo expresaban sus emociones, sus carencias—, cómo la pareja podía llegar al mismo análisis y actuar entonces de forma coordinada.

Les mandamos hacer registros (anotar literalmente qué es lo que hacían los niños, en qué circunstancias y cómo respondían ellos). Cuando volvieron al cabo de la semana, cada uno albergaba la esperanza de que le echásemos la bronca al otro miembro de la pareja, pero nosotros no hicimos nada de eso; por el contrario, empezamos felicitándoles a los dos, pues ambos habían hecho bien los registros —cada uno traía varias hojas escritas con los acontecimientos de la semana—, y pasamos a analizar, punto por punto, la conducta de los niños y sus reacciones. Ante cualquier conducta del niño o de la niña, preguntábamos en voz alta: ¿por qué creéis que hace esto? Lógicamente, cada uno daba su opinión, así que buscamos un caso donde los dos estuviesen equivocados.

El pequeño de dos años no paraba de tener rabietas. Beatriz decía que era porque el niño se sentía inmensamente triste al ver que sus padres se llevaban mal, y Borja opinaba que el niño estaba muy consentido por la madre y cada vez se les subía más a la «chepa», que lo que necesitaba era más disciplina y menos mimos.

Aquí pudimos emplearnos a fondo, comentándoles la importancia de conocer las distintas fases por las que todos vamos atravesando en nuestro crecimiento y las manifestaciones que realizamos. En concreto les dije: «Los dos años son una etapa muy típica en la que tienen lugar muchas rabietas; y no aparecen porque el niño esté muy deprimido al ver que sus padres se llevan mal, o porque se nos quiera subir a la chepa, aparecen porque están llenos de pulsiones que no controlan y necesitan imperiosamente que nosotros les ayudemos y les ofrezcamos una serie de pautas que les permitan superar esas tensiones. Cuando se tiran al suelo, chillan y patalean sin cesar, lo hacen para llamar nuestra atención y para ver hasta dónde pueden llegar. Ellos esperan que nosotros nos demos cuenta de lo que les pasa y les ayudemos a resolver el tema. La solución no es cogerles y abrazarles porque están sufriendo por nuestra causa; ni chillarles y decirles que ¡ya está bien! y que esta noche no habrá cuento; en ambos casos —insistí— le estáis reforzando su rabieta, le estáis prestando demasiada atención. Cuando le chillamos, el niño siente que estamos pendientes de él, y lejos de pensar que debe reaccionar, en realidad nos ha cogido la delantera y no entiende por qué no somos capaces de terminar con esa situación sin perder el control. En estos momentos de rabieta, lo mejor es que no le prestemos atención, que al cabo de un rato le sorprendamos con cualquier tema, como si no escuchásemos sus gritos, que no cedamos si nos está pidiendo algo, para que no aprenda a conseguir las cosas a base de rabietas, y que, por encima de todo, nos vea tranquilos y relajados; de esta forma las rabietas pasarán y vosotros habréis cumplido una de vuestras misiones como padres, la de ayudar a vuestros hijos a resolver sus conflictos, no a perpetuarlos».

Me extiendo mucho en esta explicación, porque gracias a ella pudimos pasar a la diferente forma que tenemos las mujeres y los hombres de sentir y expresar nuestras emociones. Primero les ofrecí unas pautas muy claras de actuación para los dos ante las siguientes rabietas que presentase el niño, y además les pedí un ejercicio muy concreto entre ellos, como pareja. Éste consistía en que cuando Beatriz le comentase que algo la preocupaba, Borja iba a escuchar, y lo haría de forma activa, preguntando cómo se sentía ella en esa situación, pidiendo más detalles sobre el tema, dejando que Beatriz hablase todo lo que necesitara y diciéndole al final que entendía que se sintiese mal —incluso aunque no lo entendiese, no importaba, ya lo entendería en la sesión siguiente—. Él no le daría soluciones ni consejos, por mucho que viera claro lo que Beatriz debía hacer, pero sí se mostraría cercano y afectivo, y haría algún gesto de cariño —cogerle las manos, tocarle la cara, acariciarle el pelo...—. A continuación Beatriz escribiría en un papel cómo se había sentido, y si se había sentido bien, se lo diría a Borja en ese momento; si algo no le había gustado, a pesar de todo le sonreiría, y el próximo día analizaríamos con calma lo que ella había pensado a raíz de la actuación de Borja.

Poco a poco, ambos vieron que en realidad, si se esforzaban, terminaban interpretando bien lo que el otro podía sentir en cada momento. Nos costó un poco más que desarrollasen determinadas habilidades que les permitirían ayudar a la pareja cuando ésta se sintiera mal. No engancharse innecesariamente lo consiguieron al cabo de unas semanas, no de forma perfecta, pero sí aceptablemente.

La intervención con los niños fue un excelente entrenamiento, pero sin duda lo mejor fue comprobar que ambos, a pesar de todas sus diferencias, podían llegar a entenderse razonablemente bien.

En este caso concreto, para conseguir vencer las reticencias que aún tenían entre ellos, les pedimos que nos registrasen conductas de amigos/as, compañeros/as de trabajo... Estas conductas nos sirvieron para practicar, con otras personas, los principios que estábamos aprendiendo. Fue muy importante cuando un día ambos vinieron contando sus respectivos éxitos con personas del trabajo y de su círculo de amistades; basándose en el análisis que habíamos realizado en la última sesión, los dos habían ejecutado una serie de estrategias con estas personas, que —increíblemente para los dos—

habían producido los resultados que habíamos pronostica-
do. Estos éxitos «les dieron mucha moral» —como decía
Borja—, y lo que en un principio él había creído que iba a
ser algo pesadísimo, se había convertido en un aliciente, casi
en un reto, que intentaba poner en práctica a la mínima oportunidad.

Por supuesto que las relaciones con los niños mejoraron
y que, a pesar de todo, entre ellos aún se produce algún desencuentro, pero cada vez son menos y los resuelven pronto y
con buen sentido del humor.

Una de las áreas que también experimentó un cambio
importante fue el tema de las relaciones sexuales. No fue necesario trabajar directamente sobre ello, en cuanto mejoraron
la comunicación y la afectividad en la pareja, automáticamente su vida sexual se hizo más rica, más variada y más placentera para los dos.

Al final, el último día les pedí que hicieran un breve resumen de aquellos aspectos que, a partir de ahora, no debían
olvidar en su relación de pareja. Hicieron una lista con 32
principios básicos o, como ellos dijeron, 32 puntos de alerta. Les pedí que los repasaran de vez en cuando, al menos una
vez a la semana, para mantenerlos activos en su mente y no
volver a caer en una situación parecida.

Entre las pautas y los principios que trabajamos a lo largo
de nuestra intervención con Beatriz y Borja, destacaríamos:

— Cada persona es única, y por ello no podemos espe-
    rar que sienta lo mismo que nosotros.
— Además de las diferencias individuales, las mujeres
    y los hombres analizan, actúan y sienten de forma
    distinta.

— Unos no son mejores que otros, mujeres y hombres se complementan y se enriquecen mutuamente.

— Si aprendemos a observar y a ponernos de verdad en la piel del otro, nos resultará más sencillo entender lo que sienten y lo que necesitan.

— Los niños son como un libro abierto, a través de sus conductas nos expresan sus emociones.

— Los adultos reflejamos menos nuestras emociones, especialmente los hombres; por eso las mujeres tienen más intuición y más capacidad de observación para analizar la conducta no verbal del hombre (lo que no dice con palabras, pero manifiesta con sus gestos, sus ademanes, sus silencios...).

— Las mujeres hablan más desde la emoción, y eso no debe confundirnos; debemos realizar el análisis sobre el mensaje global que nos mandan, y no solamente basándonos en las palabras que pueden pronunciar en un momento de crisis (especialmente cuando están muy enfadadas, pues ahí, en contra de lo que pudiéramos pensar, dicen lo que piensan en ese momento de rabia o enfado, y esos pensamientos están condicionados por el dolor o la desesperación, por lo que no tienen que corresponderse, necesariamente, con lo que piensan y sienten de forma habitual. Insistimos en este hecho, porque a veces nos quedamos con lo que hemos oído sólo en un momento difícil, y no con el resto de la información —verbal y no verbal— que estamos recibiendo constantemente).

— Los hombres necesitan hablar menos y actuar más; pero eso no quiere decir que sean más simples o más operativos.

— Todos necesitamos que nos escuchen, pero no debemos forzar la conversación cuando no surge espontáneamente.

— Las mujeres hablamos más a través del lenguaje. Los hombres emplean más la comunicación no verbal.

— Si queremos conseguir que algo cambie en nuestra relación de pareja, no castiguemos, actuemos como personas maduras. No exijamos que el otro nos obedezca como si fuera un niño; intentemos esforzarnos por alcanzar acuerdos razonables.

— Para que la comunicación y la convivencia sean más relajadas, conviene que cada uno respete un espacio de intimidad y un tiempo personal del otro. No podemos pretender que pase una jornada entera sin que nos dejemos un tiempo y un lugar para nosotros mismos y para nuestra pareja.

— Los sentimientos se facilitan, no se imponen. Si alguien ha dejado de sentir amor o afecto, ni debe obligarse a sentirlo, ni podemos exigirle que tenga manifestaciones que no le surgen espontáneamente.

— Las personas no nos podemos encadenar a una relación que, lejos de enriquecernos, nos llena de tristeza y ansiedad.

— No podemos tolerar la esclavitud de las personas, como tampoco podemos tolerar la esclavitud de los sentimientos.

— Para que haya comunicación:
  • Primero tiene que haber voluntad de comunicarse por ambas partes.
  • A continuación debemos potenciar nuestra sensibilidad, nuestra capacidad de observación.

- Nuestro análisis estará basado en la objetividad de los hechos, no en la subjetividad de los sentimientos.
- No habrá comunicación si no hay escucha.
- La persona no se sentirá escuchada si no se siente comprendida.
- La comprensión final se producirá desde el respeto y desde el afecto, y será una comprensión mutua, cuando el respeto y el afecto sean compartidos.
- El hecho de que una persona tenga respeto y afecto por otra persona no significa que necesariamente se produzca lo mismo en sentido contrario. En estos casos, no pidamos lo que el otro no nos puede dar, pero tampoco nos forcemos a seguir al lado de alguien que ni sabe comprendernos, ni sabe respetarnos, ni puede querernos como nosotros necesitamos.
— Si la comunicación es irrecuperable, recordemos que podemos vivir sin la comunicación de la otra persona, pero no sin la comunicación con nosotros mismos.
— No somos responsables de lo que el otro hace, pero sí somos responsables de poder liberar nuestros sentimientos, para alcanzar la autonomía y la seguridad que nos permitirán tomar las decisiones más aconsejables para nuestro equilibrio emocional.

Una vez analizadas algunas de las dificultades que surgen por esa falta de comunicación, intentaremos profundizar en otra de las quejas más frecuentes.

Si las mujeres suelen quejarse de la falta de comunicación, son los hombres quienes con más frecuencia dicen aquello de: «¡No hay quien la entienda!».

¡No hay quien le/la entienda!

Seguramente, pocas personas habrá que no hayan pronunciado en algún momento esta frase: «¡No hay quien te entienda!» o «¡No hay quien le/la entienda!». Lo hacemos cuando la conducta de alguien nos parece incomprensible o, para qué negarlo, ¡cuando ya no aguantamos más!

Más que una aseveración es un lamento lleno de rabia o desesperanza. En cualquier caso, la persona que lo pronuncia parece que está sobrepasada por la situación.

Las mujeres, cuando se refieren a los hombres, tienden más a quedarse en el reproche. Por ejemplo: «No escucha, no habla, es un egoísta, sólo piensa en el trabajo, siempre está de mal humor...».

Por el contrario, algunos hombres pueden mostrar cierto aire de superioridad o desvalorización hacia su pareja, con comentarios como: «¡A ver si te aclaras!», «¡qué tonterías dices!», «¡estás loca!», «¡no hay quien te entienda!», «¿tú para qué hablas?», «¡si no tienes ni idea!»; «¡cállate, que no hay quien te aguante!»; «¿ya estamos otra vez con la misma historia?», «¡déjame en paz!».

Estos últimos comentarios socialmente se tolerarían peor si fueran pronunciados por una mujer; rápidamente alguien diría: «¡Pobrecillo, hay que ver cómo lo trata!»; pero si quien dice: «¡Cállate, que no tienes ni idea!» es un hombre, entonces es posible que oigamos: «Este hombre, ¡qué mal genio tiene!, no hay que hacerle mucho caso», y con eso parece que ya no hay que darle más vueltas, ni quejarse del tema.

A veces no somos conscientes del efecto que tienen este tipo de comentarios, realizados por falta de control, de sensibilidad, de un mínimo respeto, o por desfogue —porque alguien está disgustado o contrariado por lo que sea—; estos comentarios, repito, pueden ser muy nocivos para la seguridad, para el equilibrio emocional y la autoestima de quien los sufre.

Los lectores se asombrarían si pudieran comprobar hasta qué punto tenemos las consultas llenas de personas muy válidas y sensibles, que se sienten terriblemente inseguras y con la autoestima por los suelos, porque tienen a su lado a alguien que constantemente les hiere con descalificaciones tan vejatorias y humillantes como las expuestas.

En nuestras relaciones interpersonales, cuando alguien nos habla sobre otra persona, conviene que estemos muy atentos a los matices. No es lo mismo decir: «¡No consigo entender a fulanito/a!», que: «¡No hay quien la/le entienda!». En el primer caso, la persona muestra su impotencia, en el segundo, el tono lleva implícito cierto desprecio.

A pesar de que podamos escuchar estas palabras con cierta frecuencia, no debemos deducir por ello que sean inofensivas o inocuas. La realidad, como ya hemos apuntado, es que pueden tener un efecto devastador.

> *Hay que tener cuidado, porque del insulto al maltrato sólo hay un paso, y la mayoría de las veces no es necesario darlo, porque van juntos.*

Seguramente el caso de Carmen y Carlos nos ayudará a comprender estos extremos.

El caso de Carmen y Carlos

Carlos tenía cincuenta y cuatro años y Carmen cuarenta. Llevaban doce años juntos, y había llegado un momento en que la situación entre ambos era muy difícil, especialmente por el tono despectivo que empleaba Carlos.

La relación naufragaba hacía tiempo y Carmen ya se habría separado si no hubiera sido porque se sentía agotada, sin fuerzas y, sobre todo, porque tenían un hijo de seis años, y ella creía que el niño merecía crecer en el seno de una «familia normal», con un padre y una madre.

Carmen estaba totalmente hundida y, como suele pasar en estos casos, por fin había reaccionado cuando su hijo un día le dijo que «ella no era tonta, ni estaba loca, que él sí la quería mucho, y que papá siempre estaba de mal humor, que chillaba todo el rato y no era bueno».

Lo primero que nos llamó la atención fue el envejecimiento prematuro de Carmen; ella lo achacaba por una parte al embarazo, que había sido muy complicado, incluso debió guardar reposo durante dos meses, y a que después del parto se había quedado agotada y, según ella, aún no había conseguido recuperarse físicamente. Para nosotros el tema era diferente.

> *Pocas cosas envejecen tanto como sentirse infeliz e injustamente tratado/a.*

En realidad, en un principio no venían por un problema de pareja, sino para ver cómo podían ayudar a Jorge, pues

Carmen se había quedado muy impresionada al oír a su hijo que «papá no era bueno y estaba siempre de mal humor», y Carlos, por su parte, también se sentía preocupado por la imagen que el niño describía de él.

Rápidamente vimos que el carácter de Carlos era fuerte e impositivo; en realidad trataba a Carmen como si ésta fuera una niña pequeña a la que hay que corregir constantemente, y con el niño actuaba justamente al contrario, le trataba como a un colega, al que le decía las bobadas que hacía su mamá y lo tontas que eran las mujeres.

La verdad es que Carlos estaba muy despistado, tanto con su hijo, como con Carmen. Resultaba evidente que se hacía un lío con el niño. Jorge estaba empezando a rehuirle y a mostrarse cada vez más díscolo con él. Con Carmen, sin darse cuenta, de cada cuatro palabras que le decía, dos eran para regañarla o tenían un tono despectivo. Cuando le hicimos notar este hecho, no salía de su asombro y comentaba, con una risa algo nerviosa, que ¡no sería para tanto!, que era su forma de expresarse y que sólo trataba de mostrarle lo que tenía que hacer.

En cuanto encauzamos el tema del niño, Carmen se sintió más liberada y, a pesar de las miradas recriminatorias de Carlos, empezó a relatar y contar la amargura que llevaba viviendo durante los últimos años. Dado que ya habíamos visto que el caso era delicado y que Carmen estaba muy hundida anímicamente, decidimos empezar a trabajar con ella, para ayudarle a recuperar su autoestima, que la tenía por los suelos.

Un análisis exhaustivo de la situación nos ofreció un panorama muy claro. Carlos estaba muy acostumbrado a mandar; en su trabajo debía «pelear», como él decía, con muchas personas con un nivel cultural bajo, «que a la mínima te la juegan y tienes que ser más listo que ellos y enseñarles que tienes un par de c...»; en casa, sin darse cuenta, seguía la misma trayectoria.

Carmen, a petición nuestra, hizo un registro minucioso de las palabras o frases que Carlos podía pronunciar en una semana, y que a ella le resultaban ofensivas y humillantes. Poco a poco fuimos trabajando con la confrontación y racionalización de esas palabras: hasta qué punto le afectaban, qué sentía cuando las escuchaba, cómo volvían a su mente en diversos momentos del día... Después trabajamos su propia seguridad, como paso previo que le ayudase a recuperar su dignidad y, con ella, el respeto hacia sí misma. Llegó un momento en que Carmen rescató algo tan importante como la sonrisa, las ganas de reírse, y casi sin darse cuenta empezó a ganar terreno y a manifestarse cada vez de forma más asertiva con Carlos, con más seguridad en sí misma.

Carmen volvió a plantearse, pero esta vez con firmeza y decisión, que si él no cambiaba, no le compensaba seguir juntos, pues además consideraba que Carlos, con sus continuas broncas y malos tonos, se había convertido en un mal ejemplo para el niño.

Cuando vimos a Carlos, al cabo de los dos meses y medio en que habíamos estado trabajando con Carmen, venía realmente asustado. Era consciente de que el tema era delicado, veía a su mujer con una decisión y una seguridad que nunca antes había mostrado y sabía que las cosas ya no podían seguir igual.

«¿Qué pasa? ¿Qué hago mal para que Carmen quiera dejarme? Yo tengo claro que quiero seguir con ella y con Jorge, y me dolería quedarme solo a estas alturas de mi vida». «Si ésos son

tus pensamientos, empezamos bien —le contesté—, pero
tenemos mucho trabajo pendiente, así que, si realmente tienes claro que hay cosas que haces mal: ¡manos a la obra!».

Le enseñé a Carlos el listado de palabras o frases hirientes que había pronunciado a lo largo de una de las últimas
semanas, según me había registrado Carmen. Cuando lo vio,
no daba crédito a sus ojos, y aunque en principio intentó dis-
culparse y decir ¡que muchas frases no tenían mayor importancia!, pronto reconoció ¡que se pasaba mucho!

Entre las frases que más decía, una de las que más repe-
tía era «¡No hay quien te entienda!»; además de las siguientes: «¿Cuándo vas a dejar de decir tonterías?», «¡Vaya cara de
amargada que tienes!», «¡Déjame en paz, que no tienes ni idea
de lo que hablas!».

Le dije a Carlos que intentase buscar el equivalente en
masculino; es decir, qué frases, pronunciadas por Carmen, le
podían resultar a él especialmente humillantes y vejatorias.
Como le costaba encontrarlas, las buscamos entre los dos. Al
final reconoció que se sentiría a morir si a él su pareja le estuviera diciendo constantemente: «¡Eres un mierda!, ¡no he visto
a nadie más ignorante que tú!, a ti lo que te pasa es que estás
amargado, porque eres un viejo decrépito de cincuenta y cuatro años que das lástima, que ya no eres capaz de satisfacer a
una mujer joven...».

Carlos se sentía muy impotente e inseguro ante lo que
debía acometer. Con mucho miedo, me confesó que él siempre había tenido algunos problemas para controlar su mal
genio, que decía las cosas sin darse cuenta y que no creía que
pudiera cambiar demasiado a estas alturas de su vida. Con
una mirada cómplice me dijo: «¿No sería más fácil entrenar
a Carmen para que no se tomase a mal esas cosas que digo

sin darme cuenta, en lugar de pretender que ahora me muerda la lengua y esté en tensión en cuanto llegue a casa, pensando cada palabra que diga?». Mi respuesta fue tajante: «¿Me estás pidiendo que yo, como psicóloga, le pida a una persona que se deje pisar y vejar, que se resigne y se hunda en la miseria, que contemple cómo su hijo termina mirándola con rabia y con enojo, porque se deja machacar por un padre que a él le asusta y que a ella la trata con desprecio...?». No tuve que añadir más, sólo le dije: «Tú decides, Carlos, lo intentamos o lo dejamos».

Afortunadamente, Carlos era un luchador, y si algo tenía claro es que no quería perder a su pareja, ni a su hijo, así que empezó a reaccionar y se volcó, como él se volcaba en las cosas que le interesaban, con fuerza, con vehemencia y con decisión.

Pronto pudimos hacer un registro de ideas alternativas (ver cuadro), que a él le ayudaba a ver sus progresos y a confiar en sus posibilidades. Durante la siguiente semana, apuntaría cada vez que tenía un pensamiento negativo, un pensamiento que antes, sin darse prácticamente cuenta, le llevaba a pronunciar esas frases tan despectivas e hirientes para Carmen. A continuación, se esforzaría por encontrar un pensamiento alternativo y, finalmente, apuntaría su nuevo estado de ánimo. Por ejemplo, cuando pensara «es que no hay quien entienda a Carmen», inmediatamente diría ¡bingo!, ¡he conseguido cazar este pensamiento irracional antes de decirlo!, y se pondría a la tarea de buscar un pensamiento alternativo, que fuera más realista y objetivo, como por ejemplo: «No es que no haya quien entienda a Carmen, en realidad lo que me pide Carmen es algo tan lógico como que no me altere, así que ahora mismo voy a gastarle alguna broma». Él mismo se dio cuenta de que cuando cambiase ese pensamiento, inmediatamente mejoraría su estado de ánimo, él actuaría de otra manera y Carmen empezaría a recuperar la confianza en él.

Registro de ideas alternativas

Día/hora	Pensamiento	Pensamiento alternativo	Nuevo estado de ánimo

Nos costó casi cuatro meses de prácticas permanentes. Carlos hizo además varios de los cursos que impartimos los fines de semana sobre Autocontrol, Comunicación y Habilidades para relacionarnos bien, Cómo conseguir tus objetivos... Carmen al principio estaba bastante reticente y, como ella misma decía, no quería hacerse demasiadas ilusiones, por si finalmente el tema no funcionaba, pero poco a poco comprobó cómo Carlos se controlaba mejor, cómo ella también estaba más relajada y se sentía más segura.

A veces, desgraciadamente, algunas personas tienen que encontrarse en una situación muy límite para reaccionar. Carlos llevaba más de diez años escuchando las quejas de Carmen, viendo que esa persona joven, llena de vida y de ilusiones, se estaba convirtiendo en una mujer envejecida prematuramente por el dolor, por el desconsuelo y la desesperanza; pero no fue capaz de reaccionar hasta que vio que se podía quedar solo y, lo que es peor, que se estaba ganando a pulso esa soledad.

El problema no era que a Carmen ¡no había quien la entendiese!, el drama es que él, sin ser consciente de ello, estaba machacando a los seres que más quería; actuaba como un autómata, como un ser frío y agresivo, que se había convertido en su peor enemigo.

Debemos extremar al máximo el cuidado con esas frases tan terribles. Del «¡no hay quien la/le entienda!», se pasa fácilmente al «¡eres un desastre!» y... se termina por creer que, efectivamente, la otra persona ¡no sirve para nada, ni piensa, ni siente, ni padece, sólo sabe dar problemas!

La persona que recibe esas frases, a fuerza de oírlas y sufrirlas, termina sintiéndose muy insegura, con la moral por los suelos y puede reaccionar de dos maneras: plantándose y diciendo que así no continúa, o hundiéndose y llegando a creerse que, realmente, no vale nada y es un ser despreciable.

Una de las principales cosas que Carlos aprendió es la siguiente:

> *Los hombres pueden estar mucho tiempo sin hablar, y se sienten bien, pero cuando una mujer no habla, ¡cuidado!, porque seguramente se siente mal, tan mal como para no intentar arreglar las cosas hablando; tan mal como para haber perdido la esperanza en la otra persona; tan mal como para tomar una decisión drástica y ser capaz de llevarla a efecto.*

Ya hemos visto algunas de las consecuencias del «¡No hay quien la/le entienda!», ahora vamos a intentar analizar otra de las quejas más frecuentes, y que tiene lugar cuando no nos sentimos queridos.

No me siento querida/o

De nuevo nos encontramos ante una queja que suelen pronunciar más las mujeres; aunque cada vez hay más gente joven que confiesa sentirse poco querida.

Si lo pensamos despacio, es una de las frases que puede crear más sensación de impotencia en la pareja. La persona que no se siente querida, en gran medida ha sufrido una decepción, normalmente muy dolorosa, al ver como sus expectativas no se han cumplido, y la persona que recibe esa amarga frase suele vivirla como una crítica, como un reproche hacia las conductas o manifestaciones que no ha sabido mostrar, o hacia una sensibilidad que se le presuponía, pero que ha «brillado por su ausencia».

Cuando un miembro de la pareja se siente tirado de las orejas y el otro está inmerso en una fuerte decepción, nos encontramos ante la típica situación de crisis que, si persiste en el tiempo, requiere una intervención inmediata.

«¡No me quieres!», «¡No me siento querida/o!», «¡Tú solo te quieres a ti mismo/a!», «¡No sabes querer!», son frases que fácilmente van acompañadas de otras como: «¡Lo nuestro no funciona!», «¡Esta relación no es lo que yo esperaba!», «¡Me equivoqué al pensar que eras especial!», «¡No soy feliz!» o «¡No me haces feliz!», ¡Me has desilusionado por completo!»... Si cerramos los ojos y nos imaginamos que estamos pronunciando o recibiendo una de esas frases, rápidamente sentiremos una emoción inquietante y nada agradable.

A veces cuesta ser objetivo con este tipo de manifestaciones. Especialmente resulta difícil darnos cuenta de toda la profundidad que arrastran. Habrá personas que las digan porque se sienten heridas, desengañadas, desilusionadas ante lo que esperaban y lo que reciben. En algunos casos serán pronunciadas desde el resentimiento y, a veces, encerrarán un sentimiento de injusticia muy profundo. En otras ocasiones se vivirán desde el dolor más intenso, y ese dolor estará provocado por esas palabras que una y otra vez se repiten en nuestro interior, pero que no llegamos a pronunciar; entre otras razones porque seguramente ya hemos perdido la esperanza.

Cuando pensemos: no me siento querida/o, o cuando nuestra pareja o una persona cercana nos lo manifiesta, ¡cuidado!, porque no es fácil acertar con toda la carga emocional que ese mensaje tiene.

El caso de Dori y David nos puede ayudar a descifrar las principales claves que suelen estar presentes en estos sentimientos.

El caso de Dori y David

Dori y David parecían el típico ejemplo de pareja feliz. Llevaban juntos veinticuatro años y tenían dos hijos de dieciocho y dieciséis, que no presentaban problemas especiales.

Gozaban de una buena situación económica, y aparentemente tenían muchos amigos y una vida social bastante intensa.

Desde el punto de vista físico, aunque Dori había dado un «bajón» después de una intervención quirúrgica, eran dos personas atractivas, que se conservaban bien.

A pesar de todo, David llevaba varios meses preocupado ante las continuas quejas de Dori, pues ésta se encontraba en medio de una crisis muy profunda y no paraba de manifestarle su insatisfacción y su convencimiento de que él tenía la culpa, pues desde hacía tiempo no se sentía querida.

David en realidad venía para que le orientásemos sobre cómo debía tratar a Dori, y para pedirnos que intentásemos ayudar a su mujer.

David, a petición nuestra, le había comentado a Dori que nos gustaría verla, pero ella le había dicho que no se encontraba con ánimos para venir y contar lo que le pasaba, que en realidad ya se lo había dicho a él mil veces, que le resultaba muy doloroso volverlo a exponer, que nos lo transmitiese David, si es que se había enterado de algo; que ya vendría luego, cuando empezara a ver los primeros efectos.

En estas circunstancias, siempre que nos resulta posible, intentamos no forzar al miembro de la pareja que no quiere acudir a la consulta. Además, cuando alguien está en esa crisis emocional, normalmente la pareja que vive a su lado se encuentra perdida y necesita también ayuda y orientación de forma inmediata.

Afortunadamente, David era una persona con buen ánimo, sensible, enamorado de su mujer, con muchas ganas de poder ayudar, de mejorar y superarse día a día. Para David su familia era lo más importante, y le producía mucha infelicidad ver a Dori en esas circunstancias, y contemplar cómo él, lejos de ayudarle a mejorar su estado de ánimo, parecía actuar de una forma especialmente torpe, que crispaba aún más a su pareja.

A su manera lo había intentado, pero se encontraba en un callejón sin salida.

Los primeros años de la pareja habían sido muy duros; a los dos años de casarse habían decidido montar una empresa y ambos habían trabajado de forma incansable; sólo cuando la situación económica fue más estable se permitieron tener hijos.

Dori siguió en la empresa hasta hace seis años, en que tuvo diversos problemas de salud, que terminaron con una intervención quirúrgica importante.

A raíz de la operación, se sintió muy mermada física y anímicamente y ambos, de común acuerdo, decidieron que era el momento de concederse un merecido descanso. Por otra parte, la empresa había alcanzado una economía muy saneada y podían cubrir el puesto de Dori sin problemas.

Al principio Dori se volcó en los niños y en su recuperación física y emocional, y parecía que poco a poco iba saliendo del bache, pero su carácter empezó a cambiar: su paciencia cada vez era menor, su humor se había hecho más agrio, su insatisfacción crecía por momentos, no lograba descansar bien por la noche desde hacía años..., y la convivencia fue deteriorándose, primero con los niños, y después con David.

Actualmente la relación con los chicos había mejorado, pero sus insatisfacciones seguían presentes y todas parecían tener un único destinatario: David.

Estaba claro que había que intervenir, dos personas estaban sufriendo y su relación de pareja empeoraba día a día.

El análisis riguroso que efectuamos sobre los principales hechos acontecidos en los últimos años nos permitió situar bastante bien el origen y la causa de la transformación que Dori había experimentado. Uno de nuestros primeros objetivos fue informar a David, de forma pormenorizada, de las consecuencias que, tanto desde el punto de vista físico como anímico, había producido en Dori la menopausia precoz que había sufrido.

Con el problema «bien situado», David empezó a rellenar el registro de conducta (pág. 28). Los datos no podían ser más elocuentes: Dori sufría una crisis profunda en su estado de ánimo; no llegaba a ser una depresión como tal, pero el sentimiento de tristeza e insatisfacción era tan permanente que había terminado por dejar huella en una persona con su fuerza y voluntad.

Ella se había esforzado al máximo para que su estado anímico no repercutiera en la relación con sus hijos, y lo estaba consiguiendo, pero como por algún sitio tenía que romperse esa cuerda tan floja, David se había erigido en el centro y en el origen de todas sus desgracias e insatisfacciones. Literalmente parecía «que no le pudiese ni ver»; saltaba a las primeras de cambio, le recriminaba por lo que hacía, por lo que dejaba de hacer y difícilmente pasaba un día sin que tuvieran una discusión fuerte.

David intentaba que ella viera lo injusto de su postura, pero con sus argumentos sólo conseguía irritarla cada vez más. Dori reaccionaba encerrándose en sí misma y dirigiéndole todos sus reproches e insatisfacciones.

Nos costó que David comprendiera que Dori estaba tan mal que no podía llegar a ella a través del razonamiento, sino por medio de la emoción. Cuando alguien está hundido hasta ese punto, sólo podemos ayudarle situándonos a su mismo nivel; no intentemos que utilice la lógica y el razonamiento objetivo, porque en esos momentos le resulta imposible, es un esfuerzo sobrehumano; necesita nuestro apoyo, nuestro calor y nuestra comprensión, y en ello debemos volcarnos.

David por fin:

1. Aprendió a distinguir que cuando Dori le decía «que no se sentía querida», en realidad lo que le estaba diciendo es que no podía más, que no era feliz, que se sentía insatisfecha, aburrida y desesperada, que estaba agotada de no dormir por las noches, que se pasaba el día abanicándose y abrigándose, pues aún pasaba de los sudores más incómodos a la sensación de frío más penetrante; que quería ser la mujer alegre, optimista y vital que siempre había sido. Le costó mucho, pues él cometía el típico error de analizar literalmente sus palabras; no era capaz de ver el auténtico mensaje de Dori, se quedaba en que ella le decía que no se sentía querida, y se empeñaba en que le explicase cómo podía ser tan injusta y decir que no la quería, cuando él se pasaba la vida pendiente de ella.

2. Aprendió a ESCUCHAR, a respetar sus estados de ánimo, a no rebatir cada palabra que Dori pronunciaba, a prestar atención a su comunicación no verbal (a sus gestos de desolación, a sus movimientos sin fuerzas, a su cara y sus ojos marcados por la tristeza y la desesperanza)... Al cabo de unas semanas...

3. Aprendió que Dori necesitaba cercanía, cercanía anímica, necesitaba cariño, afecto y ternura.

El cariño se siente, no se enseña; se transmite, no se ordena; se regala, no se pide.

4. Aprendió que el afecto anida en los sentimientos pro-
    fundos y se manifiesta en los movimientos lentos,
    suaves, pacientes, llenos de calor y sensibilidad.
5. Aprendió que cuando una persona luchadora se queja
    a su pareja, no lo hace para regañarla, lo hace para
    intentar salvar lo que siente que está en peligro de
    naufragar.

> *Las mujeres son diferentes a los hombres. Lo que ellos interio-
> rizan como una queja, en realidad es un lamento; necesitan deta-
> lles envueltos en ternura, no en dinero.*

6. Aprendió a amar de la forma que Dori necesitaba
    sentirse amada.

En realidad, ella le había dado muchas señales, pero David
se había quedado en la literalidad de las palabras, no en la
profundidad de los mensajes.

Por su parte, pasado el primer mes, Dori vino a la consulta, y su contribución fue vital.

Una vez que ella se dio cuenta de que David no era el culpable de su malestar, ni de su insatisfacción, comprendió que
no terminaría de recuperarse por completo si no asumía el
control de sus propios pensamientos; de esos pensamientos
negativos que la acompañaban durante los últimos años y
que continuamente le provocaban contratiempos, emociones dolorosas, desconsuelo e insatisfacción.

También Dori aprendió:

1. Aprendió que, en última instancia, cada uno es responsable de su estado emocional.
2. Aprendió que, a pesar de las circunstancias adversas, podemos encontrarnos razonablemente bien con nosotros mismos, si conseguimos controlar nuestros pensamientos; si aceptamos que hay cosas que podemos hacer y otras que humanamente se nos escapan.
3. Aprendió que nunca nos sentiremos no queridos si, por encima de todo, seguimos queriéndonos a nosotros mismos.
4. Aprendió que podemos estar fastidiados físicamente, pero que, con esfuerzo y con decisión, podemos conservar nuestra salud psíquica.
5. Aprendió a no pasar factura y a concentrar todas sus energías en salir adelante y conseguir sus objetivos.
6. Aprendió que la queja, cuando es permanente, se convierte en nuestro peor enemigo, pues lejos de ayudarnos a conseguir nuestros objetivos, nos aleja tanto de ellos como de las personas que nos rodean.

> *La sonrisa atrae y la tristeza aleja; la alegría es una virtud, y el derrotismo una tragedia; la esperanza derriba barreras y el pesimismo levanta muros...*

7. Aprendió que el trabajo, cuando te gusta lo que haces y el horario no te roba la vida, es un buen compa-

ñero, que te ayuda a salir de tus problemas, que te
facilita el contacto y la relación con otras personas,
que te proporciona una independencia y una autonomía que siempre son positivas

8. Aprendió, por último, a darse cuenta de que no podía
pedir a los hombres, aunque el hombre fuera su marido, que pensaran, reflexionaran y sintieran como
mujeres.

Una de las decisiones que Dori tomó fue volver al trabajo; afortunadamente, en su caso podía permitirse una jornada reducida y así lo hizo. Volvió a trabajar no para llenar va-
cíos, que ella sabía que debería cubrir de otra forma, sino
para sentirse de nuevo satisfecha con lo que hacía, porque
sabía hacerlo bien; necesitaba sentir que el tiempo era finito
para volver a valorarlo; precisaba volver a experimentar que
la relación con las personas es una forma de seguir creciendo
cada día y de alimentar nuestra experiencia; consiguió, por
último, recuperar la tranquilidad y la paz que te da saber que
tienes autonomía económica.

> *Las mujeres, a diferencia de los hombres, en términos genera-*
> *les valoran más las relaciones personales que el trabajo, pero con fre-*
> *cuencia el trabajo favorece las relaciones personales.*

Dori y David recuperaron la confianza el uno en el otro
y algo más importante: la comprensión, el respeto mutuo y
la valoración personal.

Cuando alguien no se sienta querido/a, que se ponga inmediatamente a la tarea de quererse a sí mismo/a; que piense en todo lo que le gusta de él/ella, y se concentre y disfrute de lo que ya ha conseguido en su vida.

Con estas premisas, nos será más sencillo abordar la siguiente queja:

¡Qué poco nos parecemos!

Seguramente la mayoría nos hemos preguntado, en más de una ocasión, ¿cómo han podido terminar juntas dos personas tan diferentes? Lo hacemos refiriéndonos a determinados amigos o personas que conocemos. Si lo pensamos detenidamente, esta sorpresa podría generalizarse con muchas parejas de nuestro entorno. La explicación es sencilla, en contra de lo que pudiéramos pensar: no buscamos en la pareja alguien parecido a nosotros, sino alguien que nos complemente, que sea diferente, que destaque o nos dé seguridad en aquellos puntos donde nos sentimos más débiles.

La persona insegura intentará encontrar alguien que sobresalga por su seguridad y su estabilidad emocional. El triste irá detrás de la persona alegre; el aburrido buscará alguien divertido... ¿Pero hasta dónde funciona este principio? Los especialistas sabemos que funciona razonablemente bien, siempre y cuando, los dos, a pesar de sus diferencias, compartan los valores que para ellos son fundamentales. Por ejemplo, la persona cobarde, que no se atreve a cambiar de vida y acometer proyectos nuevos, buscará alguien con decisión, que le proporcione seguridad y logre vencer sus miedos; pero no se sentirá bien si lo hace saltándose principios

que para él/ella son básicos; por ejemplo, si nuestro protagonista es una persona con principios muy rectos, no le servirá de ayuda una pareja poco escrupulosa, a la que no importe conseguir sus objetivos a través de medios poco fiables o
que atenten contra los legítimos derechos de los demás.

La fórmula ideal sería: diferentes pero complementarios,
no antagónicos.

¿Qué ocurre entonces para que muchas parejas sientan
que son incompatibles? Sencilla y desgraciadamente, ¡que se
pasaron en las «diferencias»!

En estos casos, una de las preguntas que más nos formulan es: ¿Cómo no fueron capaces de darse cuenta antes de
que eran una pareja condenada al fracaso?». La respuesta es
obvia: porque al comienzo de las relaciones, y especialmente en esa etapa de atracción inicial, y aparente enamoramiento,
sentimos más «con el corazón que con la razón».

Indudablemente, la «química» interviene, pero también
juegan un papel importante las expectativas poco realistas
que a veces nos formulamos, los deseos de encontrar por fin
a la pareja que estamos buscando, las circunstancias que nos
rodean —necesidad de encontrar una persona después de un
fracaso amoroso, o alguien que nos alegre y nos haga salir de
esa etapa especialmente triste o difícil que estamos pasando—. Al final, múltiples factores parecen encadenarse para
producir esa equivocación tan dolorosa.

Ya hemos visto que la vivencia de esa primera fase de
atracción inicial mutua tiene poco que ver con la realidad
que nos espera después. Sin embargo, es muy humano que
nos confundamos y pensemos que vamos a vivir en una permanente luna de miel cuando por fin creemos haber encontrado a «nuestra media naranja».

Muchas parejas se dan cuenta pronto de que tienen poco futuro, casi siempre cuando empiezan a convivir, pero en otros casos, hay personas que pasan por alto los primeros signos de alarma, quieren pensar que han sido producto de un mal día, empiezan a disculpar todo, cierran los ojos y tapan sus oídos y, cuando se dan cuenta, están atrapados en una relación frustrante y estéril, que les llena de incertidumbre y de inseguridad.

Uno de los factores que más paraliza a estas personas es su sentimiento de culpa. Se sienten culpables por no haber sabido ver a tiempo el tipo de pareja que habían elegido; se regañan constantemente por este error, se encuentran sin fuerzas para tomar una decisión definitiva y llevarla a efecto; entre otras cosas porque han perdido la confianza en sí mismas, y piensan que nadie les garantiza que no vuelvan a equivocarse. El tema se complica aún más cuando hay niños por medio. En muchos casos, la persona que se siente más defraudada decide continuar y sacrificarse, precisamente por los hijos, porque en su inseguridad piensa que para ellos, a pesar de todo, es mejor la situación actual; en el fondo les aterra la vivencia de la separación. ¡Cuántas veces esos hijos, al cabo de los años, formulan preguntas terribles para el padre o la madre que se encuentra inmerso/a en ese drama!: ¿qué pudiste encontrar en un ser semejante?, ¿qué te pudo gustar de papá o mamá?, ¿cómo no fuiste capaz de reaccionar antes?, ¿por qué seguiste a su lado?, ¿tan poco te importábamos que nos condenaste a sufrir por tu equivocación?...

Como siempre, conviene matizar muy bien entre lo que pueden ser diferencias debidas a la forma de ser y sentir de los hombres y las mujeres, y diferencias insalvables, que sólo llevan a la destrucción o a la desesperanza.

El caso de Gema y Gabriel nos puede ayudar a verlo mejor.

El caso de Gema y Gabriel

Gema y Gabriel constituían una pareja un poco atípica. Llevaban ocho años juntos y habían sido padres hacía cuatro años.

Ambos trabajaban, tenían un hijo en común, compartían la misma casa, pero ahí se terminaban todas sus coincidencias.

Cuando vinieron a vernos Gabriel acababa de tomar la decisión de separarse; sin embargo, a Gema le parecía que no había razones suficientes que justificasen una medida tan drástica.

Gabriel estaba muy preocupado por la forma en que la separación podía afectar al niño y, por todos los medios, quería llegar a un acuerdo razonable con Gema que repercutiera favorablemente en el hijo de ambos.

Había sido Gabriel quien había tomado la iniciativa de venir a vernos. Nos conocía a través de un familiar muy cercano, que había estado en la consulta recientemente.

Él estaba dispuesto a intentarlo todo por el bien de su hijo, pero lo que no iba a tolerar es que las cosas siguieran como hasta ahora. Si Gema no acercaba posiciones, su decisión era firme.

Por su parte, cuando Gema vino a vernos lo hizo a regañadientes; era la condición que Gabriel había puesto para intentar salvar la relación, se le notaba que estaba incómoda y, en realidad, había dicho que sí a la opción de venir al psicólogo para ganar tiempo y ver si mientras tanto a su pareja se le pasaba «esa obsesión por separarse». Rápidamente comprobamos que Gema no estaba dispuesta a cambiar nada en lo sustancial, aunque no le importaría realizar algunos «ajustes más superficiales».

Gabriel era una persona que procedía de un estatus socio-económico bastante alto, mientras que la familia de Gema se podía encuadrar en un nivel medio-bajo. Este hecho no tendría que ser especialmente significativo, pero en este caso había sido determinante en la configuración del carácter de Gema.

Nuestra protagonista era una persona tremendamente ambiciosa, para ella su carrera profesional y su bienestar económico eran los dos objetivos que habían marcado todos sus pasos en los últimos años.

Aunque Gabriel era un chico atractivo, muy agradable, tierno, sensible, simpático, paciente y generoso, nada de eso le había llamado especialmente la atención a Gema; es más, lo consideraba un poco «blandengue». Lo que más le había atraído de Gabriel eran su «pedigrí» y su solvencia económica. Él procedía de una familia de fuerte abolengo y disfrutaba de un bienestar económico muy superior al de la mayoría de los jóvenes de su época. Ellos no tuvieron que comprarse un piso, los padres de Gabriel les regalaron una casa en la mejor zona de la ciudad.

Por su parte, lo que más le había gustado a Gabriel de Gema era su afán de lucha, su capacidad de superación, su aparente alegría, su buen humor, su desinhibición, sus ganas de formar una familia con hijos y sus ojos llenos de «pasión».

En cuanto se casaron las cosas empezaron a cambiar. De pronto Gema parecía haber perdido gran parte del interés hacia Gabriel, no tenía prisa por tener niños, su trabajo había pasado a ser el eje central de su vida, junto con la necesidad de ostentación de su bienestar económico; no paraba de comprar cosas, de cambiar muebles, de estrenar coches, de pedir una casa nueva para pasar las vacaciones en la mejor urbanización del sur de España..., y, para colmo, mostraba cada vez más un temperamento muy impositivo.

Seguramente tuvieron un hijo porque Gema comprendió que Gabriel estaba empezando a sentirse mal con el tipo de relación que mantenían y que no durarían mucho juntos.

Una vez que nació el niño, Gabriel se volcó literalmente en él; era un padre ejemplar, todo el tiempo que pasaba con su hijo se le hacía corto. Pero al cabo de unos meses, surgieron de nuevo los problemas en la pareja. Gema no parecía mostrar interés alguno por el niño, se limitaba a dar al pequeño todo lo que pedía. Gabriel se desesperaba una y otra vez, había leído un montón de libros de psicología infantil y se daba cuenta de que el tipo de educación que Gema quería implantar era totalmente contraproducente.

El niño empezó a tener una conducta bastante déspota y tirana con la madre; literalmente se ponía insoportable con ella. Gabriel le decía que el niño llamaba así su atención, porque sentía que no era importante para ella, y Gema reaccionaba de forma colérica.

No había una sola esfera que funcionase bien entre ambos: las relaciones sexuales eran casi inexistentes —Gema estaba siempre muy cansada—, sus conductas histriónicas desesperaban a Gabriel —de repente se ponía a chillar o empezaba a tirar cosas al suelo, especialmente cuando había bebido alcohol, cosa que cada vez ocurría con más frecuencia—.

Ante este panorama, decidimos empezar a trabajar primero con Gema, pues era la que mostraba las conductas más negativas y extremas; conductas que dejaban traslucir una enorme falta de control por su parte.

En la segunda sesión le planteamos que sus diferencias eran tan grandes que habían llegado a convertirse en dos seres antagónicos, con objetivos y sentimientos muy encontrados.

Gema argumentaba que ella siempre había sido así, que en realidad nunca le habían gustado los niños, que no había tenido una infancia fácil, y que ahora quería disfrutar del bienestar económico que tenían, y no estaba dispuesta a pasarse la vida detrás de un niño malcriado, que parecía tenerle manía. «Lo que ocurre —decía— es que Gabriel siempre lo ha tenido todo, no ha sentido la necesidad de luchar y abrirse camino, no valora las mismas cosas que yo, y ahora para él el niño es como un juguete, al que quiere modelar como si se tratase de una obra de arte. Está obsesionado con la psicología infantil, con lo que los niños necesitan..., y a mí eso me parecen estupideces; si yo hubiera tenido todo lo que este niño tiene desde que ha nacido, no necesitaría nada más».

El niño, en realidad, era la principal víctima de sus diferencias; de la forma tan distinta que tenían de ver y sentir la vida. Era un niño encantador con todos, pero tirano hasta el máximo con su madre; parecía no quedarse tranquilo hasta que conseguía «desquiciarla»; en ese momento paraba y se ponía a jugar con sus cosas.

Éste fue el típico caso en que nuestro consejo orientador fue la separación. Por mucho que Gema y Gabriel se hubiesen esforzado, eran tan distintos en lo esencial, que nunca habrían sido una pareja feliz.

No hay forma de que funcione una pareja cuando ambos son antagónicos:

- Cuando un miembro de la pareja es sensible y el otro es como una roca, pocas posibilidades tienen de terminar bien.

- Cuando a uno le interesan los hijos, y al otro le estorban, se ha levantado entre ellos un muro.
- Cuando uno valora por encima de todo el bienestar material, y el otro la profundidad de los sentimientos compartidos, nunca tendrán los mismos objetivos.
- Cuando no coinciden en su forma de sentir, de pensar, de valorar y de actuar, lo mejor que pueden hacer es acabar con ese desgaste y esa insatisfacción permanente.

Gema se dio cuenta de que su convivencia era imposible, pero le costaba aceptar lo que para ella representaba un fracaso social.

Un día confesó que Gabriel era mejor persona que ella, pero que en el fondo él también lo había tenido mucho más fácil, y ella era una superviviente de una familia desunida, con dificultades económicas y con falta de amor entre sus padres.

Al final, afortunadamente, consiguieron llegar a un acuerdo razonable en relación al niño. Aunque seguramente, en este caso, lo mejor hubiera sido que el niño se quedase a vivir con su padre, Gema se mostró intransigente en este aspecto, y Gabriel no quiso entrar en una lucha larga y encarnizada, cuyo resultado final no estaba claro, pero que podía influir muy negativamente en la relación y en la actitud que la madre ya tenía con el hijo.

La realidad es que, transcurridos unos meses de la separación, el niño empezó a pasar más tiempo con su padre que con su madre. Ahora la relación entre la pareja es más cordial, de vez en cuando realizan alguna actividad los tres juntos, y el niño tiene una relación más relajada con su madre.

No nos empeñemos en imposibles.

> *La psicología nos enseña que cuando entre dos personas las diferencias son tan profundas que obligan a cesiones irrenunciables, no hay posibilidad de una vida emocional sana. El sufrimiento que acompaña a la convivencia «enferma» sólo terminará con la separación de la pareja.*

> *Por el contrario, dos personas pueden tener sensibilidades distintas, pero si son complementarias y respetuosas con la forma de ser del otro, si comparten los mismos fines y los mismos valores, si están llenas de un cariño profundo y de una admiración mutua, pueden llegar a confluir en una relación feliz y duradera en el tiempo.*

Una vez analizadas las quejas más frecuentes, nos será útil adentrarnos en las principales insatisfacciones.

Capítulo 3

Principales insatisfacciones

Las relaciones afectivas producen sentimientos y emociones intensos, pero también pueden dar lugar a grandes insatisfacciones.

Con frecuencia uno o los dos miembros de la pareja pueden llegar a sentir inquietud, inseguridad, decepción o desengaño... en algún momento de la relación.

A las grandes ilusiones, los momentos cumbres, los éxtasis maravillosos, pueden sucederles vivencias donde el dolor y la impotencia hacen acto de presencia.

Cuando una persona ha sentido la cima de sus sentimientos, cuando ha alcanzado la plenitud de sus emociones, puede vivir con la misma intensidad el dolor y la tragedia de sus expectativas no cubiertas. En esas circunstancias aparecen las insatisfacciones, con su carga adicional de sufrimiento y amargura.

Vamos a intentar profundizar un poco en las principales insatisfacciones. El análisis de sus causas, sus orígenes, sus fundamentos... nos ayudará a conocer un área importante de las emociones humanas.

¿Quién lleva la peor parte?

Podríamos pensar que la peor parte la lleva la persona más débil, pero necesariamente no tiene que ser así; la peor parte suele corresponderle a la persona más sensible, la que más ha puesto en la relación, la que se ha dejado la piel y se ha entregado sin límites...

> *La persona más sensible tiende a ser también la más vulnerable. Puede ser la que más sienta de la pareja, pero también la que más sufra. Quien más expone es quien más gana, pero también quien más puede perder.*

Muchas veces me han preguntado si no sería mejor ser menos sensible. El argumento es lógico, si a mayor sensibilidad, mayores posibilidades de sufrimiento, con dosis menores podríamos estar más equilibrados. Mi respuesta, como no podía ser de otra forma, es tajante:

> *No se trata de ser menos sensibles, se trata de ser más seguros, de alcanzar mejor equilibrio emocional, de no sufrir inútilmente, de no dejarnos engañar por la primera persona que pasa y de aprender a reaccionar con rapidez, con decisión y con fortaleza ante la adversidad.*

A lo largo de este libro vamos a intentar descubrir cómo podemos ser menos vulnerables, sin dejar de ser sensibles.

A veces nuestra insatisfacción puede tener un origen muy concreto y llegar a convertirse en una causa común. ¿Cuántos hombres sienten que perdieron gran parte de las prebendas que disfrutaron durante siglos?, ¿y cuántas mujeres piensan que, sin darse cuenta, alguien les «vendió la moto»?

Las mujeres sienten ¡que les vendieron la moto!

El siglo XX, sin duda, ha sido el siglo de las grandes conquistas de la mujer. En España, por ejemplo, hemos pasado de tener un acceso muy restringido y elitista a la formación superior, a ser mayoría actualmente en la universidad.

Para las mujeres que trabajan fuera de su hogar, el trabajo en casa ha pasado de ocupar la mayor parte de su jornada a alcanzar apenas un tercio de su actividad diaria.

Profesiones y cargos desempeñados hasta hace poco mayoritariamente por hombres son ejercidos cada vez más por mujeres.

Desde el punto de vista cultural y profesional, las mujeres nos sentimos hoy más satisfechas, más partícipes de la sociedad en la que vivimos y, en gran medida, autoras de muchos de los cambios profundos que está experimentando la humanidad.

Pero no todo es positivo; no todo han sido conquistas. Muchas mujeres sienten que llevan una vida muy dura, y que en el actual reparto de funciones, tareas y obligaciones, de nuevo les ha correspondido la peor parte.

La mayoría de las mujeres de entre veinte y cuarenta años trabajan fuera de casa, pero ese trabajo no ha implicado grandes liberaciones de los quehaceres domésticos. Las estadísticas más halagüeñas estiman que la mujer dedica a la casa dos veces y media más de tiempo que los hombres. Cuando se trata de los niños, las mujeres dedican a su cuidado tres veces y media más de tiempo que los hombres; en las listas de teléfonos que hay en los colegios, y que se utiliza cuando los niños se ponen enfermos, más del 95 por ciento de los números que figuran en primer lugar corresponden a los teléfonos de las madres. La atención de las personas mayores sigue siendo asumida mayoritariamente por las mujeres... Podríamos seguir ofreciendo ejemplo tras ejemplo de una realidad por todos bien conocida, aunque no necesariamente reconocida.

Al final, muchas mujeres se enfrentan a jornadas maratonianas. Se levantan mucho antes de lo que su descanso necesitaría. Empiezan las prisas y las carreras desde primeras horas de la mañana. Cuando llegan al trabajo, algunas han hecho ya casi una jornada: han levantado y arreglado a los niños, les han dado el desayuno, les han llevado al colegio o a la ruta, han dejado la casa más o menos en orden, y no han parado de ir contrarreloj hasta que han llegado puntuales al trabajo. Allí trabajan tanto como los hombres y, después, vuelta a correr: de nuevo los niños, los deberes, las actividades extraescolares, la compra, la casa, la ropa, la plancha, la cena..., y ¡a la cama a las tantas!, muertas y sabiendo que no dormirán lo suficiente para descansar lo que necesitan y, lo que es peor, conscientes de que EN TODO EL DÍA NO HAN TENIDO UN MOMENTO PARA ELLAS.

Algunos le llaman a esto progreso, incluso liberación, pero muchas mujeres lo viven como una auténtica trampa.

La sociedad actual ha perfeccionado sus métodos, ha conseguido que la mujer siga asumiendo el trabajo duro que hacía y además compita con el hombre y alcance la misma o mayor productividad en el trabajo realizado fuera del hogar. Todo un éxito, ¿pero un éxito a costa de quién?

Por supuesto que no estoy diciendo que haya que volver a situaciones pasadas; la regresión nunca ha sido una solución, pero tampoco la situación actual es un decálogo de justicia para las mujeres.

Algo está ocurriendo, y no precisamente bueno, cuando según nuestras estadísticas, en el último año más del 75 por ciento de las personas que acudieron a la consulta del psicólogo fueron mujeres. Alguien podrá pensar que acuden más porque aguantan menos, porque son más flojas y les gusta quejarse. La realidad, por el contrario, nos demuestra que cuando acuden a la consulta suele ser en situaciones bastante extremas: se encuentran en medio de fuertes crisis de ansiedad, incluso ataques de pánico; arrastran depresiones latentes durante mucho tiempo; están inmersas en situaciones límite, a punto de separarse o asfixiadas por un ambiente familiar insostenible; se sienten solas ante los problemas de los hijos... Desde luego, nada parecido al aburrimiento que algunos, de forma banal, sostienen.

El cúmulo de insatisfacciones es tan fuerte que, con frecuencia, influye y condiciona la vida de la pareja.

El caso de Helena y Humberto puede ser un buen ejemplo de este problema.

El caso de Helena y Humberto

Helena y Humberto eran una pareja joven —ambos tenían treinta y ocho años—. Vivían juntos desde hacía diez años, tenían dos hijos: un chico de ocho años y una niña de seis, compartían la misma profesión, aunque trabajaban en empresas diferentes y tenían dos temperamentos muy fuertes.

No coincidían en la manera de educar a sus hijos, ni en la forma de enfocar su vida. Tampoco alcanzaban un mínimo acuerdo en relación a cómo debían gastar el dinero, cómo había que repartirse las tareas, cómo debían solucionar los problemas que iban surgiendo... Su vida en común era un caos. Helena sentía que todo lo tenía que hacer ella y había decidido que ¡ya no aguantaba más!

En cuanto había comunicado su decisión a Humberto, éste había reaccionado con incredulidad, no pensaba que la situación fuera tan crítica y había aceptado ir al psicólogo, en principio para ver cómo debían enfocar la separación, pero en el fondo él pensaba que podía ser una buena oportunidad para que ésta no se llevara a efecto.

El análisis que efectuamos del caso no dejaba lugar a dudas. Helena y Humberto eran el típico ejemplo de dos personas antagónicas.

Salvo el trabajo profesional de Humberto, el resto lo asumía íntegramente Helena. Como a él se le daban mal los niños, actuaba como si no existieran, y cuando intervenía, normalmente era para desautorizar a Helena, pues le parecía que estaba demasiado pendiente de los niños y les exigía mucho para lo pequeños que eran. Exigir mucho para Humberto era pedirles que comiesen en un tiempo prudencial, y que mientras lo hacían no jugasen a tirar la comida al suelo; o que no inundasen de agua el cuarto de baño, o que se acostaran a las diez de la noche —debían levantarse a las ocho menos cuarto de la mañana—. Para él no existían las normas y le parecía una tontería todo eso de los hábitos, las pautas, los límites...

Algo parecido ocurría con las tareas de la casa, con las cuentas de los bancos, con la compra, la comida...

Humberto asumía que él era un desastre para todas esas cosas, y le parecía que con reconocerlo ya estaba todo arreglado. No creía que Helena tuviera que sentirse tan mal, «al fin y al cabo —decía— ella es muy responsable y perfeccionista, y aunque intentase ayudar, seguro que lo repetiría después, así que ¡tampoco es para tanto!, además ella disfruta teniéndolo todo controlado».

Cuando le pedí que reflexionara de verdad, quitándose la careta que se ponía cuando salían estos temas, empezó a sentirse muy inquieto.

Su malestar aumentó cuando tuvimos las primeras sesiones para analizar la conducta de los niños y la actitud que ambos debían adoptar. No aceptaba ninguna orientación que supusiera asunción de responsabilidades por su parte, continuamente buscaba excusas para justificar lo injustificable.

El punto crucial surgió cuando les pedí un registro de tareas. Ambos anotarían, a lo largo de una semana, lo que hacían desde que se levantaban hasta que se acostaban. Hora a hora irían escribiendo la actividad desarrollada, el nivel de dominio que tenían sobre esa actividad (si sabían hacerla, o les costaba mucho; si sentían que finalmente lo habían realizado bien). Lo apuntarían siguiendo una escala del 1 al 5. El 1 significaba poco dominio sobre la tarea y el 5 máximo dominio. Finalmente, pondrían también —cada hora— el nivel de agrado que les había supuesto la tarea (1 sería poquísimo agrado y 5 máximo agrado).

Al cabo de una semana Helena había registrado puntualmente, día a día, todas sus actividades, poniendo el nivel de dominio y de agrado que le habían supuesto cada una. Su gráfica era terrible, no paraba un instante desde las seis y media de la mañana, hora en que se levantaba, hasta la una de la noche, cuando se acostaba. En general, poseía bastante dominio sobre la mayoría de las tareas que hacía, pero muchas de ellas le suponían muy poco agrado: las tareas domésticas no eran precisamente algo que la entusiasmase, tampoco era muy gratificante pasarse el día corriendo, ir de un sitio a otro apagando fuegos, haciendo todo el papeleo, ocupándose de los niños desde que llegaba a casa hasta que se quedaban dormidos...

Al examinar su hoja de registros entendimos la situación límite en que se encontraba y las ojeras que siempre tenía.

Por el contrario, Humberto sólo había hecho el registro de tareas los dos primeros días; en parte porque cualquier cosa le daba pereza, y en parte porque era muy evidente la descompensación que existía entre lo que él asumía y lo que hacía Helena. Cuando llegaba a casa, alrededor de las siete y media de la tarde, se duchaba y toda su actividad se limitaba a leer la prensa, ver la tele, tomar la cena —que Helena había preparado—, ver otro rato la tele, jugar con el ordenador y marcharse a la cama hacia las doce de la noche.

Tampoco se había mostrado más diligente en relación a las pautas que le habíamos marcado en su actuación con los niños. El diagnóstico era claro: ¡no iba a cambiar!, simplemente estaba esperando que a Helena se le pasara un poco el enfado y siguieran como hasta la fecha, pues al fin y al cabo, ¡a él le iba bastante bien!

El registro de tareas es algo así como la «prueba del algodón». Cuando la pareja, o un miembro de la misma, crea que las responsabilidades no están equilibradas, en lugar de seguir discutiendo una y otra vez sobre este tema, que hagan un registro de tareas, al menos durante una semana; posteriormente los datos «cantarán».

Helena se sentía timada por Humberto, pero también se sentía engañada por un sistema que acepta como normal el hecho de que las mujeres realicen la misma carga de trabajo, a nivel profesional, y además asuman la casi totalidad de las responsabilidades y las tareas de la casa y la familia.

«Realmente —sentenció un día—, ser mujer hoy es una mala jugada del destino».

Helena se separó y, en este caso concreto, mejoró su calidad de vida. Humberto no colaboraba con los niños, pero ahora no interfería; al no estar él, los críos sólo tenían una orientación, la de su madre, y pronto reaccionaron de forma positiva: estaban más tranquilos, más pacíficos y más cariñosos y colaboradores con Helena. Cada quince días se iban con su padre, primero el fin de semana entero y, poco a poco, cada vez menos tiempo; al volver estaban algo descolocados, pero pronto se situaban y, tras dos o tres pulsos con su madre, terminaban por estar otra vez encantados en casa; en cada momento sabían lo que podían esperar, lo que había que hacer, lo que iba a pasar, cuándo podían jugar, cómo iba a reaccionar su madre..., y eso les daba mucha tranquilidad.

Por otra parte, Helena, al contrario de lo que suele ocurrir después de una separación, mejoró su situación económica. Humberto debía pasar una pensión por los niños, y además los gastos ahora estaban controlados. El resultado fue que pudo permitirse tener una persona en casa determinadas horas a la semana, para que ayudase en las tareas domésticas; esto le supuso, por fin, poder tener algo de tiempo para ella misma; algo inaudito en los últimos años.

Ahora Helena, aunque podríamos considerar que sigue llevando la peor parte, pues es ella quien asume íntegramente la educación de sus hijos, y quien tiene su tiempo y sus opciones de vida más limitados por este hecho, en el fondo está más tranquila y menos estresada.

Humberto, por el contrario, no tenía a los niños; disponía de más tiempo libre, estaba menos condicionado en su vida pero, curiosamente, él consideraba que había salido perdiendo. Ahora no tenía al lado a una persona que solucionaba cualquier problema, que se encargaba de que todo funcionase, que hacía todo el trabajo de la casa...; ahora tenía que asumir su vida y, como era de esperar, pronto buscó una solución: a los pocos meses ya estaba viviendo con otra chica que, curiosamente, también era muy trabajadora y muy responsable, pero con menos temperamento, menos combativa y más acomodaticia que Helena.

> *La solución no es que las mujeres deban renunciar a la vida en pareja, o que los hombres egoístas busquen mujeres poco exigentes; la solución sólo vendrá cuando la sociedad en su conjunto y los hombres de forma expresa asuman que todos tenemos la misma dignidad y, como tal, tenemos el derecho a disfrutar de iguales oportunidades y opciones. Todos, absolutamente todos, tenemos derecho a tener vida propia.*

La equiparación real entre el hombre y la mujer pasa por una serie de medidas que la sociedad aún no ha tomado, pero, sobre todo, significa también un cambio radical en la asunción de responsabilidades y tareas por parte de la pareja. No se trata de que los hombres pierdan, se trata de que ambos ganen; y todos ganarán si tienen las mismas opciones. En muchos casos, eso significará parecida carga de tareas y similar tiempo libre para cada integrante de la pareja; tiempo absolutamente necesario para el equilibrio emocional de cualquier persona, tiempo para hacer lo que cada uno desee o necesite.

Los psicólogos venimos propugnando, desde hace tiempo, la necesidad de que estos principios se trabajen y se asuman desde la más tierna infancia; tanto en el área familiar como en el marco escolar.

¿A quién beneficia esta situación tan arcaica y tan injusta? Que nadie se engañe, esta situación perjudica a todos. ¿Por qué no actuar entonces? Quizá porque algunos creen que van a perder privilegios, en lugar de pensar que van a ganar calidad; calidad en la relación con su pareja, calidad en su función de padres, calidad en su dignidad y en su crecimiento como personas.

Es posible que a la mayoría de las mujeres de hoy les vendieran la moto, pero también les vendieron una moto falsa a muchos hombres; una moto que, por mucho que se empeñen, ya no puede seguir andando.

La convivencia es compartir, no es vivir uno a costa del otro, eso sabemos que tiene otro nombre.

Sin embargo, algo no funciona cuando tantas mujeres se sienten engañadas y tantos hombres se encuentran presionados.

Algunos hombres se encuentran muy presionados

¡Ésta es la peor época para ser hombre! Con estas palabras diagnosticaba Ignacio, un joven de veintiocho años, la situación en que según él se encuentran muchos hombres.

A veces nos centramos tanto en los cambios que ha experimentado la vida de las mujeres, que nos olvidamos de que los hombres también han tenido su particular revolución:

— En poco tiempo, su rol, el papel que tradicionalmente venían desempeñando, ha sufrido notables cambios.
— En la mayoría de las parejas, especialmente en las más jóvenes, ya no son la única fuente de ingresos de la economía familiar.
— Tampoco son los que necesariamente alcanzan una formación intelectual más cualificada. Cada vez la formación de las parejas es más semejante: ambos son médicos, administrativos, comerciales... Ya no son tan comunes aquellas parejas en que el hombre era directivo y la mujer secretaria; o él ingeniero y ella administrativa.
— Igualmente, se ha equilibrado mucho la libertad de movimientos, de horarios, de costumbres..., de prebendas que antes disfrutaban casi en exclusiva.
— Las relaciones sexuales han experimentado un cambio muy drástico. La mujer exige su propio placer y determina cuándo quiere tenerlas y en qué condiciones.

— Cuando llegan a casa se supone que tienen que colaborar en las tareas domésticas y en el cuidado de los hijos.

— La autonomía económica de la que disfrutan muchas mujeres hace que el nivel de exigencias en la pareja sea muy diferente.

— La vida en común no significa un acuerdo leonino para la mujer y un seguro de continuidad para el hombre. Si la mujer no se siente satisfecha, feliz, respetada o valorada, puede tomar más fácilmente la decisión de separarse. Nada la obliga a permanecer indefectiblemente junto a una persona que no llena su vida.

— El nivel de exigencia y presión en los empleos ha aumentado considerablemente en los últimos años. Hoy prima la rentabilidad del empleado sobre cualquier otra consideración.

— Igualmente, el número de horas de trabajo al año ha aumentado de forma muy significativa. Las jornadas laborales cada vez son más largas y más extenuantes.

— La competitividad es mayor, en la medida además de que el número de personas cualificadas para realizar el mismo trabajo ha aumentado.

— En 1960, con un sueldo medio de una persona vivía una familia. En el momento actual, el poder adquisitivo de ese sueldo, comparativamente, se ha reducido a la mitad, por lo que los dos miembros de la pareja se ven obligados a trabajar para conseguir el mismo poder adquisitivo.

— La evolución que ha experimentado la mujer, y que ha ido acompañada de un masivo acceso a la for-

mación por su parte, no se ha visto compensada por
una preparación adicional en los hombres que les
facilite la asunción de los nuevos roles que se espera
de ellos.

Podríamos seguir enumerando factores y factores que han
cambiado, de forma sustancial, la vida actual de los hombres.

No es extraño, en consecuencia, que muchas veces se sientan inseguros, desprotegidos y presionados por sus parejas,
por los hijos, por la sociedad, por el entorno laboral, por las
condiciones socioeconómicas...

La evolución o el progreso, depende de cómo se quiera
definir, les ha pillado a muchos con el paso cambiado. La
realidad es que en la mayoría de los casos no es culpa suya;
sufren las consecuencias de una formación más acorde con
otros tiempos, otras épocas y otras necesidades. Carecen de
recursos para enfrentarse a muchos de los problemas actuales y, lo que es peor, siguen teniendo un desconocimiento
profundo de lo que sienten, lo que necesitan y lo que piden
las mujeres de hoy.

El caso de Ignacio e Inés puede resultarnos muy ilustrativo.

El caso de Ignacio e Inés

Ignacio vino a la consulta, según sus palabras, porque estaba
desbordado.

Él tenía veintiocho años y su pareja veintisiete. Las dificultades económicas no les habían permitido irse a vivir juntos antes.

Ahora, por fin, los dos tenían trabajo, aunque sus contratos
eran temporales.

Habían alquilado un apartamento y apenas llevaban tres meses viviendo en él.

Ignacio presentaba un cuadro de ansiedad generalizada, que le hacía sentirse muy inseguro.

Una vez hecha la historia, le pedimos, como de costumbre, que nos registrara los momentos más duros que tuviera durante la siguiente semana (día, hora, dónde estaba, qué hacía, con quién se encontraba, qué sentía a nivel físico y cuáles eran sus pensamientos en esos momentos de malestar o ansiedad).

El análisis posterior nos mostró que Ignacio estaba siempre «en permanente alerta». Todo le preocupaba, en todo veía peligro, todo le suponía un sobreesfuerzo enorme..., y todo estaba ocasionado por su tremenda inseguridad; por un miedo irracional a fallar y no estar a la altura de las circunstancias.

Inés vino a vernos y corroboró nuestra apreciación. Veía a Ignacio en un «sinvivir», agobiado e intranquilo por las cosas más nimias, incapaz de descansar bien por las noches, obsesionado por el hecho de que estuviera defraudándola y ella lo dejara... Por supuesto, esta inseguridad había influido también en sus relaciones sexuales; relaciones que se habían hecho más esporádicas y que Ignacio vivía como un examen permanente.

Le pedimos a Inés que nos confeccionase una relación de aquellas áreas en que veía mal a Ignacio, y en qué medida afectaban a su relación de pareja.

Igualmente, dada la situación tan extrema que Ignacio estaba viviendo, efectuamos algunas pruebas complementarias y le pasamos algunos cuestionarios para ver cómo estaba emocionalmente y completar así nuestra actuación, como el de Ansiedad de Burns y el de Autoestima de J. L. González García y L. A. López Menéndez.

Inventario de Ansiedad de Burns (IAB) *

La siguiente lista es un conjunto de síntomas que la gente sufre algunas veces. Haz una señal en la columna que mejor describa la frecuencia de los síntomas o problemas que has tenido a lo largo de la última semana.

CATEGORÍA I: SENTIMIENTOS DE ANSIEDAD	0 nada	1 algo	2 bastante	3 mucho
1. Ansiedad, nerviosismo, preocupaciones o miedo				
2. Sensación de que las cosas de tu alrededor son extrañas o irreales				
3. Sensación de distanciamiento respecto de todo o alguna parte de tu cuerpo				
4. Momentos de pánico repentino e inesperado				
5. Sentimientos aprensivos de muerte inminente				
6. Sensación de estar tenso, estresado o «al límite»				
CATEGORÍA II: PENSAMIENTOS ANSIÓGENOS				
7. Dificultad para concentrarte				
8. Incapacidad parar centrarte en un pensamiento. Fugacidad de ideas				
9. Pensamientos atemorizantes				
10. Sentir que te encuentras a punto de perder el control				
11. Miedo a sufrir un colapso o a volverte loco/a				

* Tomado de David D. Burns, *The Feeling Good Handbook*, Ed. Penguin Group, 1999.

	0 nada	1 algo	2 bastante	3 mucho
12. Miedo a padecer una enfermedad física o a sufrir un ataque al corazón				
13. Temor a sufrir un desmayo pasajero				
14. Temor a que los demás piensen que eres estúpido/a				
15. Miedo a estar solo/a o a ser abandonado/a				
16. Temor a la crítica o a la desaprobación				
17. Sensación de que algo terrible va a ocurrir				
CATEGORÍA III: SÍNTOMAS FÍSICOS				
18. Palpitaciones				
19. Dolor o tensión en el pecho				
20. Pinchazos o insensibilidad en los dedos				
21. Sensación de hormigueo en el estómago				
22. Catarro o diarrea				
23. Sensación de cansancio				
24. Tensión muscular				
25. Sudoración no producida por la temperatura ambiental				
26. Sensación de tener un nudo en la garganta				
27. Temblores o estremecimientos				
28. Debilidad de piernas				
29. Sensación de mareo o pérdida de equilibrio				
30. Sensación de sofoco o dificultad para respirar				
31. Molestias, dolores en el cuello, en la espalda, etc.				
32. Escalofríos				
33. Sensación de debilidad y cansancio				

Suma la puntuación de los 33 síntomas y anótala a continuación:

Fecha de cumplimentación:

_____

Ejercicio de Autoestima

(J. L. González García y L. A. López Menéndez)

Contesta brevemente a las siguientes cuestiones:

¿En qué situaciones te sientes inferior o con una autoestima baja? ¿Sucede esto cuando alguien te critica o no aprueba tu comportamiento? ¿Cuándo te sientes rechazado/a o inútil? Describe alguna situación en las siguientes líneas:

....
....
....
....
....

¿Qué emociones negativas tienes en dichas situaciones? ¿Te sientes triste, inferior, irritado/a...? Describe tus sentimientos negativos:

....
....
....
....
....

¿Qué piensas en esas situaciones? ¿Qué te dices a ti mismo/a? ¿Cómo te calificas y por qué? Identifica tus pensamientos negativos.

....

....

....

....

....

¿Qué consecuencias personales tiene para ti la baja autoestima? ¿De qué manera afecta a tu capacidad para asumir nuevos retos y objetivos? ¿Cómo influye en tus relaciones personales?

....

....

....

....

....

¿Qué defectos más comunes encuentras en ti? ¿Te criticas con frecuencia por ellos o, por el contrario, suponen una buena oportunidad para mejorarlos?

....

....

....

....

....

¿Qué virtudes posees? ¿Reconocen los demás estas virtudes? ¿Las reconoces tú mismo/a? ¿De qué manera te sientes satisfecho/a de ellas?

....
....
....
....
....

Ignacio había empezado a estar mal hacía seis meses, primero era en circunstancias muy concretas, ante determinadas preguntas que le hacía Inés; cuando se comparaba con otros novios que su pareja había tenido; en algunos momentos de las relaciones sexuales... Actualmente su ansiedad era permanente y se había generalizado en todas las esferas de su vida.

Empezamos por realizar un entrenamiento intensivo, que le permitiera controlar su ansiedad.

A nivel fisiológico, trabajamos con la técnica de relajación muscular y la técnica de respiración diafragmática.

A nivel cognitivo, empleamos fundamentalmente la parada de pensamiento y las autoinstrucciones (ver Anexos).

En pocas semanas Ignacio consiguió aquello que le parecía tan imposible. En la medida que logró controlar su ansiedad, empezó a recuperar su seguridad y su autoestima personal.

En realidad, Ignacio se había sentido muy presionado por él mismo. Le angustiaba el hecho de que no supiera estar al nivel que Inés esperaba de él.

Analizando las primeras fases, vimos que empezó a sentirse muy confuso y muy inseguro en el transcurso de algunas conversaciones con Inés. En realidad, había cometido algunos de los errores más típicos que ya hemos visto que realizan los hombres cuando están conversando con las mujeres.

Ignacio no sabía que:

— Cuando Inés le contaba lo que le preocupaba, en realidad le estaba pidiendo simplemente que la escuchara, pero él se apresuraba a darle una serie de consejos y sugerencias, que Inés tendía a rechazar.

— Inés, como la mayoría de las mujeres, le preguntaba muchas veces el porqué de las cosas. Ignacio, en lugar de vivirlo como un proceso normal de la mujer, que no implica ningún tipo de enjuiciamiento o valoración, se sentía rápidamente interrogado.

— Cuando Inés le decía que fuera más lento en las relaciones sexuales, especialmente en la primera fase de caricias, le estaba informando de cómo se sentía mejor ella y cómo le resultaba más placentera la relación; no le estaba diciendo que él era un mal amante y que no sabía hacer feliz a una mujer.

— Cuando Inés, a pesar de sus esfuerzos por ocultarlo, «adivinaba» que estaba intranquilo o se sentía nervioso, no se debía a su torpeza, sino a que las mujeres observamos mejor la comunicación no verbal (los gestos, ademanes, movimientos involuntarios...).

— Cuando Inés obtenía mejores resultados en las entrevistas de trabajo, de nuevo no era porque Ignacio fuese menos inteligente o menos brillante, se debe simplemente al hecho de que las mujeres destacamos más en el área del lenguaje.

Poco a poco Ignacio se fue tranquilizando, en la medida que iba comprendiendo que nada indicaba que fuera «inferior», «menos inteligente» o «menos hábil» que Inés; simplemente, desconocía algunas de las conductas más típicas de las mujeres.

Por otra parte, asumió que tampoco pasaría nada porque cualquiera de los dos fuese menos hábil en alguna área concreta. De hecho, eso sería lo lógico y natural.

El mejor síntoma fue cuando un día vino partiéndose de la risa al recordar la relación sexual de la noche anterior. Ignacio se había tomado las cosas con mucho interés, y además de leer últimamente varios libros sobre la sexualidad de la mujer, habíamos trabajado en la consulta algunos de los errores más típicos que cometen los hombres en este terreno. El resultado final había sido una relación increíble, que él calificaba de apoteósica, que había dejado literalmente maravillada a Inés y le había llenado a él de placer y de seguridad.

«Ahora —concluyó— ya sólo me queda aprender a planchar bien, colocar la ropa en su sitio, dejar el baño recogido cuando entro, no llenar la casa de tierra cuando llego de correr, reconocer cuando me equivoco en algo, hacer la lista de la compra y no fiarme de mi memoria, no pensar que mi compañera de trabajo es más eficiente que yo y... pocas cosas más». «Entonces —le dije—, ya has hecho lo más difícil, lo que me cuentas es cuestión de práctica, de paciencia y de coger un poquito más de seguridad, especialmente en el área profesional».

Ignacio, como tantos hombres, se había sentido muy presionado; pero, como ya hemos apuntado, el principal motivo de presión era interno, se lo causaba él mismo; aunque es bueno saber esto:

> *La autoexigencia, cuando es excesiva, es una de las peores presiones que podemos sentir.*

Vamos a analizar ahora otra de las principales insatisfacciones: la de no sentirse valorado. La causa fundamental suele radicar en el sentimiento de infravaloración que percibes por parte de tu pareja.

¿Por qué ya no me valora?

> *Los psicólogos continuamente decimos que la principal valoración debe ser interna. Si, por el contrario, estamos siempre pendientes de cómo nos valoran los demás, muchas personas se pasarán su vida intentando adaptar su comportamiento a las exigencias «o intransigencias» de los que les rodeen.*

El dolor que nos produce sentirnos infravalorados, bien por parte de nuestra pareja o de una persona significativa de nuestro entorno, nos provoca una de las peores emociones que podemos tener. Cuando pensamos que esa infravaloración es injusta, sufrimos por ello; pero cuando creemos que merecemos esa desvalorización, la inseguridad, la tristeza y, a veces, la desesperación hacen mella en nuestra autoestima.

Casi todas las personas que tienen problemas con su pareja en algún momento se han sentido poco valoradas; si ese proceso de desvalorización continúa en el tiempo, el pronóstico empieza a ser menos favorable.

Dado que entre los hombres y las mujeres no es sencillo que exista un buen proceso de comunicación, el riesgo de que uno de los integrantes de la pareja se sienta poco valorado es muy alto.

El caso de Julia y Javier puede ayudarnos en el análisis de una situación extrema que, desgraciadamente, se repite con más frecuencia de la que creemos.

El caso de Julia y Javier

Julia y Javier llevaban quince años juntos, tenían tres hijos de doce, diez y seis años.

Julia era maestra y Javier había cambiado numerosas veces de compañía y de sector; había perdido definitivamente su trabajo de ingeniero hacía cinco años; en ese momento decidió que ya no trabajaría para nadie, y creó su propia empresa, pero el negocio siempre fue mal.

La situación de la pareja se hacía cada vez más insostenible. Julia era la única, desde hacía cinco años, que aportaba ingresos a la economía familiar. Javier no terminaba de aceptar la falta de viabilidad de la empresa, y cada día se mostraba más huraño, más distante y más agresivo con Julia y los niños.

Julia era una persona paciente, pero había llegado un momento en que ya no podía más. Ella misma reconocía que si todo se hubiese limitado a un problema de diferencia de caracteres, seguiría a su lado, pero lo que la estaba hundiendo era el menosprecio que Javier mostraba hacia todo lo que ella hacía o decía, y la falta de interés que tenía por los niños.

A pesar de que vivían de su sueldo, Javier no paraba de echar por tierra la profesión de Julia. De sus hijos nunca se había preocupado, pero ahora no pasaba un día en que no organizase alguna discusión porque, según él, los niños eran unos caprichosos y unos malcriados.

Sobre el tema económico se negaba a hablar. Cuando Julia le preguntaba cómo iban las cosas en la empresa, su contestación era: «¿Desde cuándo tú entiendes algo de economía?».

La crisis se había desencadenado cuando, después de dos meses sin dirigirle la palabra a Julia, de repente un día, sin más explicaciones, le dijo que firmase unos papeles. Ella quiso leerlos antes de hacerlo, y aquí empezaron los gritos y los insultos: «¡Qué coño te has creído que haces!, ¿para qué quieres leerlo?, ¡lo único que tienes que hacer es firmar y dejar de complicarme la vida!, ¡tú no tienes ni idea del mundo de los negocios!, ¡firma de una p... vez y deja de mirarme con esos ojos, que me pones enfermo!».

Los papeles en cuestión eran una ampliación de la hipoteca que Javier ya había hecho hacía un año, sobre la casa en que vivían. Cuando Julia preguntó si estaba seguro de poder recuperar ese dinero, pues de lo contrario se quedarían en la calle, Javier no paró de soltar un insulto tras otro: «¡Qué poco te preocupabas de preguntar qué pasaba cuando todo iba bien! —en realidad, la empresa nunca había dado beneficios, y cuando trabajaba en las otras compañías, siempre se había quedado con una parte importante del sueldo para sus gastos—; ¿con qué derecho me preguntas si puedo recuperar ese dinero?, ¡al fin y al cabo esta casa la pagué yo! —la casa la habían pagado con el salario de ambos y con unos ahorros que Julia aportó al matrimonio—; ¿tú te crees que todo es tan sencillo como ir a una clase y preguntar la lección a unos niños?; ¡me está bien empleado por haberme casado con una persona tan estúpida y tan limitada como tú!...».

Julia no firmó los papeles en ese momento. Optó por salir de casa con los niños, y volver al cabo de unas horas, esperando que se le hubiese pasado el estado de agresividad que mostraba. A su vuelta Javier no estaba, seguramente se había ido a tomar unas copas, y no le volvió a ver esa noche.

Teníamos consulta al día siguiente, y cuando vino y relató los últimos acontecimientos, le dije que ¡no firmase por nada del mundo esos papeles! «En realidad —comenté—, tú viniste hace quince días diciendo que no te sentías valorada, pero si analizamos los hechos de forma objetiva, éste no es un problema únicamente de desvalorización, Javier no es capaz de controlar su agresividad contigo y con los niños; no quiere afrontar ninguna responsabilidad por su parte y no realiza un análisis mínimamente objetivo de la situación y de la viabilidad de la empresa; se niega a afrontar su fracaso profesional, seguramente le echaron de las compañías anteriores por su carácter impositivo, por su falta de flexibilidad, por su incapacidad para aceptar otros criterios que no fueran los suyos. Ahora, lejos de asumir la situación, ha decidido que tú eres la culpable de todos sus males. En ese estado, ¡claro que perderéis la casa si firmas la hipoteca! Si no ha reaccionado hasta ahora, sabiendo cómo está la situación, conociendo que tú has tenido que pedir dinero prestado a tus padres para hacer frente a la hipoteca que pidió el año pasado, ¡no podemos esperar que, por arte de magia, se vuelva lúcido, razonable y, de repente, actúe desde la prudencia y la sensatez!».

En esa sesión no quisimos insistir más en las manifestaciones patológicas de Javier; en esos momentos era más importante conseguir que Julia no se hundiera. No le podíamos pedir que tomase decisiones para las que ni tenía fuerzas, ni estaba preparada; había que asegurar unos mínimos imprescindibles, y esos mínimos pasaban por no firmar la ampliación de la hipoteca. Además, como siguiente medida ante la última actitud agresiva y fuera de control de Javier, no contestaría a ninguna pregunta que le formulase; no le diría que era la hora de comer o de cenar, aunque de momento seguiría haciendo su comida, pues no tenía fuerza para abrir más frentes; no accedería a ningún contacto sexual y actuaría como si él no existiese.

Igualmente, le dijimos que fuera a un abogado y se informase de todo lo concerniente a la situación que vivían: ¿qué pasaba con la casa?, ¿podía Javier pedir otros préstamos sin que ella se enterase?, ¿convenía en estos momentos hacer separación de bienes?, ¿qué ocurriría si ella pedía la separación?...

A continuación, durante varias semanas, trabajamos sin descanso en el objetivo principal: recuperar a Julia; conseguir que volviera a coger seguridad en sí misma, subir su autoestima, aumentar su control sobre las situaciones límites que Javier provocaba...

La recuperación fue lenta, muy lenta, pues Julia se encontraba muy dañada. Hacía demasiados años que se había hundido, al sentirse primero poco valorada y luego despreciada. No podía recuperarse en unas semanas, sus heridas eran demasiado profundas y las circunstancias no le ayudaban. Sus padres, que siempre habían actuado de forma muy prudente, desde hacía tiempo no paraban de presionarla para que reaccionase y dejase a Javier, pues veían que su hija estaba hundida, y que su yerno era capaz de dejarla sin casa y llena de deudas. Sus hijos cada día se mostraban más inquietos y más rebeldes. Por otra parte, le daba apuro contar sus problemas a sus amigas, pues éstas estaban hartas de oír las barbaridades de Javier y ver cómo Julia no reaccionaba.

Con la autorización de Julia, llamé a sus padres. Necesitaba que éstos supusieran para ella un apoyo, no una fuente de conflictos y presiones. Ellos, afortunadamente, entendieron lo que les proponía y dejaron de presionar, para pasar a apoyar de forma incondicional a su hija. En este caso, trabajé con ellos en cómo ayudar a generar de nuevo seguridad en Julia, pues ella tenía la autoestima por los suelos y necesitaba que le recordasen todo lo que valía; cómo había conseguido metas difíciles, cómo siempre había sido una persona con mucho carisma, con muchas habilidades sociales y con mucha capacidad de lucha. El efecto positivo no tardó en llegar. Julia pasó de no hablar casi con sus padres a verles con mucha frecuencia; se sentía muy querida por ellos pero, sobre todo, se sentía muy valorada, y en estos momentos era una de las cosas que más necesitaba.

Diseñamos un programa pormenorizado, aprendió y reconoció en sí misma las distintas fases por las que atraviesa la persona que se siente poco valorada; se dio cuenta de que su caso era «de libro», que no es que ella actuase de forma especialmente torpe, sino que Javier era una persona con una patología muy clara: era un ser profundamente inseguro, con falta de control emocional y poco hábil socialmente, que había tratado de compensar su inseguridad con conductas agresivas, déspotas y humillantes con las personas que tenía cerca.

Ella sí que consiguió alcanzar un gran control sobre sus emociones. A partir de ese momento no se agotó en defensas o argumentaciones que Javier nunca escucharía ni tendría en consideración; dejó de caer en las trampas y en las provocaciones que Javier continuamente le tendía; aprendió a no dejarse manipular intelectual ni emocionalmente; priorizó sus actuaciones y concentró sus esfuerzos, en una primera fase, en conseguir que sus hijos la vieran más tranquila, más relajada y dominando la situación, para que ellos a su vez se sintieran más seguros. Posteriormente, empezó con su propio trabajo de reconstrucción personal.

En este caso no había posibilidad de trabajar con Javier; él no admitía que pudiera estar equivocado o tener una conducta errónea. Cuando alguien llega a esa situación de falta de conexión con la realidad, lo mejor que podemos hacer es liberar a la persona o personas que tiene al lado, y que son las que más sufren sus conductas desestructuradas, agresivas, humillantes y descalificadoras.

Javier no estaba preparado para convivir consigo mismo, cuanto menos para poder vivir con otras personas.

No se puede razonar con quien no razona y no se puede llegar a acuerdos con quien no ve la realidad, ni es capaz de controlar sus impulsos y sus agresiones.

Llegado el momento, cuando Julia se sintió fuerte —al cabo de cuatro meses y medio de venir a vernos—, dio el paso de la separación.

Javier no creía que su mujer fuera capaz de separarse, pero cuando quiso reaccionar, ya estaba todo hecho.

Al principio se puso muy agresivo; pretendía no marcharse de la casa, amenazó con todo tipo de hostilidades, pero finalmente se dio cuenta de que se iría por las buenas o por la fuerza.

Pasados unos meses intentó volver, le dijo a Julia que todo había sido causado por una mala racha profesional, pero que ellos, en el fondo, estaban hechos para vivir juntos y que era la mejor solución para los niños. Julia no titubeó, le había costado mucho dar el paso, pero había recuperado su seguridad en sí misma y, con mucha calma, le dijo que ya no era posible esa vuelta, pero que le vendría muy bien una ayuda especializada. Al principio Javier se negó, pero los padres de él, con quienes se había ido a vivir, y con quien Julia seguía manteniendo una excelente relación, le dijeron que si no se sometía inmediatamente a tratamiento, en un mes se marcharía de la casa. Al final consiguió un trabajo, un mal trabajo según él, pero suficiente para poder vivir de forma independiente.

Julia, los niños, sus padres y sus suegros respiran tranquilos; no esperan nada de él y prácticamente no lo ven, pero han conseguido que deje de ser una losa sobre sus vidas.

En otros casos la situación es menos dramática y, aunque no son sencillos, tienen buen pronóstico cuando los dos miembros de la pareja se quieren de verdad y aceptan trabajar sobre la base de la mejora de sus relaciones.

Incluso en algunos momentos, el análisis de las conductas que ambos tienen nos muestra que la causa no es que uno infravalore al otro, sino que hay personas que fácilmente, sin una base objetiva, se sienten infravaloradas. Son personas que sobresalen por su inseguridad, o que en esos momentos se encuentran inmersas en una crisis importante.

> *El drama surge cuando bajo la infravaloración se esconde un sentimiento de desprecio, de humillación y de vejación hacia la otra persona.*

Recordemos que de la desvalorización a la humillación hay un camino muy corto, que difícilmente es reversible.

A continuación, vamos a tratar de analizar otra de las insatisfacciones más profundas y más dolorosas, donde los protagonistas son los hijos.

¿Qué pasa con los hijos? ¿Hay alguna edad en que sufren menos con la separación o con los problemas de relación entre los padres?

¡Cómo cambia la convivencia con la llegada de los hijos! Muchas parejas, si pudieran, darían marcha atrás y, paradójicamente, muchas otras darían su vida por tener hijos.

> *Los psicólogos sabemos que los niños no arreglan las parejas en crisis, en todo caso, dilatan y prolongan esas crisis en el tiempo.*

Tener un hijo seguramente es la mayor responsabilidad que una persona puede asumir, pero, a veces, ¡con qué facilidad se traen niños al mundo sin haberlo pensado, sin haberlo deseado y sin haberlo previsto!

> *Los niños ayudan a madurar a quien estaba preparado para ser padre, y desestabilizan a quien estaba inmaduro.*

Los niños no son una solución, ni una tragedia, pero durante una etapa importante de su vida, en que se configura su carácter y se establecen las bases de esa persona adulta que será después, nos necesitan a nosotros, y sería una irresponsabilidad dejarlos «a su suerte»; necesitan todo nuestro apoyo y, como decíamos en *El NO también ayuda a crecer*, «necesitan fundamentalmente nuestro amor, dedicación, tiempo, paciencia y seguridad».

En ese mismo libro sosteníamos que «en la educación de los niños de hoy están fallando principios muy básicos: muchos padres se sienten sin tiempo, sin espacio, presionados y sin alternativas para acometer su labor con sus hijos; muchos educadores se sienten sin autonomía, sin recursos, sin libertad para realizar su importante misión; muchos niños se sienten impotentes, desorientados, perdidos y, lo que es peor, se sienten solos; solos ante sus miedos, sus dudas, sus experiencias; solos ante su vida».

La sensación de soledad en un niño es una de las emociones que más le desestabiliza. Sabemos que los niños aprenden por «modelo», aprenden lo que ven. La soledad, como la desesperanza, desgraciadamente también se aprende.

Los niños se pasan la vida observando y analizando, y cuando la relación que observan en sus padres dista mucho de ser una relación afectiva, donde imperen el cariño, el amor y el respeto mutuo, esa vivencia, lejos de ofrecerles seguridad y confianza, les llena de insatisfacción y de inestabilidad.

Con frecuencia, los niños manifiestan sus miedos y sus temores a través de conductas extremas, donde la agresividad y el desconcierto hacen acto de presencia. Es su forma de pedir ayuda, de decirnos que no están bien.

A veces nos quedamos en la superficie de sus manifestaciones; no vemos más allá de lo que muestran al exterior, nos empeñamos en tratar sus consecuencias, y se nos escapan sus orígenes; esas causas que provocan su aturdimiento y su desorientación.

Con frecuencia nos resulta difícil tomar decisiones, que parecen demostrar nuestro fracaso.

> *Muchas personas se equivocan y siguen caminos erróneos. La solución no es prolongar una agonía, sino sanar una patología.*

Y patológicas son muchas de las relaciones que sólo consiguen que uno, o los dos miembros de la pareja, se sientan prisioneros de una decisión errónea o esclavos de unas circunstancias adversas, que sólo provocan infelicidad y desolación.

Es lógico que nos preguntemos: ¿qué pasa con los niños?, ¿cómo les afectarán estas circunstancias?, ¿existe alguna edad en que sufran menos?, ¿cómo debemos actuar con ellos?

Con frecuencia vienen muchos padres a la consulta en demanda de ayuda y orientación. No pueden entender que a su pareja no le importe lo que pueda ocurrir con su/s hijo/s. La realidad es que cuando tenemos personas que no saben sentir, tampoco saben querer.

Afortunadamente, el problema no está en los niños, sino en los adultos; y cuando éstos reaccionan bien, los niños inmediatamente se sienten mejor, se comportan mejor y nos ayudan en nuestra propia recuperación.

Hay una serie de pautas que nos pueden resultar muy útiles y que nos ayudarán a proporcionar al niño lo que tanto necesita: tranquilidad, una situación clara y, al menos, una persona adulta que le proporcione la seguridad y el amor que le son indispensables para su vida y su desarrollo.

Pautas que pueden ayudarnos con los niños ante situaciones de crisis en las parejas:

— Cuanto más pequeño sea el niño, mejor podrá afrontar la separación de sus padres (a los tres años será mejor que a los cinco, y a los siete mejor que a los once...). En el niño pequeño prevalece el recuerdo inmediato sobre el mediato (las experiencias cercanas en el tiempo a las lejanas); por ello, pasados unos meses, está razonablemente adaptado a la nueva situación que vive.

— Cuanto menos se haya deteriorado la relación entre los padres: ¡mejor para los niños! En este sentido, conviene recordar que, una vez comprobado que la relación de la pareja ha tocado fondo, y que ya no responde a las necesidades o expectativas de sus integrantes —o de uno de ellos—, cuanto antes se lleve a efecto la separación, menos opciones habremos dado a que la relación continúe deteriorándose, y menos habremos prolongado el desgaste y el sufrimiento innecesario de las principales personas implicadas.

Esperar por no querer ver, por no querer aceptar que todo está perdido, sólo nos lleva a una situación extrema, que podríamos haber evitado.

Muchas veces, cuando la situación que viven es tan dura, la principal queja de los hijos a sus padres no es por qué se han separado, sino por qué no son capaces de separarse, o por qué no se separaron antes.

— Es importante que ambos progenitores expliquen a sus hijos, con calma y de forma pausada, sin escenas dramáticas, que a partir de ahora las cosas van a estar más tranquilas en casa —inevitablemente los niños se habrán dado cuenta de la crisis, incluso aunque los padres no hayan tenido escenas especialmente tensas y su convivencia haya sido aceptable—. Le/s insistirán al máximo en que él/ellos le siguen queriendo mucho, que él/ellos no tiene/n culpa de nada, que lo que ocurre es que papá y mamá han decidido vivir separados, pero que el progenitor que no viva con ellos les verá con frecuencia y podrán estar con él la mitad de los fines de semana.

Los niños, ante una separación o una situación crítica que vivan los padres, inmediatamente piensan que ellos han podido tener parte de culpa; por lo que una de las primeras cosas que haremos será liberarles de cualquier sentimiento de culpabilidad.

Cuando uno de los padres no acceda a tener esta conversación conjunta, o no se sienta capaz de hacerlo de forma tranquila y serena, el otro progenitor deberá hablar cuanto antes con los niños. Cuando los niños se dan cuenta de que algo está ocurriendo, lo peor para ellos es la incertidumbre; su imaginación siempre es desbordante, sus miedos deforman la realidad, y sus pensamientos les intranquilizan mucho más que el conocimiento de la verdad contada por su padre/madre.

El contenido de la conversación será claro y preciso, el padre o la madre les dirá que la decisión de separarse es firme, pero no es necesario entrar en detalles; sobre todo en aquellos que puedan perturbar al niño u ocasionarle problemas de afectividad —no es el momento de decirle que el padre o la madre ha tenido una aventura con otra persona, o que no se preocupa de ellos, o que es o ha sido violento/a...—. La evolución y la edad del niño nos dirán si debemos facilitarle esa información y cuándo, incluso si no debemos hacerlo nunca. En este sentido, conviene que nos planteemos si compensa dar información que sólo va a producir dolor. Con frecuencia, en nuestra relación con los niños, los adultos debemos tener la generosidad de callarnos, de silenciar aquello que nos gustaría gritar.

— Habrá niños que reaccionen «metiéndose en sí mismos» ante la separación o las dificultades entre sus padres, y otros, por el contrario, lo acusarán mos-

trándose más inquietos, intranquilos, agobiados...,
incluso más rebeldes y agresivos. En cualquiera de los
casos, nuestra actitud será de comprensión y respeto
hacia sus sentimientos y siempre nos mostraremos
cercanos y comprensivos con esa primera fase de sus
manifestaciones. Posteriormente, poco a poco, será
importante que marquemos unas pautas de actuación
muy claras, que ayuden a la convivencia familiar y les
faciliten su proceso de adaptación a la nueva situación.

Conviene recordar que, en contra de lo que pudiéramos pensar, el niño que aparentemente se encierra
en sí mismo y apenas manifiesta o exterioriza nada
sobre la situación que viven sus padres, suele ser el
que peor lo pasa y al que más le cuesta superar esa
situación. Por el contrario, con los niños que muestran una actitud más activa, aunque también sea más
beligerante, podemos intervenir mejor, y a través de
estas intervenciones ayudarles a que superen pronto
la crisis.

— En ningún momento debemos desvalorizar al padre
o a la madre, por mucho que estemos en contra de
lo que hace. El niño no tiene que ver rencor; necesita sentir que, al menos uno de los adultos, conserva
la calma y el control necesarios para no ponerle en
una situación extrema. El niño no debe sentirse presionado en sus sentimientos ni en sus manifestaciones afectivas. No le podemos ni le debemos pedir que
deje de querer a uno de sus padres.

— Otra ayuda importante será que los niños sufran los
menos cambios posibles. Siempre que sea factible, con-

viene que sigan en la misma casa, en el mismo colegio, con sus amigos de siempre, con un ritmo de vida muy parecido, que les permita conservar sus costumbres y todas aquellas rutinas que les dan seguridad.

— En principio, no resulta aconsejable que les pidamos su opinión sobre si desean o no la separación, aunque si ellos nos la facilitan espontáneamente, la escucharemos con atención, pero debemos recordar que la decisión es responsabilidad de los padres. No podemos ni debemos someterlos a una presión que no pueden asumir, ni dejar en sus manos lo que nosotros debemos resolver.

Consideremos que la mayoría de los niños, si la situación que ellos han vivido no les ha resultado extrema, de forma simple y espontánea desean que sus padres sigan juntos, pues lo desconocido suele crearles inquietud e inseguridad. Muchas veces los padres se lo preguntan por miedo a sus reacciones o porque les cuesta aceptar que esa situación debe terminar. Sin duda nos ayudará el hecho de saber que esos mismos niños, que se oponían con todas sus fuerzas, suelen alegrarse enormemente, al cabo de unos meses, ante la situación de paz y tranquilidad que viven.

— Apenas tendrá que pasar tiempo entre el momento en que les comuniquemos la separación y la marcha del padre o de la madre de la casa. Esa marcha siempre será un momento difícil para todos, y cuanto antes suceda, menos sufrirán los niños. Las expectativas que se crean y esos días de espera que se hacen interminables generan un desgaste innecesario, del que podemos librarles, actuando con racionalidad, con rapidez y de forma precisa.

— Una vez que el padre o la madre se ha marchado, deberán seguirse las pautas que se hayan acordado entre la pareja. A los niños les resulta más fácil adaptarse a normas fijas —por ejemplo: ver a su padre o a su madre cada quince días—, que a pensar que quizá hoy se pueda presentar a recogerlo en el colegio; esto último les produce mucha intranquilidad.

Durante la semana, lo mejor es que no les interrumpamos su funcionamiento habitual, pues se descentran mucho. Es preferible que el progenitor que no está con ellos les acompañe por ejemplo al colegio por la mañana, uno o dos días fijos, o les lleve del colegio a casa por la tarde, también en días convenidos, a que se los lleve a media tarde, cualquier día de diario, y les rompa su dinámica.

— Es deseable que los padres intenten llegar a acuerdos, aunque sean mínimos, sobre las áreas fundamentales de la educación de su/s hijo/s. Cuando esto no sea posible, hecho que ocurre con mucha frecuencia, no habrá que desesperarse. En estos casos, lo importante es que cada miembro de la pareja tenga sus criterios muy claros y los mantenga con serenidad, pero también con firmeza. No es necesario ni conveniente desautorizar al otro miembro de la pareja, aunque estemos totalmente en desacuerdo con su actitud. Ante el niño mantendremos nuestro criterio, y cuando proteste y nos diga que el otro progenitor no actúa así, le diremos —con mucha calma— que ya lo sabemos, que somos conscientes de que su padre o su madre actúa de otra forma, pero que también él debe saber muy bien que cuando esté con nosotros siempre actuaremos de esa manera.

Los niños terminan centrándose, incluso a pesar de que los padres tengan criterios distintos, si al menos uno de los progenitores, de forma serena, tranquila y transmitiendo seguridad, mantiene unas pautas de actuación constantes y claras con ellos.

En consecuencia, si uno de los dos «lo hace bien», no es un drama que los dos padres no coincidan en los acuerdos básicos de la educación de sus hijos. Lo importante es no dejar que interfiera esa descoordinación de los progenitores en la relación directa que tenemos con el/la niño/a.

— Los niños son más coherentes que los adultos; por eso valorarán más al progenitor que actúe con más coherencia con ellos. Esa coherencia la ven en la creación de unos hábitos saludables, que les ayuden en su desarrollo personal, y en el mantenimiento de una serie de pautas, normas, límites y acuerdos de conducta, que les proporcionan la guía y la seguridad que necesitan. Esos hábitos, esas pautas y esa coherencia permanente son los que les facilitarán ser unos adultos realmente libres el día de mañana.

— No hay que sobreproteger al niño. La separación es un hecho a veces doloroso para ellos, pero habitualmente necesario; por el contrario, ninguna circunstancia legitima las consecuencias tan negativas que produce la sobreprotección. Recordemos que el exceso de protección les crea inseguridad, favorece su falta de generosidad, dificulta sus relaciones sociales y les impide desarrollar los recursos y las habilidades básicas que necesitarán a lo largo de su vida.

— No les «compremos» haciendo de padres «buenos», dándoles todo lo que nos piden y poniéndonos siempre de su parte; al final, el progenitor que interpreta este papel termina pagando por ello una factura enorme, la de sentirse rechazado por sus hijos.

— No cedamos en las pautas básicas de convivencia. Intentemos alcanzar acuerdos razonables, pero sólo en aquellos aspectos que pueden ser negociables, que no desestabilicen ni tiren por tierra las normas de convivencia.

— De forma permanente, pero de manera muy especial cuando aparezcan terceras personas en la relación con sus padres, nos mostraremos muy abiertos para resolver sus dudas y contestar a las preguntas que les causan intranquilidad. Es lógico que les genere cierta inquietud la presencia de estas personas en la vida afectiva de sus padres, pero es un hecho que aceptarán con mayor facilidad si siguen sintiéndose seguros y queridos, y no perciben que la otra persona les desplazará del lugar que ocupan en el corazón de su padre/madre.

En muchos casos, estas relaciones afectivas ya están presentes incluso en el momento de la separación, por lo que deberemos actuar con la máxima cautela, pues tenemos que saber que los niños necesitan un tiempo razonable para adaptarse a las nuevas situaciones que van a vivir.

En general, es contraproducente presentarles a estas personas si hace poco que se ha producido la separación de los padres, pues fácilmente las culpabilizarán de la ruptura de sus progenitores y crearemos en el niño un problema afectivo importante.

En cualquier caso, los padres no presentarán a sus hijos sus nuevas parejas hasta que esa relación esté totalmente consolidada. Pocas cosas desestabilizan más a los hijos, que la sensación de precariedad e inseguridad que sienten ante el continuo cambio de pareja, o de amistades íntimas, por parte de sus progenitores.

Cuando haya llegado el momento de hacerles partícipes de esa nueva relación, debemos considerar que el hijo puede sentirse fácilmente desplazado, por lo que nos mostraremos especialmente cercanos y unidos a él, explicándole que no tiene que tener miedo alguno, pues se trata de amores diferentes. Con frecuencia conviene extenderse un poco, y poner algunos ejemplos, para que vea esta diferencia. Si utilizamos la relación que los niños tienen con sus amigos, les resultará más fácil entender que ellos pueden querer mucho a sus amigos, pero que por ello no dejan de querer a sus padres, pues les quieren de otra forma. Les diremos que en las relaciones afectivas entre los adultos pasa lo mismo, el amor hacia un adulto es diferente al amor hacia los hijos. Si a pesar de todo insisten, y preguntan «¿A quién quieres más?», la respuesta será clara: «A ti te quiero desde antes incluso de que nacieras y te querré siempre mientras viva; sin embargo, no puedo tener esa seguridad con un adulto, ni le he querido desde que ha nacido ni sé si le querré siempre; sólo puedo decir que hoy le quiero, y que en ningún momento te voy a exigir que tú le quieras, porque te respeto mucho y sé que no se pueden exigir los sentimientos, pero sí que te voy a pedir que respetes a esta persona, de la misma forma que yo respeto a las personas que son importantes en tu vida».

El niño suele quedarse más tranquilo después de esta conversación.

— Cuando surjan dificultades en la relación entre la pareja del padre o de la madre y el hijo, en principio procuraremos no intervenir, pues es necesario que ambos encuentren su punto de equilibrio. Sólo «entraremos en escena» cuando pensemos que el adulto está actuando de forma injusta y está creando inseguridad e inestabilidad en el niño.

— No forcemos al padre o a la madre que no muestra especial interés por estar con los niños. En estos casos conviene que lo vean lo menos posible. Aunque los niños lo puedan pasar mal al principio, es preferible este hecho al dolor que les produce comprobar constantemente, en sus propias carnes, como ese progenitor no muestra especial interés por ellos.

Los sentimientos no se fuerzan, si lo hacemos, las relaciones aún se deterioran más y serán nuestras emociones las que sufran.

— Cuidado con la intervención de otros miembros de la familia: abuelos, tíos, primos... A veces, sin querer, y otras de forma premeditada, estas intervenciones pueden ocasionar mucha confusión en los niños.

Los padres deben controlar estas interferencias, pero si la relación que mantienen lo hace imposible, cada progenitor estará especialmente atento a toda la información que les pueda llegar a los niños de su círculo más cercano. Si sospechamos que alguna persona está enviando mensajes poco claros, hostiles o culpabilizantes hacia una de las partes; debemos intervenir de forma inmediata. Si nos resulta imposible cortar esos mensajes, abordaremos el tema directamente con los niños, y lo haremos con una actitud que refleje calma, tranquilidad, seguridad y control, pues es lo que esperan y necesitan encontrar en esos momentos los hijos, pero también nos mostraremos firmes en nuestras ideas y apreciaciones, para que el niño no vacile y sepa perfectamente cuál debe ser su fuente de información.

— En relación al medio escolar, si el niño es pequeño, inmediatamente lo pondremos en conocimiento de su tutor; si es adolescente, y en principio no es un hijo/a problemático/a lo negociaremos con él; es decir, le preguntaremos qué prefiere que hagamos, pero le diremos que si vemos que su conducta, su rendimiento o su actitud se resienten, nos sentiremos obligados a comunicarlo, incluso en contra de su criterio.

Cuando el adolescente esté acusando la relación que existe entre los padres, incluso aunque no se haya llegado a la separación, haremos partícipe de este hecho a su tutor, pues en esta etapa, con frecuencia los adolescentes manifiestan cambios importantes en su conducta, que pueden ir desde la inhibición a la provocación. En esos momentos, más que confrontación, lo que el niño necesita es mucha comprensión y cercanía por parte de sus principales adultos de referencia, y no podemos olvidar que los profesores, en mayor o menor medida, juegan siempre un papel importante para ellos.

— Si la separación les coge con más edad, en plena juventud, incluso en la madurez, respetemos sus reacciones. Nuestra actitud será informarles de los pasos que vamos a dar, pero de nuevo no conviene que entremos en detalles que sólo producen dolor o indignación.

— No pidamos a los jóvenes que nos apoyen, pidámosles que respeten nuestra decisión.

Es posible, en estas edades, que mantengan una actitud de cierta inhibición ante la situación, que les digan a sus padres que sus problemas son de ellos y que prefieren no entrar en detalles. Aunque esta contestación pueda resultar dolorosa para los progenitores, la realidad es que cuanto más al margen se mantengan, menos se deteriorará a la larga la relación entre padres e hijos.

Aunque es un error muy frecuente, los padres no deberán esperar apoyo por parte de sus hijos; a veces ni tan siquiera esperarán su comprensión; lo que sí que deben exigir es respeto, respeto profundo hacia su decisión —sea la que sea—.

Recordemos que el principal apoyo lo llevamos dentro, dentro de nosotros mismos.

Siempre intentaremos preservar a los niños de las relaciones conflictivas que mantengan los adultos, pero seamos optimistas; nuestra amplia experiencia en esta área nos demuestra que, en la inmensa mayoría de los casos, cuando al menos uno de los dos adultos actúa con ellos de forma apropiada, transmitiéndoles la tranquilidad y la seguridad que necesitan, los niños consiguen adaptarse a la nueva situación de forma más rápida y menos traumática que los adultos. La naturaleza les ha proporcionado una serie de recursos que, lamentablemente, parece que los adultos hemos ido perdiendo en ese largo proceso hacia la madurez.

A veces, en lugar de avanzar, nos empeñamos en hacer la vida mucho más complicada, más difícil y menos humana de lo que sería deseable.

Sin lugar a dudas, hay muchas cosas valiosas a las que estamos renunciando con este ritmo de vida tan vertiginoso que nos envuelve y nos aturde.

Culturas aparentemente más primitivas conservan y practican el arte de la meditación; nos vendría muy bien recuperar esos espacios de calma y tranquilidad, que nos transmiten la paz que necesitamos, la energía que perdemos y la objetividad que nos permite analizar, sin riesgo a equivocarnos, el transcurso de nuestra vida y el estado de nuestras emociones.

Otro de los elementos que más nos pueden ayudar a encontrar ese equilibrio que buscamos es la observación de las conductas de los niños. Sus manifestaciones, y sobre todo sus sentimientos, son muchas veces el reflejo de lo que ven en nosotros.

Llegados a este punto, es el momento de plantearnos ya, sin más dilación, por dónde empezar.

Capítulo 4

Por dónde empezar

Cuando estamos inmersos en una situación que nos preocupa, con frecuencia vemos relativamente claro qué es lo que debemos hacer; las dificultades surgen a la hora de ponerlo en marcha, cuando tenemos que decidir ¿por dónde empezamos?

Desde la psicología, siempre decimos que antes de tomar una decisión importante, hay que conseguir un estado previo de serenidad y tranquilidad, que nos permita observar con calma los hechos, analizar los estados emocionales y decidir con objetividad las acciones que vamos a realizar.

A veces será necesario que nos separemos un poco de la situación que nos agobia, que nos distanciemos en la medida de lo posible y que nos permitamos tomar nuestras decisiones libremente, sin dejarnos condicionar por opiniones o hechos que parezcan atraparnos.

> *Nosotros somos los que mejor nos conocemos, los que sabemos cómo nos sentimos, en qué medida disfrutamos y hasta dónde sufrimos. No podemos dejar en otras manos el timón de nuestras vidas.*

En nuestras relaciones interpersonales partimos de unos hechos claros:

1. Nosotros podemos llegar a conocernos, en la medida en que podemos ser conscientes de lo que pensamos en cada momento.
2. Nuestros pensamientos son los que originan nuestras emociones, por lo que, además de saber qué sentimos, sabemos por qué lo sentimos.
3. A los demás, en principio los intuimos. La observación de sus conductas —verbales, y sobre todo no verbales— nos dará las claves de sus pensamientos y sus sentimientos.
4. Sus pensamientos nos permitirán comprender el mecanismo de sus emociones. Cuanto más conocimiento tengamos sobre la psicología de las relaciones humanas, mejor podremos disfrutar de nuestras coincidencias y mejor nos podremos proteger de las discrepancias.
5. La comprensión de las reacciones de otras personas no significa la aceptación de las mismas, pero sí nos sitúa en una posición de privilegio que nos permite seleccionar las opciones más adecuadas en el proceso de comunicación.
6. La familiarización con las emociones propias y ajenas nos ayudará a reaccionar con prontitud, de forma precisa y adecuada a cada circunstancia.
7. El conocimiento de las diferencias que nos separan nos permitirá eliminar barreras y construir puentes de entendimiento.

Es el momento de adentrarnos en los conocimientos que nos permitirán situarnos en el punto de partida. Pero no sintamos que estamos al principio de una carrera, estamos en el transcurso de una vida; nuestra meta no será llegar al final de un camino, sino vivir con plenitud cada parte, cada punto, cada curva y cada sendero del recorrido.

Conviene que nos familiaricemos con nuestras diferencias

Uno de los aspectos que más nos llama la atención a los expertos, y que nos hace aprender cada día, es la observación de las conductas y reacciones de las personas que nos rodean.

Seguramente muchos lectores se habrán encontrado en medio de una conversación, entre un grupo de hombres y mujeres, en que llega un momento en que unos y otras empiezan a posicionarse. Las mujeres se miran con cara de complicidad y los hombres se cruzan gestos, a veces de forma un poco teatral, donde pretenden mostrar su infinita paciencia ante lo que están escuchando.

Parece que a las mujeres les resulta más fácil entenderse entre ellas, y los hombres, salvo cuando buscan cierto protagonismo, se sienten más cómodos ante un auditorio masculino, que no les va «a dar la lata», preguntándoles el porqué de cada cosa que dicen.

Es como si hombres y mujeres consiguieran estar bien juntos durante un ratito, pero cuando se terminan las conversaciones triviales o profesionales, empiezan a sentirse algo incómodos.

Por supuesto, también están los tópicos, que en nada ayudan a ese entendimiento más continuado y que, ciertamente, con más frecuencia de la que cabría esperar, algunos hombres y mujeres parecen empeñados en seguir al pie de la letra. Me estoy refiriendo a esa fama de que los hombres sólo saben hablar de fútbol, de sexo, de trabajo, de coches... —más o menos por ese orden—, y las mujeres se pasan la vida hablando de sus «chismes», de ropa, de compras, de dietas, de recetas de cocina, de los niños, de los artistas y personajes famosos —no necesariamente por ese orden—.

La mayoría sabemos que los hombres leen tanto las revistas del corazón como las mujeres; la diferencia es que ellos las complementan con los diarios deportivos y las mujeres con las revistas de decoración.

También es cierto que las necesidades de comunicación son distintas. Las mujeres pueden pasarse la vida hablando, y no se aburren, ¡todo lo contrario!; mientras que los hombres, como ya hemos señalado, tienen menos desarrollada el área del lenguaje y normalmente necesitan hablar menos, por lo que también les cuesta escuchar más.

¿Qué ha ocurrido para que estas diferencias, que siempre han existido, ahora se conviertan en algo tan chocante? En gran medida, de nuevo volvemos al gran cambio que ha experimentado la familia en los países desarrollados. Antes la pareja tenía varios hijos, hoy la media apenas llega a dos. Antes los niños pasaban mucho tiempo jugando en la calle, sin peligros ni restricciones, con menos juguetes y más creatividad, y jugaban con otros niños y niñas, con vecinos, amigos... Hoy, los niños, con un poco de suerte, juegan un rato en el parque y, a medida que van creciendo, pasan mucho tiempo solos en casa, en compañía del ordenador, de la vídeo-consola, de la tele... o de un hermano.

Este cambio sociológico ha hecho que muchos niños no hayan tenido la oportunidad de crecer conviviendo con sus hermanas, o a la inversa; de tal forma que cuando de repente se van a vivir con sus parejas, ¡les resulta todo demasiado nuevo y extremadamente chocante!

Es cierto que, afortunadamente, la enseñanza hoy es mayoritariamente mixta, pero no nos engañemos, la convivencia escolar está muy lejos de parecerse, y menos suplir, a la convivencia familiar. Hay unas edades en que, además, los niños y las niñas parecen no aguantarse; son esas etapas en que sus preferencias son muy diferentes y su desarrollo distinto.

Cuando las chicas no han crecido viendo cómo se comportan los chicos en casa, se quedan extrañadísimas al comprobar después cómo su pareja no parece darse cuenta de que lo deja todo sin recoger: pantalones, camisas, ropa interior, calcetines, zapatos, toallas, vasos, platos... A esta experiencia desagradable se empiezan a unir otras igualmente chocantes: los hombres no manifiestan una sensibilidad especial por la limpieza del hogar, ni por las tareas domésticas, ni por el estado emocional de su pareja: parece que no se dan cuenta cuando ella necesita que la escuche y no la interrumpa, cuando se encuentra triste o disgustada, cuando necesita mimos —que no sexo...—.

Al contrario, también les ocurre a ellos algo parecido, y empiezan a asustarse al ver que sus parejas se pasan todo el día detrás de ellos, sin dejarles un momento de tranquilidad: no paran de atosigarles diciéndoles que recojan su ropa, que dejen las cosas en su sitio, que no encharquen el suelo del baño cuando se duchan, que no ensucien..., y además pretenden que hagan ellos de vez en cuando la lista de la compra, que tiendan la ropa, que planchen..., y encima ¡no paran de hablar!, de hacerles preguntas, de ponerse raras con eso del síndrome premenstrual y, a la hora de la verdad, encima están cansadas y pocas veces les apetece tener relaciones... Muchos hombres, en el transcurso de la terapia de pareja, te confiesan que, de repente, sus mujeres sufrieron una extraña transformación y pasaron de ser encantadoras a fiscalizadoras; de estar alegres a estar susceptibles; de transigir casi todo a no transigir en nada; de ser apasionadas a mostrarse distantes; de escucharles a ellos a no parar de hablar ellas...; en fin, un auténtico fraude para algunos.

Por supuesto que podríamos poner el mismo ejemplo en sentido contrario.

Cuando en el transcurso del trabajo que realizamos con la pareja, o individualmente con uno de los miembros, salen estos temas a relucir, la mayoría de las veces vemos que lo que se esconde detrás de estas quejas es un profundo desconocimiento de la psicología del hombre y de la mujer.

Muchas de estas dificultades y desencuentros se podrían evitar si hombres y mujeres conociesen más las características del otro sexo; la forma de pensar, de sentir, de analizar, las necesidades, las semejanzas —que también las hay—, y las enormes diferencias. Capítulo aparte merece el tema de la sexualidad, ahí el desencuentro puede ser brutal; los hombres se quejan de que las mujeres no toman la iniciativa en el sexo, y ellas piensan que los hombres están obsesionados con este tema —lo trataremos con la profundidad que merece en los apartados correspondientes, especialmente en el dedicado a la afectividad—.

Por ejemplo, las mujeres, refiriéndose a los hombres, personalizan en negativo lo siguiente: es insensible, descuidado, no escucha, no es afectuoso, no se comunica, no se compromete en la relación, prefiere el sexo a hacer el amor, no quiere hablar al final del día... y encima es un desastre, no recoge nada, lo deja todo tirado, no encuentra nunca el momento de ponerse a limpiar...; si eso la mujer lo analizase con objetividad, desde la perspectiva de cómo son, lo enfocaría de otra forma, y pasaría del enfrentamiento estéril al entendimiento fructífero. Evidentemente, lo mismo ocurriría en sentido inverso.

El problema surge cuando cada uno siente sus expectativas frustradas, y de lo que imaginaron a lo que viven día a día hay un abismo.

> *Del desencanto se pasa a la insatisfacción, a la frustración y al desengaño, para vivir después ese intenso recorrido de la tristeza a la soledad, que acaba en el desencuentro.*

> *Cuando el hombre y la mujer se sienten injustamente tratados, incluso estafados, empieza a abrirse entre ellos el abismo de la incomprensión y el resentimiento de la intolerancia.*

Poco avanzaremos por el camino de la queja, menos por el de los agravios, pero mucho podemos mejorar a través del conocimiento que nos facilitará el entendimiento.

Desde los colegios, y por supuesto desde la familia, habría que explicar las diferencias entre los hombres y las mujeres.

A pesar de todo, habrá situaciones imposibles de conciliar; pero incluso en esos casos, sabremos reaccionar mejor, con más prontitud y con menos dolor.

Vamos a empezar por los principios básicos, por esas características esenciales que nos ayudarán en el conocimiento de nuestras peculiaridades y nuestras diferencias.

Los hombres no son simples, son concretos

Con frecuencia, las mujeres son injustas en la apreciación general que hacen de los hombres. En muchos sentidos se sienten «por encima» del varón, piensan que son más intuitivas, más sensibles, que analizan los hechos con mayor objetividad, que están acostumbradas a esforzarse más, a tener que luchar para conseguir las cosas, que son más responsables y, en cierta medida, más inteligentes.

Es verdad que el hombre es menos intuitivo, pero no es menos sensible, lo que ocurre es que su sensibilidad es diferente; tampoco es cierto que analice los hechos con menor objetividad, lo hace de otra forma, incluso más estructurada y más racional; lo de esforzarse más o menos depende de cada persona; a veces confundimos conceptos, y lo decimos porque las chicas suelen tener mejor expediente académico —salvo en asignaturas donde la organización espacial sea clave—, pero eso no quiere decir que sean más inteligentes, simplemente, tal y como está ahora especializado su cerebro, tienen un poco más fácil el acceso y comprensión de muchos aprendizajes, pues el área clave para entender la mayoría de las materias es el lenguaje (tanto oral como escrito), y ya hemos comentado que esa área la tienen más desarrollada las mujeres. Sobre el tema de la responsabilidad, de nuevo tendríamos mucho que analizar. Las mujeres, por su naturaleza, son las que se quedaban y se quedan embarazadas; las que se encargaban, y en su inmensa mayoría se siguen encargando, del cuidado de los hijos, y este cuidado exige mucha especialización, mucha atención, determinada sensibilidad y, por supuesto, mucha responsabilidad. Cuando tienes en tus manos la vida de un ser tan indefenso como es un niño cuando nace, no te puedes permitir irresponsabilidades, porque pueden terminar en muerte.

Los hombres, por su parte, hasta hace poco tiempo se encargaban de otros menesteres —considérese que cien o doscientos años en la vida de la humanidad es como un segundo, un pequeño instante—. En sus tareas debían desarrollar mucha fuerza, gran resistencia física, buena organización espacial (especialmente en el tema de las guerras y en la caza) y un sentido práctico muy arraigado.

Ellos no podían entretenerse, tenían que actuar, y lo debían hacer con extrema rapidez, pues de lo contrario otros podían terminar con su vida.

Su sensibilidad también debía ser distinta a la de la mujer, pues sus cometidos eran diferentes. Si en cierta medida no se hubieran hecho más duros, no habrían soportado la crueldad de sus misiones, incluso la injusticia de las mismas; les habría vencido el tiempo que debían permanecer fuera de sus hogares, el desgarro de sus seres queridos...

Ya hemos comentado que, al igual que el choque de una ola contra la roca termina produciendo en ésta una huella indeleble, también los miles de años haciendo una determinada actividad marcan una especialización en el cerebro de las personas.

Los hombres están acostumbrados a analizar a partir de la realidad, o de hechos que evidencian una realidad. No les pidamos que sean intuitivos, es ir contra su base biológica. Podemos pedirles que intenten ser más flexibles, más abiertos, que piensen que hay otras realidades al margen de las que ellos ven, pero no les pidamos imposibles. Estos hechos, por ejemplo, nos explican por qué un hombre no se da cuenta de una emoción hasta que ésta es visible; cuando ven que una mujer llora, se percatan de que está triste, antes podían pensar que estaba rara. Algo parecido les ocurre con los niños, casi nunca se adelantan a sus crisis, éstas les estallan, y les cuesta comprender qué les ocurre, qué está pasando dentro de ellos. Por el contrario, aquí la mujer tiene más ventaja, pero repetimos, no porque sea más sensible, sino porque está preparada para ello después de miles de años observando a la prole y ocupándose de su cuidado.

Una de las cosas que las mujeres más critican en los hombres es que éstos son incapaces de hacer dos cosas a la vez, y es verdad, sucede así porque el cerebro del hombre está especializado, está dividido en secciones y configurado para centrarse en una tarea específica. Por eso a ellos les da tanta rabia cuando les interrumpimos; si están leyendo no nos pueden escuchar o ver simultáneamente la televisión. Lo mismo les pasa cuando están en medio de la relación sexual, la mujer necesita hablar y quiere que le hablen mientras hace el amor; al hombre le resulta muy difícil hablar mientras tiene relaciones.

El cerebro de la mujer tiene una configuración diferente; de tal forma que es capaz de hacer a la vez cosas que no tienen nada que ver entre sí, y su cabeza siempre está activa. Puede estar manteniendo una conversación, cocinando y viendo la tele.

De nuevo esta circunstancia no significa que el hombre sea limitado y la mujer tenga más recursos; de la misma forma que tampoco significa que la mujer sea muy dispersa y no consiga centrarse en una cosa, que es el argumento que a veces utilizan algunas mentes que podríamos denominar «machistas».

Lo mismo ocurre con el tema de los problemas. El hombre debía ir resolviéndolos sobre la marcha, lo contrario podría resultar muy peligroso para él; por el contrario, la mujer podía analizarlos, y debía hacerlo, para atender perfectamente las distintas necesidades que iban surgiendo en sus hijos, a medida que éstos crecían.

Al ser distinta la naturaleza de los problemas que tenían hombres y mujeres, también debían ser diferentes sus mecanismos de respuesta y afrontamiento.

Como ya hemos señalado, los problemas que les surgían a los hombres podían ser vitales para su vida, por lo que requerían toda su atención; por eso se concentraban al máximo, desconectándose de todo aquello que pudiera distraerles y perjudicarles.

El vestigio que aún tienen los hombres de esas costumbres es que ellos siguen concentrándose y aislándose cuando intentan solucionar algo, por eso cuando están estresados, lo primero que necesitan es desconectarse del mundo. De ahí que les resulte tan difícil entender cómo las mujeres se empeñan en distraerles en esos momentos, y como ellas, en lugar de aislarse cuando están en una situación parecida, expresan lo que les preocupa. Para ellos las mujeres hablan demasiado y no van al grano; además «te cuentan los problemas, y cuando quieres ofrecerles soluciones, se enfadan contigo».

Hoy en día, las mujeres siguen analizando y necesitan hablar de lo que les preocupa, y además pueden hablar y escuchar simultáneamente; los hombres no, ellos necesitan intentar resolver y pasar página, por eso se dice que «el hombre archiva los problemas al final de la jornada».

En consecuencia:

> *Ni el hombre es simple ni la mujer complicada, son diferentes y complementarios. Gracias a esas diferencias la humanidad ha seguido su curso.*

Lo que ocurre ahora es que en pocos años, apenas en dos siglos, ha tenido lugar una evolución increíble, que se ha realizado a un ritmo vertiginoso. No sólo nos estamos refiriendo a la evolución de los conocimientos, sino también al cambio tan profundo en las costumbres.

Algunos podrían pensar que los hombres se han quedado un poco descolgados en esta evolución, y que, por el contrario, las mujeres han sabido adaptarse con más rapidez. Hombres y mujeres evolucionan, y lo hacen en la medida en que pueden hacerlo. A veces parecerá que uno ha tomado la delantera, pero ese análisis es parcial; una visión global nos llevaría a una conclusión más razonable: la evolución y el desarrollo son imposibles sin la participación de hombres y mujeres. En ocasiones puede parecer que unos tienen más protagonismo que otros, la realidad es que nunca podría hacerse sin la intervención de los dos.

Recordemos que no siempre lo que resulta más visible es lo más importante.

Si los hombres no fueran más concretos, las mujeres no podrían ser más abstractas.

En el fondo, cuando una mujer conoce la psicología masculina encuentra fácilmente la explicación a la mayoría de las conductas de su pareja; aunque ya hemos dicho que la comprensión no debe significar, forzosamente, aceptación.

Las conductas del varón, ésas que tanto pueden desconcertar a las mujeres cuando desconocen los mecanismos que las impulsan, en realidad tienden a repetirse una y otra vez, de tal forma que no resulta complicado adelantarse a ellas.

Los hombres no son simples, son concretos, y las mujeres no son pesadas y se entretienen dando vueltas a las cosas, son más abstractas, tienen más intuición y observan mejor.

Las mujeres no son pesadas, son expresivas

Los psicólogos que hemos tenido la suerte de poder trabajar y observar «en directo» a miles de niños y niñas, nos maravillamos ante las diferencias que manifiestan ya desde bebés.

Los niños pequeños, en general, tienden a ser más brutotes, más espontáneos y menos controlados.

Por el contrario, las niñas son más observadoras, se pasan el día analizando lo que ocurre a su alrededor; rápidamente establecen diferencias en función de las personas que las rodean, y su conducta está más mediatizada por lo que ocurre a su alrededor.

Poco a poco, y en la misma medida que los niños ganan en fuerza y en desarrollo físico, las niñas empiezan a sobresalir en el uso del lenguaje.

A ellos les gustan los juegos de movimiento, todo es correr, echar carreras, subir, bajar, trepar, reptar, darle a la pelota..., y las niñas poco a poco se decantan por los juegos más tranquilos y sedentarios: hablan mucho entre ellas, pero también lo hacen con sus juguetes, hacen comiditas, juegan a las casitas, empiezan a desarrollar cierto sentido de la estética y suelen ser más presumidas.

Muchos niños se sienten incómodos con ellas, les parecen «repipis» y muy «marimandonas»; la realidad es que les llevan ventaja en los aspectos esenciales de la comunicación; tienen mejor lenguaje comprensivo —entienden antes lo que les dicen— y están más adelantadas en su lenguaje expresivo.

Las niñas hablan mejor, se explican mejor, escriben generalmente mejor y son más ricas en su comunicación no verbal.

Al final se produce una regla muy lógica: tendemos a practicar más aquello que nos resulta más sencillo; por el contrario, intentamos evitar lo que nos resulta más difícil o más incómodo. Lógicamente, cuanto más practicamos un área más la desarrollamos y más terminamos disfrutando con ella.

Las niñas acaban siendo unas expertas en el complejo arte de la comunicación, y los niños cada vez adquieren mayor rapidez y fuerza en sus movimientos físicos. Las niñas saben que corren menos que sus compañeros, y éstos son conscientes de que se expresan peor que ellas.

Cuando son adultos, en gran medida, estos niños y estas niñas repiten parte de los patrones y estereotipos que aprendieron desde pequeños y que han ido consolidando en las diferentes etapas de su desarrollo.

Las mujeres, producto de su capacidad de observación y de sus habilidades de comunicación, observan muy bien, casi pueden escudriñar a las personas que tienen al lado, incluso pueden escuchar varias conversaciones a la vez, porque han adquirido un hábito que ha marcado en ellas una conducta prácticamente automática. Los hombres, por el contrario, no tienen este hábito y les cuesta mantener su observación, si ya les supone esfuerzo escuchar una conversación, pedirles que oigan varias a la vez puede producirles auténtico malestar físico; ellos tienden más a hablar que a escuchar, y se fijan menos en la conducta no verbal.

El resultado final es que las mujeres captan muy bien el lenguaje de las emociones, que se transmite fundamentalmente a través de los gestos, no de las palabras; mientras que los hombres son menos hábiles en este aspecto, por ello se enteran menos de las emociones que expresan las personas que les rodean y dejan ver abiertamente sus propias emociones. Por otra parte, cuando se enteran, se sienten muy perdidos, los hombres no saben cómo actuar cuando las mujeres muestran sus sentimientos, se sienten muy inseguros y desconcertados, y por ello optan por no preguntarles, creyendo que ellas, al igual que les ocurriría a ellos, los podrán resolver pensando en silencio. Por otra parte, a los hombres generalmente se les nota antes cuando mienten, pero les cuesta mucho ver cuando mienten los demás; no suelen estar atentos a las discrepancias que se dan entre el lenguaje verbal y no verbal. Un hombre tendrá más probabilidades de que la mujer no le descubra una mentira si la cuenta por teléfono; si lo hace «en directo», la mayoría de las veces sus gestos le traicionarán. Las mujeres descubren antes a un hombre que tiene «un lío»; por el contrario, la mayoría de los hombres no se enteran de las posibles «infidelidades» de sus mujeres.

Otro problema importante en la comunicación es que las mujeres tienden a hablar con indirectas y entre ellas se entienden, casi es un estímulo intelectual, pero a los hombres les cuesta mucho entender estas indirectas y no comprenden por qué las mujeres complican todo tanto —¿por qué no dicen lo que quieren?, se preguntan desconcertados—. Ellos tienden a ser más directos y hablan con frases cortas y precisas.

En resumen, las mujeres son más expresivas; los hombres ganarían mucho si mejorasen su capacidad de expresión. Las mujeres ya se han aplicado a mejorar sus competencias físicas; los gimnasios hace tiempo que dejaron de ser un sitio donde iban mayoritariamente los hombres, pero las bibliotecas no han experimentado un crecimiento similar y la proporción de chicos sigue siendo inferior a la de chicas.

Desde las escuelas, pero también desde las familias, el desarrollo de una mayor expresividad de los chicos debería constituir uno de los objetivos prioritarios, sobre todo en las primeras edades. Recordemos que el 80 por ciento de la capacidad intelectual de una persona se desarrolla en los seis primeros años, y que es precisamente en esa etapa cuando se forman los constructos del carácter, lo que llamaríamos las bases de la personalidad.

Si la expresividad es distinta, lógicamente las manifestaciones afectivas también serán diferentes. Aquí tenemos otra área vital, pues:

> *El afecto es a la relación lo que la respiración a la vida. Una pareja no puede permitirse una afectividad insatisfactoria.*

Nuestra afectividad es diferente

La afectividad es un factor clave, seguramente el más esencial en la relación de la pareja.

Cada persona vive su afectividad con tal intensidad que le cuesta imaginarse que los demás no tengan las mismas necesidades y experimenten emociones semejantes.

La mujer es especialmente sensible y vulnerable en esta área. Puede luchar contra la adversidad, cargarse de tareas y asumir responsabilidades que no le competen para que la convivencia no se resienta, se puede sentir insatisfecha con su trabajo y decepcionada por la vida que le está tocando vivir, pero necesita encontrarse bien afectivamente. Ése es su principal motor y su punto de equilibrio, pero también puede constituir su mayor fuente de insatisfacción.

Para el hombre también es importante sentirse bien afectivamente, pero a otro nivel.

El hombre busca y necesita ser admirado, quiere que lo valoren, que lo vean competitivo, dominante, valiente, práctico...; se encontrará de maravilla si la mujer le dice que se siente feliz, que él cubre todas sus necesidades y expectativas. Si se dan esas circunstancias, sus necesidades afectivas, en gran medida, ya estarán cubiertas.

Por el contrario, la mujer quiere afecto y comprensión. Necesita sentir que es el centro de interés de su pareja; desea que el hombre tenga detalles con ella —cosa que a él le resultará difícil—, que se muestre tierno, receptivo, que la escuche, que le haga caricias, que le exprese su ternura, que le diga que la quiere, que la ve atractiva, sensible, ocurrente...; es decir, que le dé la afectividad que la ayude a ser feliz.

Pero ya hemos comentado que esta «conjunción» no es fácil y pronto empiezan los desencuentros afectivos.

Los hombres no se fijan en los detalles. Sabemos que son menos observadores y que su sensibilidad es distinta.

Las caricias que necesita la mujer son muy especiales y difíciles de percibir para el hombre, pues la mujer, por la naturaleza de su piel, es diez veces más sensible al tacto que el hombre.

Otro punto de difícil coincidencia es que los hombres se estimulan por los ojos, y las mujeres por los oídos. Los hombres, sin darse cuenta, de forma automática, incluso aunque estén con su pareja, miran a todas las mujeres atractivas que pasan alrededor, y las mujeres se sienten heridas en lo más profundo de su sensibilidad. Para colmo, ya hemos comentado que los hombres no son unos artistas de la comunicación, por lo que difícilmente llegarán a decir y expresar lo que la mujer espera.

El tema de la sexualidad es otro punto especialmente delicado. Aquí las hormonas juegan un papel esencial e influyen mucho en el comportamiento de la pareja. En esta área podríamos destacar:

— Los hombres poseen unos niveles de testosterona mucho más elevados, entre 10 y 20 veces más. Por eso, suelen manifestar más apetito sexual que las mujeres. Este hecho igualmente es el responsable de que a los hombres les resulte más difícil ser fieles.

— Las hormonas femeninas experimentan una disminución drástica con el síndrome premenstrual, y la mayoría de las mujeres se sienten tristes y deprimidas durante este periodo (entre el día 21 y el 28 del ciclo). Los hombres no parecen acostumbrarse a esta situación, y una y otra vez se desesperan cuando llega.

— Los hombres relajan sus tensiones con el sexo; por el contrario, si las mujeres están preocupadas por algo, no quieren relaciones sexuales, sino afecto, caricias, manifestaciones llenas de ternura y paciencia.

— Los hombres quieren tener relaciones sexuales y las mujeres desean compromiso y relaciones amorosas.

— Al llegar a los cuarenta años el apetito sexual de la mujer experimenta una transformación importante y se equipara al del hombre, incluso lo puede superar (la naturaleza anima a la mujer a tener hijos antes de la menopausia); en estas circunstancias algunos hombres se pueden sentir mal y se quejan de «ser utilizados sexualmente por sus mujeres», de sentirse obligados a satisfacerlas. Antes de esa edad, muchas mujeres han experimentado algo parecido, pero en sentido contrario. Es el momento en que algunas mujeres de cuarenta años se sienten atraídas por hombres más jóvenes, pues coinciden en el nivel de apetito sexual que ambos tienen.

— En los hombres las hormonas decrecen a partir de los cincuenta o sesenta años, y se vuelven menos agresivos y más cariñosos.

— Los hijos constituyen otro punto importante en las relaciones afectivas. La pareja no siempre coincide en la necesidad de tener hijos, uno puede desearlo y otro no.

— Los métodos anticonceptivos también son una fuente importante de desacuerdos en la pareja. Las mujeres están hartas de tener que ser ellas quienes tomen las medidas para no tener hijos, y a los hombres, generalmente, no les gusta el uso del preservativo.

Sin embargo, la afectividad no es sólo sexualidad, aunque algunos hombres parecen reducirlo a este esquema; la afectividad también es sentirse queridos, valorados y aceptados por la otra persona.

En el resto de nuestras relaciones pedimos respeto, pero en las relaciones de pareja exigimos afectividad.

Las mujeres quieren hablar con sus parejas de los temas que hablan con sus amigas, pero los hombres no parecen especialmente interesados en ellos. Mientras ellas hablan de las relaciones personales, de los hijos, de la dieta, de si se sienten felices o infelices..., y de todo lo que tenga que ver con las personas, ellos hablan de deporte, de trabajo, de sexo, de coches, de las noticias, de si fueron a tal o cual sitio... Intereses diferentes crean con frecuencia sentimientos contrapuestos.

Sólo si sabemos las características de cómo siente el otro su afectividad, podremos empezar a evitar gran parte de los desencuentros. El conocimiento solo no soluciona los problemas, pero ayuda a enfocarlos, a comprenderlos y a intentar resolverlos.

Ambos miembros de la pareja deberán esforzarse por acercar sus posiciones; la actitud contraria sólo nos llevará al enfrentamiento, al fracaso y a la decepción.

> *Una pareja no tendrá éxito si no ha conseguido mitigar las diferencias de su afectividad.*

Si profundizamos en las necesidades de cada uno, nos resultará más sencillo comprender sus manifestaciones.

Nuestras necesidades son distintas

Si somos diferentes, y ya hemos visto hasta qué punto lo somos, nuestras necesidades también son distintas.

De nuevo aquí la pareja experimenta grandes dificultades para entender las necesidades de cada uno de sus componentes.

Las mujeres tienen más necesidades de afecto, de cariño, de comprensión, de ternura, de relaciones compartidas, de amor y de sensibilidad.

Los hombres parecen buscar más el éxito, el poder, el sexo, la valoración social, el reconocimiento en su ámbito profesional y la popularidad en su círculo de amistades.

La mujer se embarca en una continua búsqueda que le proporcione las claves de las conductas propias y ajenas. Todo lo que le interesa lo somete a análisis, así comienza esa larga trayectoria de observaciones, de evaluaciones, de preguntas y de respuestas.

Los hombres, que no siguen este mismo proceso, se sienten presionados y agobiados por ese interrogatorio que nunca parece terminar en la mujer.

A ellos les cuesta mucho aceptar sus errores y sus equivocaciones, porque eso les hace sentirse fracasados. Las mujeres se desesperan al ver que los hombres no son capaces de preguntar sus dudas, atenazados por el miedo a que los demás descubran sus posibles fallos, y consideran esta conducta infantil y poco madura.

Cuando las mujeres se encuentran preocupadas, la mayoría necesita hablar y hablar sin parar, mientras que en las mismas circunstancias muchos hombres actúan sin pensar.

El amor, la felicidad, los hijos... constituyen los ejes en la vida de la mujer, el hombre se mueve ante estímulos diferentes; por eso, si las relaciones no van bien, a las mujeres les cuesta concentrarse en el trabajo, pero si el hombre no se siente feliz en el trabajo, no se puede concentrar en las relaciones.

Ya comentamos que las mujeres necesitan ser escuchadas, y los hombres sólo parecen estar atentos cuando hay posibilidad de mantener relaciones sexuales.

Los centros de atención tampoco son coincidentes. Hemos hecho mención a los diferentes niveles de testosterona que tienen los hombres, eso provoca que cada treinta minutos uno de cada tres hombres haya pensado en el sexo; sin embargo, en el mismo periodo de tiempo, sólo pensará en el sexo una de cada diez mujeres.

Las dificultades de comunicación se agrandan, incluso a pesar de que ambos intenten comprenderse, pues, además, cuando las mujeres y los hombres hablan, quieren decir cosas distintas.

Es importante que seamos realistas y que sepamos que nuestras necesidades, como nuestros intereses, son diferentes.

De esta forma podremos distinguir entre necesidad y deseo. Un hombre se puede sentir muy molesto cuando es rechazado en su petición de tener relaciones sexuales; ahí fácilmente se puede equivocar y pensar que él «necesita» tener relaciones, cuando la realidad es que él «desea» tener relaciones, que es muy distinto. Recordemos que necesidad es «la carencia de las cosas que son necesarias para la vida». Un buen ejercicio, para ambos, hombres y mujeres, será aprender a distinguir entre necesidad y deseo.

Las mujeres pueden querer que los hombres sean más receptivos, que se muestren más sensibles, más tiernos, más comprensivos…, pero eso no es una necesidad, es un deseo; aunque pueden decidir que no les interesa seguir con una relación afectiva, donde tengan que renunciar a deseos que para ellas son importantes.

Un error muy frecuente es pensar que nuestra pareja tiene que satisfacer todas nuestras necesidades; la persona que piensa así termina ahogando cualquier relación, y lo hace porque aún no ha alcanzado la madurez suficiente para saber lo que puede esperar de la pareja, lo que debe encontrar dentro de uno mismo y lo que puede disfrutar de su relación con los demás.

Una vez que hemos analizado por dónde empezar, vamos a centrarnos en cómo superar las emociones que nos causan dolor, cómo salir de esas crisis que a veces nos asfixian.

Capítulo 5

Cómo superar emociones que nos causan dolor y cómo salir de las crisis

El dolor nos acompaña a lo largo de nuestra vida, pero conviene que huyamos de los tópicos; ni tenemos que nacer necesariamente con dolor, ni tenemos que morir en medio del dolor.

El dolor es un sentimiento de pena, aflicción, congoja..., que invade y debilita nuestro estado de ánimo.

Conviene que sepamos identificar el dolor, no para resignarnos a su sufrimiento, sino para conseguir su superación.

En el ámbito de las relaciones humanas se pasa del amor al dolor con cierta facilidad. No es verdad que cuanto más grande sea el dolor, mayor es el amor que lo provoca. Un amor grande es generoso, comprensivo, razonable, lleno de afecto y cariño hacia la persona amada, y ese amor, salvo cuando se termina, no debe producir dolor. Cuando un amor tan sentido se acaba, es lógico que suframos su ausencia, pero lo haremos por un tiempo limitado, el que necesitamos para reponernos y volver a llenarnos del amor que llevamos dentro, de nuestro propio amor, que siempre nos seguirá acompañando.

El problema surge cuando no hemos alimentado ese amor interior y profundo por nosotros mismos. Ese amor que nos sirve para querernos por encima de todo, para elevar nuestra autoestima y protegernos ante el desamor que puede rodearnos.

Cuando no sentimos amor por nosotros, entonces estamos en situación de auténtico desamparo, a merced de las circunstancias y las personas que nos encontremos en nuestro camino.

Hay gente que se pasa la vida buscando desesperadamente de quién enamorarse; esas personas están siempre en el filo de la navaja, pendientes de un hilo que mueven los demás.

Cuando a alguien que dice querernos parece no importarle el dolor que nos produce esa relación, o lo justifica por las circunstancias, los cambios de humor, las dificultades que surgen..., esa persona no nos quiere, en todo caso se quiere a sí misma, pero no ha aprendido a querer a los demás. En estos casos, lo mejor que podemos hacer es alejarnos cuanto antes, al menos alejarnos afectivamente.

Cuando una persona no sabe vivir el amor, cuando no sabe amar desde el respeto y la aceptación de la otra persona, cuando no actúa desde la generosidad, antes de embarcarse en una relación afectiva, que en algunos momentos provocará dolor, debería encauzar todas sus energías al aprendizaje del amor, y volcarse en esa vivencia de querer por encima de uno mismo a la otra persona.

Desafortunadamente, no se piden diplomas o certificados que nos habiliten para el amor; no se exige ningún aprendizaje previo que garantice nuestro conocimiento profundo del amor; ninguna evaluación que nos proteja de las personas que no saben amar. ¡Qué contradicción!, para lo que más dolor puede producir, paradójicamente, es para lo que no se pide preparación previa.

Con frecuencia tenemos un pensamiento catastrofista en relación al dolor; sin embargo, podríamos evitar gran parte del dolor y del sufrimiento que sentimos. En *La inutilidad del sufrimiento* profundizamos en cómo evitar el sufrimiento inútil, ahora nos sumergiremos en cómo protegernos del dolor estéril.

Ciertas crisis pueden marcar nuestra existencia. A veces en nuestra vida hay un antes y un después de determinados hechos especialmente amargos o dolorosos. Ya hemos comentado que lo importante de las crisis es extraer las enseñanzas que encierran, no hundirnos en el dolor que provocan. Las crisis en sí mismas no son necesariamente buenas, pero tampoco intrínsecamente negativas si las vivimos desde la reflexión, desde el análisis de los errores que no debemos volver a cometer y desde la superación de ideas equivocadas. Si nosotros no permitimos que nos hundan emocionalmente, no afectarán a nuestra seguridad ni a nuestra estabilidad personal.

Nos resultará apasionante adentrarnos en la superación de las crisis, en el control de nuestros estados emotivos, en el dominio de las situaciones que causan dolor.

Como siempre, recordemos que la mayoría de las veces la solución está dentro de nosotros mismos. Saldremos de ellas gracias a nuestra actuación, no a lo que hagan o dejen de hacer los demás.

Vamos a comenzar nuestro particular entrenamiento aprendiendo a estar atentos a las primeras señales de alarma. Si cogemos un problema en sus fases iniciales, nos resultará más sencillo abordarlo de forma adecuada y superarlo «con el menor dolor posible».

Cuando surgen las primeras señales de alarma

La vivencia del amor es personal e intransferible, lo mismo ocurre cuando llegan las primeras señales de alarma, cada persona las sentirá y las vivirá de una forma muy especial, la suya.

No obstante lo anterior, hay una serie de indicadores que pueden ayudarnos a identificar estas «alertas», y si conseguimos adelantarnos antes de que hayan hecho mella en nosotros, nos resultará más sencillo superar las emociones negativas que siempre conllevan.

Los factores que más influyen para que una relación, que está en la cumbre del enamoramiento, empiece a descender y se convierta en una relación «sin luz», son los siguientes:

— La rutina. Todo lo que antes era novedad empieza a convertirse en esa rutina tan conocida, que en muchos casos quita parte de la fuerza y del estímulo del que se alimenta la relación amorosa.
— La falta de novedad. Los hechos empiezan a repetirse, la persona pasa de ser una interrogación constante a un libro abierto, que sin pudor nos enseña cada una de sus páginas. En esa transición que va de lo desconocido a lo familiar, donde las sorpresas dejan

de hacer acto de presencia, una parte importante del «halo» que encumbraba la relación empieza a desvanecerse.

— Disminuyen los refuerzos. Con la rutina y la falta de novedad llega la relación cotidiana, y en ella empezamos a repetir los esquemas que tenemos tan grabados y que nos surgen de forma automática.

La mayoría de las personas tienen más arraigado el hábito de decir lo que no les gusta, que el de profundizar y resaltar lo que les agrada. Salvo en la primera fase de conquista y enamoramiento, parecemos empeñados en mostrarnos críticos, en lugar de potenciar una visión positiva y esperanzada, en la que reforcemos constantemente lo que el otro hace bien. Se terminan las frases bonitas, los comentarios que nos halagan, las miradas llenas de admiración, y pasamos al silencio, a las palabras frías y a las miradas serias y distantes.

— Comienza la desmotivación. Ya no nos produce tanta ilusión ver a la pareja. Lo que antes nos hacía gracia, ahora puede molestarnos. Los suspiros que encierran quejas o lamentos sustituyen a la aceleración del pulso, a la falta de respiración que sentíamos al ver a esa persona tan especial que llenaba nuestros pensamientos.

— Empiezan a aparecer los problemas típicos de las relaciones y las dificultades patentes de la convivencia. Los puntos divergentes ganan cada vez más terreno.

— Discrepancias en el uso del dinero, en la forma de ganarlo, de gastarlo, en lo que constituyen necesidades y lo que significan caprichos...

— Pueden surgir injerencias por parte de la/s familia/s de la pareja, o del círculo de personas más cercanas: amigos, compañeros de trabajo, socios...

— Aumenta el nivel de exigencias, en la misma proporción en que disminuye la paciencia y empiezan los puntos de desencuentro. Las amonestaciones, incluso las broncas, desplazan a la comunicación positiva y reforzadora.

— El tema de los hijos puede ser conflictivo, y no solamente porque uno quiera tener niños y el otro no, sino porque surjan después serias dificultades en lo relativo a su educación, a los valores que quieran inculcárseles, las expectativas que cada uno tiene con la prole...

— Las relaciones sexuales cada vez apetecen con menos intensidad y frecuencia. La creatividad y la complicidad dejan paso a la rutina en esta área tan íntima y crucial.

— Empezamos a sentir poca independencia. El sentimiento de falta de libertad hace mella en nosotros y añoramos aquellos momentos en que no teníamos que justificar en qué empleábamos nuestro tiempo.

La lista de factores podría aumentar de forma aún muy significativa, en función del contexto en el que esté la pareja, de las costumbres sociales y culturales que les rodeen, del país donde se encuentren..., y además no tienen que darse estos factores necesariamente en ese orden descrito, pero la relación que hemos expuesto puede orientarnos para que seamos sensibles a esas primeras señales de alarma.

Seguramente el caso de Laura y Lorenzo puede ayudarnos a verlo con mayor claridad.

El caso de Laura y Lorenzo

Laura y Lorenzo eran una pareja joven, de treinta y un y treinta y tres años. Se conocían de su época de estudiantes y llevaban tres años de vida en común.

Habían tenido problemas con sus trabajos respectivos, sólo Lorenzo tenía un contrato fijo, y Laura parecía estar ahora a punto de conseguirlo.

Económicamente habían estado siempre muy asfixiados, y ese hecho había influido negativamente en su relación: apenas se podían permitir salir de casa, pues no les quedaba ninguna partida para gastos extras.

El tema de los niños también era un punto conflictivo: a Lorenzo le apetecía tener un hijo, pero Laura temía que si ahora se quedaba embarazada, disminuirían mucho sus posibilidades de conseguir un contrato fijo.

El motivo principal por el que vinieron a vernos era porque ambos estaban un poco quemados, especialmente Laura, que no se sentía feliz ni contenta con la relación que mantenían.

Pronto vimos que se trataba de una pareja que seguía queriéndose, pero que habían llegado a un punto de peligro. Los dos se sentían insatisfechos con la vida que ahora mismo llevaban y con el estado de rutina y falta de entusiasmo que mostraban en su relación afectiva.

Laura se había refugiado en el tema de su precariedad laboral para no afrontar una futura maternidad. Sin duda éste era un factor importante, pero lo que más la inquietaba es que no estaba segura, en estos momentos, de que su relación fuera tan bien como para plantearse tener un hijo en común.

Por otra parte, tenían las típicas dificultades de convivencia: caracteres y enfoques distintos, prioridades diferentes, falta de acuerdo en las tareas que había que realizar, así

como en la distribución de las mismas; injerencias por parte
de las familias de ambos..., que les habían llevado a un marco
en que las discusiones y las caras serias estaban empezando a
ser mayoría, y ganaban a los momentos relajados y placen-
teros.

Por último, las relaciones sexuales, que al principio eran
uno de los puntos que les proporcionaba mayor satisfacción
y complicidad, actualmente se encontraban bajo mínimos.
Al cansancio generado por sus respectivas jornadas laborales
—prácticamente las relaciones cada vez se limitaban más a
los fines de semana—, se unía la falta de acuerdo sobre la frecuencia y el contenido de las mismas; especialmente Lorenzo se quejaba de que tenían pocas relaciones, que éstas habían
dejado de ser creativas y atrevidas, y que Laura casi nunca
tomaba la iniciativa.

Llegados a este punto, ambos realizaron sus respectivos
registros, en los que debían apuntar cómo se sentían emocionalmente a lo largo del día; posteriormente harían otros
registros donde, en el transcurso de una semana, anotarían
las conductas que menos les habían gustado de su pareja; este
registro lo complementarían con otro en sentido contrario
—qué es lo que más les había satisfecho de la actuación de
su pareja—; a continuación harían un listado de las áreas
de conflicto o de mejora en la pareja, y terminarían enumerando lo que cada uno, en estos momentos, le pediría al otro,
para mejorar su relación de pareja.

El análisis que hicimos conjuntamente nos reveló muchas
áreas de trabajo. En el momento actual los puntos de satisfacción eran escasos; por el contrario, las áreas de mejora se
amontonaban sin aparente solución. Laura y Lorenzo, especialmente este último, se quedaron muy sorprendidos al ver

la cantidad de puntos que sentían como insatisfactorios y que a lo largo de tres años de convivencia habían ido creciendo de forma imparable.

Hicimos un listado común de aquellas áreas donde los dos mostraban pocas habilidades, y otras dos listas con los aspectos que cada uno de ellos debía mejorar. El objetivo intermedio era incrementar los puntos de acuerdo y de satisfacción; el objetivo final era conseguir la motivación, el estímulo, el entusiasmo y la ilusión en la vida de pareja.

No fue sencillo cambiar algunos de los hábitos que cada uno tenía más arraigados. Por ejemplo, Laura prácticamente nunca reforzaba a su pareja; llevaba meses y meses sin decirle que algo de él le gustaba, que estaba deseando llegar a casa para verle, que se encontraba feliz a su lado...; por el contrario, no paraba de amonestarle por lo que hacía, por lo que no hacía, por lo que le hubiera gustado que hubiese hecho —aunque ella no se lo había manifestado—, por no adelantarse a sus peticiones, a sus necesidades...; por no adivinar sus estados emocionales, por no preguntarle cuando la veía mal, por querer ser resolutivo y no mostrarse comprensivo con sus problemas; por estar siempre dispuesto a tener relaciones sexuales y olvidarse de las caricias, de los mimos, de las conductas llenas de ternura que tanto echaba en falta ella... Desgraciadamente, Laura estaba haciendo justo lo contrario de lo que debería hacer. En lugar de reforzar y potenciar conductas en Lorenzo que les acercasen a esos puntos de encuentro, no paraba de castigarle, pensando que con el castigo, por obra de magia, aparecería todo lo que ella buscaba.

Por su parte, Lorenzo se había encerrado en una especie de mutismo y de falta de contacto afectivo —que no sexual—, con el que trataba de defenderse de los ataques continuos de

Laura y con el que pretendía expresar su malestar y su sentimiento de ser tratado de forma injusta.

Tuvimos que entrenarles mucho en un ejercicio muy elocuente, que consiste en «pillar a la pareja haciendo algo agradable». Les costaba dar el calificativo de «agradable» a conductas o actuaciones del otro, pues ambos consideraban que esas conductas eran obligatorias; en consecuencia, al principio se mostraron poco generosos en sus valoraciones, poco a poco se dieron cuenta de que no estaban actuando con objetividad y empezaron a ver los aspectos positivos y divertidos de este ejercicio.

El objetivo de «pillar a su pareja haciendo algo agradable» es aumentar las conductas positivas de la pareja, aquellas que más te gustan y que disfrutas cuando suceden. Lo primero que tuvieron que conseguir Laura y Lorenzo fue ser conscientes de las conductas agradables que hacía la pareja. Posteriormente, lograron aumentar estas conductas, gracias al refuerzo que empleaban; es decir, el hecho de que el otro note que esa conducta es valorada por su pareja produce un efecto inmediato, la persona tiende a incrementar esa conducta.

El registro que debían hacer era muy sencillo. En una primera fase apuntarían el día de la semana, la fecha, la hora y la conducta placentera que habían observado en el otro. En la siguiente semana, además de seguir apuntando, tendrían otra tarea añadida, que consistía en hacerle ver al otro que eso que acababa de hacer les había gustado. Cada uno lo haría como mejor estimase, pero siempre tenía que ser un refuerzo positivo. Por ejemplo, con un beso, una sonrisa, un abrazo, una caricia, diciéndole al otro lo bien que se sentía, dándole las gracias de forma elocuente... Estos refuerzos, tan fáciles de dar cuando te acostumbras, consiguen auténticos milagros en la relación de pareja. En consecuencia, en la segunda semana, además del registro anterior, anotarían a continuación el refuerzo que habían dado y la respuesta de su pareja a ese refuerzo.

Ambos tenían que tratar de anotar al menos una cosa agradable que el otro hubiera hecho en un día. Al final de la jornada buscarían un momento tranquilo y un espacio agradable para ambos, que les ayudase a intercambiar sus registros y sus comentarios.

En el caso de que alguno no hubiera conseguido anotar nada, no le darían mayor importancia, pero le sugerirían a la pareja algo que podría hacer al día siguiente y que entraría en la lista de cosas agradables que merecerían anotarse.

Simultáneamente trabajamos con los dos otro ejercicio, que resultó decisivo para contribuir a romper inercias y crear puntos de encuentro; ambos se esforzarían por «sorprender a su pareja reforzándoles con algo agradable todos los días»; es decir, ellos debían reforzar diariamente a su pareja en algo que a ésta le sorprendiera. No se trataba únicamente de hacer actividades nuevas o sorpresivas; se trataba básicamente de reforzar a la pareja, sobre todo con manifestaciones afectivas y con gestos de generosidad; por ejemplo: cediendo en temas que habitualmente les costaban.

Los dos se sorprendieron enormemente de los resultados tan positivos que estaban teniendo en su relación de pareja los cambios que habían introducido.

Aprendieron a vencer la rutina, a tener una disposición positiva y cercana de forma casi permanente, a buscar motivos para sonreír y reír juntos, a encontrar solución a sus problemas, a recuperar la creatividad en sus relaciones sexuales, a divertirse y salir de casa sin necesidad de arruinarse, a hacer de la convivencia un campo para desarrollar acuerdos constantes, donde pudieran introducir pequeñas novedades y modificaciones que consiguieran una convivencia divertida...

Al final, como siempre, les pedimos a los dos que nos dijeran qué habían considerado crucial en la resolución satisfactoria de su caso. Ambos coincidieron en lo básico; para ellos lo más importante había sido:

— Conseguir una nueva forma de comunicación, basada en la observación y seguimiento de criterios más objetivos y razonables.

— Aprender a reforzar al otro y ser conscientes de que generalmente, a pesar de las dificultades, podemos ayudar a vencer la inmensa mayoría de los problemas y de los estados emotivos bajos.

— Ser creativos en la convivencia, huir de la rutina, romper algunos hábitos y sorprender a la pareja con propuestas y actitudes nuevas.

— Dar más libertad al otro; respetar sus preferencias, sus relaciones con otras personas y sus necesidades.

— Renovar el contenido, la forma y el fondo de sus relaciones sexuales.

— Aplazar la obligatoriedad de tener que tomar una decisión inmediata en el tema de los niños. (Posteriormente, al año siguiente de esta crisis, ambos coincidieron en que había llegado el momento de tener un hijo).

— Recuperar su independencia y mostrar su autonomía respecto a las relaciones e influencias de sus respectivas familias. (Entre otros acuerdos, decidieron dejar de ir a comer —obligatoriamente— todos los fines de semana a una u otra casa. También les expusieron que no querían volver a hablar del tema de los niños, que era una decisión que sólo les concernía a ellos y que cuando tuvieran algo que comunicar, ya se lo dirían).

— Volver a ser cómplices, sentir que formaban un gran equipo, unido y compacto, que era capaz de vencer las dificultades y disfrutar de los acontecimientos de cada día.

— Reírse y reírse cada vez más, contagiarse la risa y llenarse de la alegría y la satisfacción que sentían por estar juntos.

Laura y Lorenzo eran la típica pareja en un momento de crisis, en esa crisis tan frecuente en que se encienden las primeras señales de alarma; afortunadamente ellos quisieron y supieron luchar, uniendo sus fuerzas y sus afectos, pero si hubieran permanecido ciegos y sordos ante esas primeras señales, podrían haber terminado como tantas y tantas parejas, rotas ante el desengaño y la frustración de no recibir lo que esperaban.

Cuando no recibimos lo que esperamos

De nuevo cada persona tendrá unas expectativas diferentes, y según las mismas decidirá cómo debe ser su relación afectiva. El problema surge cuando la pareja no es consciente de estas expectativas, cuando las conoce pero no las valora en su justa medida, o cuando es incapaz de satisfacerlas en el campo de actuación que le competen.

Las diferencias son individuales, pero la realidad es que muchas mujeres esperan cosas parecidas, y la mayoría de los hombres tienen expectativas semejantes. En algunos casos hombres y mujeres coincidirán, pero en otros se encontrarán muy lejos, y ni tan siquiera las intuirán.

En general, como ya hemos visto, la mayoría de las mujeres esperan que sus parejas les proporcionen:

— Afecto: a diario.
— Ternura: frecuentemente.
— Mimos: en los momentos bajos.
— Sentirse escuchadas: a diario.
— Sentirse valoradas: frecuentemente.*
— Sorpresas y detalles: de vez en cuando, pero sobre todo en los momentos bajos.
— Frases llenas de cariño, donde les digan que las quieren: frecuentemente.
— Paciencia: frecuentemente, y sobre todo en los momentos bajos, durante el síndrome premenstrual y en los días de molestias de la regla.
— Aceptación de sus intuiciones: frecuentemente.
— ...

Por su parte, muchos hombres esperan que sus parejas les proporcionen:

— Unas relaciones sexuales permanentes y llenas de pasión, donde además su pareja le diga que es un auténtico artista del sexo.
— Sentirse valorados[3] en todas las áreas, personales y profesionales.

---

* En esto coinciden el hombre y la mujer.

— Sentir reforzada su autoestima y su seguridad personal.

— Sentirse importantes para la mujer: saber que está satisfecha con él, que cubre sus expectativas y sus necesidades.

— Tener cierta libertad de acción y tiempo libre para ellos.

— ...

Cuando uno o los dos miembros de la pareja sienten que sus expectativas no están cubiertas empiezan a embargarles las dudas y los pronósticos se vuelven negativos y pesimistas. Al cabo de un tiempo la inseguridad se apodera de ellos y parecen convencidos de que no van a conseguir la felicidad que buscaban.

La desesperanza que sienten les lleva al desánimo, y lo acusan con un marcado cambio de actitud, donde las protestas o los reproches hacen acto de presencia.

No recibir lo que esperan es lo que ha llevado a muchas parejas a la separación, a la ruptura o a una convivencia llena de insatisfacción y de amargura.

Vamos a tratar de analizar este problema, apoyándonos en el caso de Mónica y Manuel.

El caso de Mónica y Manuel

Mónica y Manuel eran una pareja muy joven, de apenas veinticuatro y veintiséis años, que llevaban año y medio saliendo juntos.

Ambos vivían con sus respectivas familias.

Para los dos era la relación más importante que habían tenido hasta el momento, y la que más había durado.

Cuando vino Mónica a vernos, estaba hecha un lío. No sabía si dejar definitivamente a Manuel, o si liarse la manta a la cabeza e intentar irse a vivir juntos, aunque económicamente esta opción era muy difícil.

Por su parte, Manuel parecía cada vez más distante y con pocas ganas de plantearse una convivencia en común.

Manuel no accedió a venir hasta la tercera sesión, decía que todo esto de los psicólogos le parecía «muy fuerte» y que en realidad tenían que ser ellos quienes fueran capaces de decidir si merecía la pena continuar con la relación.

El análisis que efectuamos nos mostró que la pareja estaba a punto de romperse; ninguno de los dos se sentía satisfecho con lo que estaba «recibiendo por parte del otro», y seguramente si no hubiera sido porque a Mónica le costaba asumir este fracaso, habrían terminado hacía meses.

La crisis se había fraguado poco a poco, por culpa de unas expectativas poco razonables y una actitud bastante inmadura por parte de ambos.

Mónica y Manuel se limitaban a exponer sus quejas, descargando cualquier responsabilidad, y esperando que fuese el otro quien reaccionase y consiguiera cambiar la relación que tenían.

Mónica pensaba que Manuel actuaba de una forma bastante infantil, que se enfadaba por cosas sin importancia y que sin embargo no sabía estar a la altura de las circunstancias: parecía ausente cuando ella hablaba, no mostraba la sensibilidad, ni la ternura, ni la paciencia que ella le pedía ante sus problemas; eran pocas las veces en que se manifestaba afectivo o le decía cosas tiernas, y no la entendía cuando ella lo pasaba mal con la regla —pues los dos primeros días eran bastante dolorosos—; para colmo se enfadaba mucho porque, según Manuel, tenían pocas relaciones sexuales, y además pretendía que Mónica siguiera tomando la píldora, pues a él no le gustaba el preservativo.

Manuel, por su parte, decía que Mónica no paraba de sermonearle, criticaba todo lo que él hacía, no le valoraba profesionalmente, se quejaba de que quería salir mucho con sus amigos y cuando se enfadaba le «castigaba» sin relaciones sexuales.

Nuestro trabajo se centró en mostrarles la otra cara de las relaciones de pareja. Ambos tenían una visión poco realista de lo que podían esperar por parte del otro. Se consideraban con todos los derechos y sin ninguna obligación. En lugar de buscar puntos de encuentro, habían alimentado una relación hostil, donde las situaciones críticas se sucedían cada vez con más frecuencia. Nuestro diagnóstico fue claro: esta relación no funciona, pero al margen de vuestras diferencias y discrepancias, será muy difícil que otras relaciones os funcionen bien, pues ambos mostráis mucha inmadurez y mantenéis una actitud propia de adolescentes.

Ambos se quedaron muy sorprendidos, y seguramente se sintieron defraudados por mi diagnóstico, al menos en los primeros momentos. Tras una reflexión en común, acordamos que íbamos a trabajar individualmente con cada uno de ellos las principales habilidades para comunicarnos y relacionarnos de manera eficaz.

Mientras trabajábamos estas áreas, establecimos una tregua. Durante tres o cuatro meses no se verían, prácticamente no se llamarían ni tendrían contacto, para comprobar qué sentimientos afloraban en cada uno de ellos. Posteriormente decidirían si merecía o no la pena que lo volvieran a intentar.

La realidad es que ambos se volcaron en el entrenamiento, seguramente más con el convencimiento de que podía resultarles útil para su vida en general, que para la relación que mantenían. Hicieron todas las prácticas que acordamos, y empezaron a saborear los primeros éxitos en su ámbito más cercano: con su familia, en el trabajo y con los amigos. Pasados tres meses habían experimentado un avance muy significativo, tanto como para decidir, conjuntamente, que aún debían seguir practicando y madurando más antes de meterse de lleno en una relación de pareja. Quedaron como dos buenos amigos que se aprecian y se respetan.

Hoy los dos están muy contentos con sus respectivas relaciones, aprendieron mucho y, sin duda, como ellos dicen, día a día ven los logros de ese aprendizaje. No debemos pensar que ya no volverán a tener crisis en sus relaciones, pero sí podemos esperar que sepan reaccionar con más objetividad, con más habilidad y con más madurez.

Cuando las parejas sienten que no reciben lo que esperaban, convendrá empezar por analizar si la lista de sus expectativas es realista; posteriormente podrán ver lo que cada uno tiene que trabajar, y finalmente decidirán si vuelven a intentarlo, o si ven claro que no hay futuro para esa relación de pareja.

Otra emoción dolorosa, que conviene aprender a superar, es cuando nos sentimos injustamente tratados/as.

Cuando nos sentimos injustamente tratados/as

Sin duda estamos de nuevo ante una de las emociones más dolorosas. Al hecho de sentirse injustamente tratado/a, hay que añadir el agravante de que es tu pareja quien parece tratarte de forma poco justa.

Cuando empezamos una relación afectiva, lo hacemos desde la ilusión, desde la alegría por haber encontrado a una persona que parece responder a nuestro ideal de pareja, y con el ánimo de llegar a compartir experiencias y vivencias agradables, placenteras y reconfortantes.

Lo último que esperamos encontrar es una relación que mine nuestros pilares y nos llene de amargura y dolor; de ese dolor que es mucho más intenso y profundo cuando viene de la persona en la que habíamos depositado nuestra confianza y nuestras esperanzas.

En general, el primer síntoma de alarma surge cuando nos sentimos desvalorizados, cuando la otra persona, lejos de reforzarnos y alimentar nuestra confianza, parece empeñada en dejar nuestra autoestima por los suelos.

Pasamos de la comunicación placentera a la incomunicación dolorosa. Los gestos de cariño son sustituidos por miradas hostiles o reprobatorias. La persona habla, intenta exponer sus ideas, se queja del trato recibido, pero su pareja no le escucha, sólo sanciona. El silencio y la incomprensión empiezan a abrirse paso.

Una persona puede sentirse injustamente tratada cuando su pareja hace juicios de valor que no se corresponden con la realidad, cuando ve que sus ideas nunca se tienen en cuenta, cuando la otra persona parece rechazar cualquier comentario que venga de su parte, cuando no se valora su esfuerzo, cuando ante sus mensajes de afecto o de conciliación recibe hostilidad, cuando ante su continua generosidad le responden con egoísmo, cuando sólo le llegan quejas y reprobaciones.

Las mujeres, generalmente, manifiestan ese sentimiento de pena de forma más expresiva, tanto a través del lenguaje verbal como no verbal. En un principio piden explicaciones ante lo que consideran un trato injusto, finalmente, cuando ven que es inútil, intentan guardar sus energías para protegerse del daño que les produce esa injusticia.

Los hombres que se sienten injustamente tratados se cierran en su dolor, intentan desconectar al máximo y procuran entretenerse o volcarse con actividades que lleven su mente a otra parte.

En las mujeres y en los hombres el resultado final es parecido, han pasado del amor al dolor; la transición ha podido ser más corta o más larga, pero siempre la emoción ha sido muy amarga.

El caso de Nines y Néstor puede ayudarnos en el análisis de estos sentimientos.

El caso de Nines y Néstor

Nines y Néstor eran una pareja que llevaba once años casada, y tenían dos hijos de siete y cinco años. Al principio la relación era agradable, pero pronto surgieron los primeros problemas de convivencia.

Nines nunca parecía estar satisfecha, siempre esperaba que Néstor fuera más atento, más afectivo, más paciente, más sensible a sus necesidades y a sus demandas.

Néstor sentía que no podía hacer más, que se ocupaba todo lo que podía de los niños, que ayudaba en las tareas de la casa, que trabajaba muchas horas para intentar alcanzar una posición económica desahogada..., pero que todo le parecía poco a Nines.

La que había tomado la iniciativa de venir fue Nines, pero pronto fue Néstor el que más se implicó en la terapia de pareja.

La situación de la pareja dejaba mucho que desear. Las valoraciones de Nines eran muy poco objetivas, pero poseía un temperamento muy fuerte y no estaba acostumbrada a que cuestionasen sus argumentos. Néstor estaba muy cansado, se había agotado en sus intentos por recuperar un clima apacible y relajado en la pareja. Él era una persona tranquila, paciente, que quería muchísimo a sus hijos y que sentía una pena enorme ante una situación a la que no veía solución. Seguramente, muchos en su lugar hacía tiempo que habrían estallado y acabado con esa situación.

Néstor se debatía entre el cariño que le tenía a sus hijos, el afecto o la pena que sentía por su mujer, y su necesidad de terminar con una situación que cada día se le hacía más difícil.

En este caso concreto, nuestra actuación no siguió el protocolo habitual; en lugar de pedirles registros sobre sus estados emocionales, les sugerimos que anotaran, literalmente, todo lo que ocurría cuando tenían alguna discusión (registro de conducta, página 28). La explicación está clara, si les pedíamos que nos anotasen sus emociones, rápidamente Nines iba a desacreditar las emociones y los sentimientos de Néstor, por lo que no dimos lugar a descalificaciones de ningún tipo. Por el contrario, el registro literal de lo que uno decía, de lo que el otro respondía, de la comunicación no verbal que se establecía en esos momentos —gestos, ademanes, miradas...— nos permitiría un análisis más objetivo y menos cuestionable.

Sus registros nos dieron mucho juego. Nines se enfadaba mucho cuando los analizábamos en conjunto, por ello decidí trabajar una parte de la sesión individualmente, con cada uno de ellos; posteriormente nos reuníamos los tres en el tramo final.

Los hechos eran tan evidentes que, poco a poco, Nines comprendió que no era objetiva en su valoración, y que sus insatisfacciones obedecían más a sus estados emocionales previos que a las conductas de Néstor. Aceptó que teníamos que trabajar con ella de forma intensiva, para racionalizar y controlar sus pensamientos más automáticos. Una vez vencida su primera resistencia, aprendió a objetivar las causas que provocaban sus emociones, aumentó el control sobre sus pensamientos irracionales y empezó a actuar de una forma más objetiva y, sobre todo, más justa con Néstor.

Aún nos costó mucho que Nines empleara el refuerzo positivo en su relación, parecía resistirse con todas sus fuerzas a decir algo agradable a la otra persona; nunca encontraba la ocasión ni el momento, pero ante nuestra insistencia y la paciencia de Néstor, terminó por conseguirlo.

Un análisis riguroso de todas las causas y posibles antecedentes que habían condicionado la forma actual de relacionarse de Nines nos condujo a su familia. Ella venía de una familia muy fría en sus relaciones y distante en la comunicación, con unos padres muy exigentes y duros con sus hijos. Nines no recordaba ningún momento en que su padre le hubiera felicitado por algo; tampoco su madre había sido una persona afectiva o cercana. En su familia sólo había exigencias, deberes y obligaciones.

Estas vivencias habían marcado mucho el carácter de Nines. Ella era muy exigente consigo misma, pero llegaba a la intransigencia en su relación con los demás. Se había casado con una persona que la podía complementar muy bien, pero no le dejaba espacio ni le daba oportunidad para hacerlo.

Finalmente había comprendido que el origen y la causa de sus problemas no era la conducta de Néstor, al contrario, él era su mejor oportunidad, pero la solución a la mayor parte de sus conflictos e insatisfacciones estaba dentro de ella misma.

En este caso la paciencia de Néstor y la capacidad de lucha de Nines consiguieron resolver una situación muy crítica. Sin duda, el cariño que había entre ambos aún era muy fuerte, tanto como para no haber muerto en esos años de convivencia dura y difícil.

Vamos a ver ahora otra emoción que nos puede llenar de sufrimiento, la que sentimos cuando pasamos de la admiración al dolor.

Cuando pasamos de la admiración al dolor

De nuevo nos encontramos con unas circunstancias que, en mayor o menor medida, hemos vivido todos en algún momento.

Para que pasemos de la admiración al dolor tiene que darse un hecho previo: la persona nos tiene que importar; en caso contrario, pasamos de la admiración a una valoración negativa, que no implica trascendencia alguna sobre nuestro estado emotivo.

Desde pequeños somos especialmente sensibles a estos hechos; nos podemos sentir defraudados por algunos profesores, amigos, personas de nuestra familia o círculo cercano...; según las edades, unos u otros adquirirán mayor relevancia.

La vivencia puede ser tan dolorosa, que algunas personas, en su intento por protegerse, se vuelven muy exigentes en sus valoraciones o muy selectivas. En estos casos, muy pocos alcanzan el nivel requerido para gozar de su admiración.

> *En algún momento de nuestras vidas todos experimentamos desengaños, pero los que son afectivos parecen alcanzar mayor incidencia en las mujeres, mientras que los hombres acusan más los desengaños profesionales.*

Si analizamos estos hechos, según las características que diferencian a los hombres y las mujeres, vemos que resultan bastante lógicos.

Ya hemos comentado que las mujeres tienen mayor capacidad de observación y mejor intuición, por lo que en principio hacen valoraciones más objetivas de las conductas que muestran las personas que las rodean. Esta objetividad la pierden, irremediablemente, cuando los sentimientos y los afectos ocupan el papel preponderante.

Por el contrario, los hombres son menos receptivos a las conductas y manifestaciones que les llegan desde el exterior, por lo que a veces pueden ser un poco ingenuos o subjetivos en sus valoraciones. Si a esto añadimos que una parte muy importante de su vida es el trabajo, no será difícil que sufran más de un desengaño, entre lo que esperaban y lo que finalmente ha resultado.

Muchas veces se hacen bromas pesadas cuando se analiza lo mal que llevan los hombres ser criticados. Es verdad que no les gusta nada, porque se sienten infravalorados; de la misma forma que se pueden sentir algo inseguros ante mujeres especialmente inteligentes, pero de ahí no debemos inferir que los hombres, genéricamente, intentan casarse con mujeres «tontas» para evitar ser criticados.

Lo cierto es que a los hombres les cuesta asumir que necesitan ayuda, por eso, entre otras razones, se resisten a ir al psicólogo. Las mujeres, por su parte, sufren con más frecuencia ese tránsito que va de la admiración al dolor en sus relaciones afectivas.

El caso de Patricia y Paco nos puede resultar muy ilustrativo.

El caso de Patricia y Paco

Patricia y Paco eran una pareja de mediana edad. Tenían dos hijos de catorce y once años, y hacia el exterior ofrecían la imagen de la típica pareja feliz.

Sus temperamentos eran muy diferentes; podría decirse que no coincidían prácticamente en nada; salvo que a los dos les gustaba vivir bien y cuidaban en extremo las apariencias.

Patricia se había casado muy enamorada, pero hacía muchos años que el desencanto y la frustración se habían apoderado de su relación de pareja.

A pesar de que tenía pocas esperanzas en que Paco «cambiase», vino a la consulta para ver qué podía hacer: ¿había alguna solución o debía pensar en separarse?, aunque este último extremo la aterraba.

Patricia era una persona muy romántica, tierna, afectiva, soñadora, bastante ingenua y muy sensible. Poseía además un indudable atractivo físico, que causaba impacto entre el público masculino.

Por el contrario, Paco era muy calculador, frío, distante, arrogante, narcisista, obsesionado por el triunfo y el éxito social y profesional. Sin embargo, en la etapa de «conquista», Paco se había mostrado dulce, afectivo, sensible y muy halagador con Patricia. Todo eran regalos, sorpresas, detalles, ir a sitios lujosos, mostrar a Patricia a sus amistades y a su familia y decirle continuamente lo mucho que la quería.

Al poco de casarse las cosas empezaron a cambiar. Paco dejó de cuidar los detalles, las manifestaciones afectivas eran mínimas y sacó lo peor de su carácter. Era una persona en permanente tensión, y para él la forma de quitarse el estrés era abroncando a la gente que tenía al lado y manteniendo relaciones sexuales; pero eran unas relaciones exentas de ternura, el sexo para él era otra forma de manifestar su poder y su dominio sobre las personas; no importaba lo que sintiera Patricia, el objetivo era su propio placer y descargarse de las tensiones que había acumulado a lo largo del día.

Las relaciones sexuales se convirtieron en una humillación para Patricia; algunas veces conseguía sentirse bien, pero eran las mínimas.

La convivencia cada vez era más tensa y difícil. Patricia necesitaba afecto y ternura, pero lo único que recibía de Paco eran órdenes, comentarios de desvalorización —sobre todo sobre su inteligencia— y algún que otro insulto.

El Paco maravilloso, triunfador y afectivo, que tanto había admirado, se había convertido en una persona déspota y distante, al que no parecían importarle sus sentimientos.

Por su parte, Paco no quería ni oír hablar de venir a la consulta, para él eran estupideces de Patricia, que sólo sabía buscarse problemas para entretenerse. Para situarnos, conviene que sepamos que Patricia, además del cuidado de los niños —que realizaba de forma exclusiva, pues Paco siempre había considerado que la educación de los hijos era un tema de mujeres—, tenía un trabajo que la ocupaba muchas horas, por lo que no conseguía llegar a casa hasta pasadas las siete y media de la tarde.

El resultado final era una pareja sin comunicación, con unos hijos que apenas veían a su padre y con una persona que sufría prácticamente una vejación continua.

En los únicos momentos en que Paco parecía volver a ser esa persona exquisita, sensible, pendiente de su mujer..., que tanta admiración había despertado en Patricia, era en las reuniones y actos sociales. Ahí surgía un Paco irreconocible, tierno, detallista, que no paraba de «presumir» de su mujer ante el auditorio. Pero todo era como un espejismo, apenas habían salido del restaurante, del teatro..., cuando ya empezaba de nuevo con sus reproches y desvalorizaciones. Todo lo que había hecho Patricia era objeto de crítica y de sarcasmo.

Patricia tenía una buena relación con sus hijos, pero éstos le preguntaban en numerosas ocasiones qué le pasaba, por qué siempre estaba triste, por qué ya no se reía como antes y por qué se encontraba tan cansada.

Como podemos imaginar, la Patricia que nos encontramos distaba mucho de ser una persona feliz. A pesar del éxito profesional que tenía en su ámbito laboral, y de lo bien que caía a la mayoría de la gente, su autoestima estaba por los suelos, y una inseguridad terrible le impedía tomar cualquier decisión concerniente a su matrimonio.

Lo primero que hicimos con ella fue trabajar su autoestima y su seguridad personal; intentar que consiguiera ser de nuevo esa persona alegre y llena de vida que recordaban sus hijos.

En estas circunstancias, no importaba demasiado que Paco no quisiera venir a la consulta, pues había que realizar un trabajo previo muy intenso con Patricia.

Nos volcamos en ella como persona, no como integrante de una pareja inexistente, al menos en lo que podemos entender como auténtica pareja. Priorizamos todas las áreas que nos podían ayudar a restablecer cuanto antes su autoestima. Respecto a su relación con Paco, en cuanto la vimos un poco recuperada y capaz de mantener en firme una decisión, establecimos un «primer principio irrenunciable»: Patricia sólo tendría relaciones sexuales cuando le apeteciesen a ella; por mucho que Paco insistiera, no cedería en este principio irrenunciable. Lógicamente, como la reacción de su marido era fácilmente previsible, previamente la entrenamos en cómo poder mantener firme su decisión, a pesar de las presiones, manipulaciones, exigencias o intimidaciones de él.

Los resultados empezaron a ser elocuentes. Las primeras veces que se negó a tener relaciones —aspecto que Paco consideraba una obligación por su parte— pasó auténtico miedo, incluso miedo físico, pero se sorprendió a sí misma muy gratamente al ver que en todo momento ella llevaba la «delantera»; Paco parecía perdido, no sabía cómo reaccionar, fuera de las amenazas, los chillidos y los insultos. Hubo momentos críticos, como la tercera noche de negativa, en que tuvo que acumular toda la fuerza y convicción del mundo para decirle a un Paco enfurecido y agresivo —que parecía estar dispuesto a tener sexo a cualquier precio— que si se atrevía a tocarla, no dudase un solo instante que le pondría inmediatamente una denuncia por violación. Lo dijo con tal seguridad y decisión que Paco se quedó clavado en el sitio; intentó bromear con ella para rebajar la tensión, pero todo lo que encontró fue una mirada llena de resentimiento y de coraje, que pronto le hizo desistir de sus propósitos.

Curiosamente, y como sucede en estos casos, no por casualidad, al día siguiente de este hecho su marido nos llamaba para pedir una consulta, quería vernos inmediatamente, porque la situación con Patricia «se había hecho insostenible».

Al principio de la sesión adoptó una «pose» de auténtica intimidación, todo en él eran manifestaciones agresivas; estaba realmente furioso, exigía que Patricia no volviese a venir a la consulta... A lo largo de más de cuarenta minutos no paró de exponer sus quejas; durante ese periodo de tiempo sólo obtuvo por mi parte una mirada fija, constante, pero una mirada que reflejaba dureza y reprobación. Cuando por fin terminó, le dije: «Bien, si ya ha terminado, puede marcharse»; ante su cara de sorpresa añadí: «Yo siempre escucho a todo el que quiere exponer algo, pero no hablo a quien no está dispuesto a escuchar»; como Paco parecía incapaz de articular palabra, ni de moverse de la silla, concluí: «Si en algún momento se encuentra en disposición de escuchar, de analizar con objetividad y de extraer conclusiones lógicas y racionales, entonces me llama». Me levanté, abrí la puerta, le miré y, como aún seguía sentado, víctima de una parálisis momentánea, me fui a buscar a mi siguiente paciente.

Cuando vi a Patricia después de esta sesión, no paraba de reírse. Paco le había contado su particular versión: «Tu psicóloga me escuchó, se tragó todo lo que tenía que decirle y no fue capaz de abrir la boca», pero ella había intuido muy bien el transcurso de la entrevista; además, al poco rato Paco añadió: «La verdad es que me dejó desconcertado, se quedó tan tranquila, en ningún momento se puso nerviosa, ¿tú piensas seguir yendo?». Ante la contestación afirmativa de Patricia, concluyó: «Pues entonces tendré que volver, ¡qué remedio!».

Paco tardó quince días en volver a llamar para pedir una nueva cita, y nosotros le dejamos otras dos semanas de «meditación» antes de recibirle, pues necesitábamos terminar de trabajar con Patricia algunos puntos importantes, entre los que destacamos: cómo valorarse más, cómo racionalizar los pensamientos negativos, cómo superar las críticas, cómo actuar ante las manipulaciones, cómo sentir confianza en los momentos difíciles, cómo transmitir seguridad y decisión...

Cuando Paco regresó a la consulta, su actitud era muy distinta; al principio volvió a quejarse y a decir que no estaba dispuesto a tolerar la actitud que Patricia sostenía desde hacía unas semanas, pero estaba claro que lo hacía para mantener su postura de víctima y para ganar tiempo e intentar analizar cómo podía abordar esta sesión, de una forma que resultase más positiva y fructífera para sus intereses.

Cuando terminó su breve exposición, le pregunté: «¿Algo más, eso es todo?», al contestar afirmativamente, añadí: «Si eso es todo, me temo, Paco, que aún no es capaz de efectuar un análisis mínimamente racional, así que: o empezamos por trabajar la racionalidad de sus pensamientos, al menos en lo concerniente a su vida afectiva y a su relación de pareja, o no tiene sentido que perdamos el tiempo hablando de emociones que usted no puede comprender». Paco no daba crédito a sus oídos, pero encajó el golpe, y finalmente aceptó que necesitaba empezar su propio proceso de aprendizaje, y además lo hizo siguiendo nuestra metodología de trabajo, no con los condicionantes que él quería imponer.

Como podemos imaginarnos, a Paco le costó un mundo seguir el tratamiento; de hecho estuvo a punto de dejarlo en varias ocasiones, pero era muy consciente de que si lo hacía, ahí terminarían las pocas posibilidades de que su matrimonio continuase.

Aprendió a mirarse por dentro y a darse cuenta de que la mayor parte de sus insatisfacciones se las creaba él mismo, con esa actitud tan errónea de desvalorizar a todos los que le rodeaban.

No quería admitir sus debilidades, que eran muchas, ni sus inseguridades, que habían marcado y marcaban su vida. Poco a poco se dio cuenta de que estaba lleno de contradicciones, un ejemplo muy claro era su actitud con Patricia. ¿Cómo podía explicar que a una persona a la que decía querer tanto, sin la cual no se imaginaba su existencia, a la que reconocía grandes valores y que pensaba que era lo mejor que le había ocurrido en su vida, no parase de proferirle insultos, de castigarla, de humillarla, de tener con ella actitudes y conductas auténticamente vejatorias?

Paco asumió que ni él mismo se explicaba su actitud, que en los últimos meses había reflexionado mucho sobre este tema, pero que debía reconocer que se escapaba a su control. Éste fue uno de los momentos claves del tratamiento, cuando dijo que, por mucho que se había esforzado, no conseguía controlar su conducta con Patricia, le contesté: «Te equivocas, puedes hacerlo»; ante su asombro añadí: «Si eres capaz de controlar tu conducta con un cliente impertinente, que te está pidiendo un imposible, que está intentando engañarte y aprovecharse de tu empresa, y a pesar de ello no pierdes el control, lo que estás indicando es que puedes controlarte cuando te lo propones, cuando piensas que te conviene hacerlo, que no te queda más remedio, porque entonces perderías un cliente que, a pesar de todo, te reporta mucho dinero. Si te controlas en esas circunstancias, también te podrías controlar con Patricia, si no lo haces es porque Patricia te interesa menos que tus clientes, o ¿existe otra explicación?». Paco no era capaz de responder, así que continué: «Piénsalo despacio Paco, o Patricia te interesa menos que cualquier cliente importante de tu trabajo, o has creído que la tenías completamente segura, por el hecho de ser tu mujer, y que podías hacer con ella cualquier cosa, porque nunca te dejaría». Como seguía mudo, le puse una tarea muy concreta: «Paco, de aquí a la próxima sesión, quiero que me traigas por escrito tus reflexiones sobre un hecho incuestionable: ¿por qué crees que cambiaste tanto tu actitud con Patricia a raíz de vuestro matrimonio?».

Paco terminó viendo con claridad todos los mecanismos que habían gobernado su vida, y que le habían convertido en una persona dura, injusta y cruel con los que él consideraba «seguros».

Tuvo que vencer sus propias contradicciones, sus miedos, sus conductas impulsivas y violentas, y sus hábitos despóticos y crueles, antes de conseguir ser una persona con la que se podía razonar.

Su transformación fue tan importante que Patricia decidió darle otra oportunidad. De momento, pasados cuatro años de estos hechos, aún siguen juntos, y parecen estar bien. Seguramente, en cierta medida esto obedece a que, en el fondo, ninguno de los dos quería separarse, pero sobre todo hay algo que ha cambiado sustancialmente, y es que Patricia tiene claro que, si en algún momento vuelve el Paco cruel de antaño, en ese mismo instante se separará. Patricia tiene la fuerza para tomar esta decisión y llevarla a efecto, y Paco es consciente de que él no podría hacer nada por evitarlo.

El último día, como siempre, les pedimos que nos dijeran cuáles habían sido los factores claves de su caso, por qué finalmente habían decidido seguir juntos e intentarlo. Básicamente nos comentaron que los dos, en el transcurso del trabajo realizado con ambos, habían aprendido que:

— Una relación de pareja no podrá funcionar si previamente, y por ambas partes, no existe un respeto mutuo y una valoración de la otra persona.

— La relación tampoco funcionará si uno de los dos integrantes se siente humillado o injustamente tratado.

— Ambos miembros de la pareja tienen que sentir libertad para expresar libremente sus emociones, con un único condicionante: lo harán sin herir, sin machacar o vejar al otro integrante de la pareja; al menos no lo harán de forma deliberada o consciente.

— Una relación tiene que ser equitativa para que funcione; es decir, uno no puede estar bien a costa del otro.

— No podemos tener una conducta fraudulenta. La relación no se puede basar en el engaño.

— Para que la pareja se encuentre bien, ambos deberán sentirse queridos, en la forma que necesiten, por la otra persona.

El dolor se puede justificar si viene de un hecho ajeno a la pareja, y además es irremediable —un accidente, una muerte...—, pero nunca podremos justificar un dolor que es producto de la incomprensión o de la agresión de una de las partes.

— La relación de pareja hay que cuidarla día a día, y en aquellos casos, como el suyo, en que se parte de una experiencia traumática, sólo el mimo constante, la sensibilidad permanente, la generosidad mutua y la decisión firme de superar las dificultades desde el entendimiento y el afecto podrán conseguir que la pareja tenga opciones de continuidad y bienestar.

De momento siguen juntos, pero si Patricia hubiera decidido dejar la relación, no tendríamos que haberlo considerado un fracaso. Recordemos que:

Ni la continuidad en una relación es sinónimo de éxito, ni la ruptura implica fracaso.

Cada uno tomará la opción que le permita seguir creciendo como persona.

Pasar de la admiración al dolor es una experiencia que la mayoría preferiría no tener, como también desearíamos evitar esas situaciones en que nos sentimos solos/as e incomprendidos/as en momentos críticos.

Cuando nos sentimos solos/as e incomprendidos/as en momentos críticos

Seguramente todos hemos pasado por esta experiencia en algún momento de nuestra vida. ¡Cuántas veces nos hemos sentido solos e incomprendidos cuando éramos pequeños!, ¡cuántas veces hemos pensado que nadie nos entendía!, y ¡cuántas veces nos hemos asustado de nuestros propios pensamientos!

En esos momentos de crisis, sin duda albergábamos sueños muy distintos para nuestra etapa de adultos. Pensábamos que cuando fuéramos mayores no nos sentiríamos tan mal, y tendríamos a alguien a nuestro lado que nos comprendiera y nos apoyara.

En muchos casos, la realidad puede ser un duro golpe para nuestros sueños; y soñar, soñar nos es tan necesario como respirar.

Cuando se acaban nuestros sueños mueren nuestras ilusiones, y con ellas nuestras energías y nuestras ganas de seguir luchando, de seguir buscando esa felicidad, que puede resultarnos tan huidiza.

Nuestra vida de adultos puede sorprendernos tanto, que la vemos como un espejismo, pues casi nada se parece a lo previsto, a lo que habíamos anhelado y a lo que finalmente hemos conseguido.

A pesar de todo: ¡somos adultos!, y en mayor o menor medida intentamos superar esos momentos difíciles, que todos atravesamos. Lo duro es hacerlo en soledad, cuando nuestras esperanzas estaban depositadas en esa relación de pareja.

«En los momentos críticos te das cuenta de hasta qué punto le importas a tu pareja o pasa olímpicamente de ti», esta aseveración la hacía una persona terriblemente hundida por la situación tan dolorosa que estaba viviendo, con un dolor que aún se había hecho más insoportable, al ver que no era un dolor compartido; su pareja ni siquiera le permitía que le contase su malestar, y cuando ya no podía más e intentaba decirle cómo se sentía, sólo obtenía miradas duras, distantes y recriminatorias.

Desgraciadamente, nuestra vida de adultos es mucho más compleja de lo que imaginábamos, y a pesar de nuestras expectativas, vivimos situaciones muy difíciles. En la consulta vemos constantemente casos y casos de personas hundidas por el sufrimiento; nuestra misión es ayudarles a salir de esas crisis, pero nuestra intervención no debe limitarse únicamente a ese objetivo, pues son personas sensibles y vulnerables que podrían volver a caer en una situación parecida. Por ello, una vez recuperados mínimamente, empezamos a trabajar para facilitarles recursos y herramientas que les permitan recuperar la seguridad en ellos mismos y la estabilidad emocional que les ayudará a ver las situaciones con objetividad, a ser conscientes de sus fallos y limitaciones, a realizar un análisis de cómo está actualmente su vida, de cómo se siente él/ella y cómo actúan las personas más significativas de su entorno. Intentamos fortalecer su propia autoestima para que pueda alcanzar el equilibrio que le permita disfrutar de la vida, pero también que le faculte para superar situaciones difíciles en el futuro.

Entre las situaciones más complicadas, está una especialmente difícil para muchas mujeres, pero también para bastantes hombres: la vivencia del aborto.

La vivencia del aborto

La vivencia del aborto normalmente constituye un hecho bastante duro para la mujer o la pareja que acude a esta opción. La realidad sociológica influye en los comportamientos, en los pensamientos y en las valoraciones de las personas. Cuando empecé la práctica de la psicología, hace más de veinticinco años, las personas que acudían a las consultas de los psicólogos por el tema del aborto eran mayoritariamente chicas muy jóvenes, que acababan de vivir esta experiencia. En muchos casos lo hacían porque se sentían traumatizadas ante la realidad que habían vivido, pero en otros no solamente padecían cierto *shock* ante la experiencia, lo que más les había hundido había sido la reacción de su pareja o de la persona que hasta ese momento constituía el eje de su vida y con la que proyectaban un futuro común.

En la actualidad, aún siguen viniendo chicas jóvenes a las que les resulta difícil superar esta experiencia, pero también acude un número importante de personas adultas, la mayoría de ellas viviendo con sus parejas, incluso con una familia consolidada, con niños, que están atravesando una situación límite a consecuencia de un embarazo que les ha pillado por sorpresa, y que no es deseado por algún miembro de la pareja. De nuevo, cuando vienen a la consulta generalmente es después de la vivencia del aborto, y aunque mayoritariamente son mujeres, también acuden al psicólogo algunos hombres que se encuentran totalmente perdidos y sin saber qué hacer ante las reacciones que está teniendo su pareja.

Hemos seleccionado un caso que puede ser un exponente bastante representativo de esa situación en que se encuentran

parejas muy consolidadas, que han vivido recientemente la
experiencia del aborto.

El caso de Rosa y Raúl

Rosa y Raúl se conocían desde pequeños, llevaban catorce
años casados y tenían dos hijos de doce y ocho años.

Siendo muy jóvenes, durante su noviazgo, Rosa se había quedado embarazada, y los dos decidieron que era mejor abortar. Fue
una vivencia difícil, pero ambos la afrontaron muy unidos y, en
todo momento, se sintieron apoyados mutuamente.

Hacía diez meses, en un «descuido», Rosa se había vuelto a
quedar embarazada, y aquí surgió el drama. Raúl pensaba que los
niños ya eran mayores, y sentía que la llegada de un nuevo hijo
rompería el ritmo de vida de la familia y, especialmente, de la pareja. Se sentía cansado para empezar otra vez con toda la historia
que acompaña la llegada de un bebé. Por el contrario, Rosa, después de la sorpresa inicial, empezó a considerar la posibilidad de
que el bebé naciera; en el fondo, ella sentía que esto era una forma
de curar una herida que se le había quedado abierta tras su primer aborto.

Cuando Rosa vino a la consulta fue a los siete meses y
medio de este segundo aborto. Nos comentó que estaba pensando muy seriamente en la posibilidad de separarse de Raúl;
no soportaba su presencia física, todo lo que él decía le parecía absurdo, hueco y carente de sentido: palabras y palabras,
para esconder la presión que él había hecho y que había llevado a Rosa a un aborto en contra de su voluntad.

Como ella misma dijo: sentía auténtico asco y rechazo
por su marido. Desde hacía siete meses y medio prácticamente no habían tenido relaciones sexuales, pues cuando

había sucedido, Rosa se había sentido tan mal, que éstas, lejos de ser un momento agradable y de complicidad en la pareja, le habían parecido una auténtica violación, por lo que había decidido que no quería ningún tipo de relación íntima con Raúl.

Le pedimos que nos hiciera varios registros de conducta, para ver cómo se sentía ella, qué pensamientos se habían instalado de forma permanente en su mente, qué emociones le producían estos pensamientos, cómo era su conducta, cómo actuaba Raúl...

La evaluación que efectuamos de su caso no podía ser más clara. En la actualidad, daba igual lo que hiciera Raúl, a ella todo le parecía mal, tenía una auténtica obsesión que la llevaba a considerar que en realidad él nunca la había querido y que la había «engatusado» para que tuviera el primer aborto, ese aborto que de repente se había hecho otra vez presente y que, según ella, había descubierto que no había superado. En esos momentos, para Rosa, Raúl era el máximo exponente de la mentira, de la falta de generosidad, del egoísmo, de la incomprensión, de la insensibilidad, del narcisismo... Esta situación era especialmente relevante si consideramos que, hasta esa fecha, diez meses atrás, ella era la primera que consideraba que su matrimonio iba francamente bien.

Sus registros estaban llenos de pensamientos automáticos y valoraciones muy subjetivas, pero su vivencia del dolor era tan grande que nos costaba avanzar.

Rosa sentía, según sus palabras, que la segunda vivencia del aborto había «matado» una parte de ella misma. «Me sentí ultrajada, abandonada, sucia, tumbada en aquella camilla, a mi edad, sufriendo una experiencia tan terrible, que me rompía por dentro, y me quitaba todas mis ilusiones de poder tener un niño y disfrutarlo de verdad, porque yo quería tener ese niño, pero Raúl sólo pensaba en que se veía mayor para empezar otra vez a dormir poco por las noches, a preparar papillas, a que nos fastidiase las vacaciones...; yo me estaba rompiendo y él como si nada, con cara de circunstancias, mirando como quien mira a una loca, es un canalla y no quiero estar con él...».

Rosa llevaba meses llorando todos los días, hundida, sin fuerzas y, como ya hemos dicho, con uno de los peores sentimientos que se puede tener, sin esperanza; sin esperanza en ella misma, en su vida y en su futuro.

Ese dolor tan intenso la llevaba a la extenuación. No le apetecía estar con los niños, no quería que la viesen en su estado y, por otra parte, la agotaban, los miraba y lloraba inmediatamente. Los críos no sabían qué estaba pasando y manifestaban su incertidumbre de la forma que suelen hacerlo a esas edades, con rebeldía, mostrando conductas extremas, que continuamente ponían a sus padres «entre la espada y la pared». Rosa perdía frecuentemente el control y respondía de forma agresiva, después se arrepentía, y de nuevo volvía a repetirse la misma secuencia.

Raúl le había dicho a Rosa que él también quería ir al psicólogo, y acudió en cuanto le llamamos. Ante nosotros teníamos a una persona envejecida prematuramente, seguramente por la tensión de los últimos meses. Como él mismo decía: estaba hecho un lío; no sabía cómo actuar, todo lo que obtenía eran reproches, cualquier intento se lo tiraban por tierra, le asustaban las miradas que Rosa le dirigía: «Es como si me estuviera diciendo: ¡ojalá te mueras!»; veía a los niños muy descentrados, muy inquietos y agresivos entre ellos. Raúl sentía una impotencia terrible, se había arrepentido una y mil veces de haberle dicho a Rosa que ya eran muy mayores para tener otro hijo, que además no les venía bien profesionalmente a ninguno de los dos, que iba a ser una distorsión enorme en sus vidas. A pesar de todo, antes del aborto, como veía a Rosa muy afectada, le dijo que fuera ella quien tomase la decisión, que ya sabía lo que él pensaba, pero que no la podía obligar a que abortase, que la responsabilidad final de lo que decidiese era suya.

Seguramente Raúl había intentado en esa fase dar un poco marcha atrás, pero sus palabras no pudieron ser más desafortunadas. Rosa aún se sintió peor, en lugar de pensar que Raúl le estaba diciendo que él aceptaría su decisión —que aunque mal expresado era lo que él quería transmitir—, interpretó que descargaba toda la responsabilidad en ella, que lejos de apoyarla aún la sometía a más presión, que había sido un canalla que la había dejado totalmente tirada, y que toda su vida le estaría echando en cara lo que les sucediera a partir de ese momento, pues ella tendría la culpa de todo, al empeñarse en traer al mundo a ese niño que les iba a romper toda la dinámica familiar y profesional.

A partir de aquel momento, Rosa había decidido que no le perdonaría el resto de su vida, y de no ser por los niños y porque se encontraba sin fuerzas para nada, ya «le hubiera echado de casa».

La intervención no era fácil. Rosa no aceptaba nada que pareciera disculpar a Raúl, y éste se encontraba al límite de su resistencia, tanto a nivel físico como emocional.

El distanciamiento era tal que Rosa le decía que él nunca la entendería, nunca comprendería qué le pasó y cómo se seguía sintiendo, porque él nunca sufriría un aborto.

Raúl, en su búsqueda desesperada de soluciones, incluso proponía que tuvieran un niño, que no tomasen ninguna medida anticonceptiva, para que Rosa se quedase de nuevo embarazada, pero ella rechazaba totalmente esta posibilidad, y le decía que había estado ciega hasta hace poco, pero que ahora no iba a consentir que la tocase nunca más.

En estas situaciones, siempre hay que trabajar con cada miembro de la pareja de forma independiente. Cuando una persona se encuentra tan hundida como Rosa, es imposible conseguir que sus pensamientos sean racionales. Cualquier lector/a que conozca a una persona en un estado tan lamentable como el de Rosa, lo último que debe decirle es que sea razonable y trate de olvidar y superar la situación. Esa frase, aparentemente lógica y dicha con la mejor intención, será interpretada y recibida en el sentido contrario al que deseamos. La persona afectada sentirá que no la comprendemos y que encima la tratamos como si ella tuviera la culpa, como si se empeñara en sufrir, porque es demasiado «blanda» y poco razonable. Piensa que los demás creen que está sacando las cosas de quicio y que se empeña en no salir adelante.

En consecuencia, no nos centramos tanto en que Rosa empezara a «mostrarse más ecuánime y objetiva», sino en que se recuperase emocionalmente. A pesar de sus quejas, hicimos que volviera a centrarse en sus hijos —a los que prácticamente ignoraba—, que realizase actividades que antes le eran muy gratificantes —gimnasio, deporte, decoración—, que se mostrase agradable y segura en el trabajo, que volviera a arreglarse y a vestirse con el cuidado y el gusto que tanto la caracterizaban...

Poco a poco empezó a salir de ese estado tan lamentable; en ese momento aprovechamos para empezar a trabajar la racionalización de sus pensamientos y el análisis de las secuencias que vivía con Raúl. Le dijimos que no pretendíamos «salvar» su matrimonio, sino salvar su vida.

Hubo una fase de «provocación» por nuestra parte, lo hicimos cuando Rosa ya era capaz de realizar análisis más objetivos. La provocación consistía en analizar, por nuestra parte, cualquier conducta de Raúl de forma claramente injusta y discriminatoria; todo lo que hacía lo llevábamos al límite y argumentábamos que lo hacía por su falta de sensibilidad, por su torpeza innata, por sus ganas de provocar... Con esto conseguíamos que Rosa se colocase en el papel contrario, y que fuese ella quien sintiera la necesidad de «volvernos a la realidad», de decirnos que tampoco era así, que la verdad es que Raúl no era un asesino y nunca había sido una mala persona. Éste es un ejercicio muy delicado, que sólo podemos hacer en contadísimas ocasiones, por lo que no recomiendo a los lectores que lo ensayen alegremente; no obstante, en el caso de Rosa, y en la fase en que se encontraba, era lo que necesitábamos. Cada vez hacíamos que adoptase más el papel de defensora de Raúl, y lo hacía, lo hacía aunque le daba rabia pero, como era una persona profundamente honesta, creía que no éramos objetivos con la evaluación de los hechos. En realidad, sólo verbalizábamos quejas que ella había hecho meses atrás, la diferencia es que ahora Rosa ya había recuperado su control emocional, y eso le permitía volver a analizar con más objetividad.

Simultáneamente trabajamos con Raúl, para que no se hundiera. Le pedimos expresamente que no se dirigiera a Rosa en los siguientes días, que no intentase hablar con ella hasta que no hubiéramos trabajado con él la forma de hacerlo.

Rosa necesitaba «aire», sentirse liberada de un Raúl al que ella en esos momentos rechazaba, pues encarnaba todos sus males y tenía la culpa de sus desgracias. Por supuesto que se mostró sorprendida cuando vio el cambio tan radical en la conducta que mostraba su marido, pero lo achacó a nuestra intervención, por lo que seguía sin concederle ningún valor. Poco a poco su sorpresa fue en aumento, en esos momentos se daba cuenta ya del enorme esfuerzo que Raúl estaba haciendo, y le extrañaba que pudiera estar tanto tiempo sin molestarla y encima actuase de forma tan eficaz: el entrenamiento había hecho que supiera actuar muy bien con los niños, que no entrase en ninguna de las provocaciones que Rosa le tendía, que se le viera con mejor ánimo, incluso alegre y divertido. Llegó un momento en que ella quería participar de ese buen ambiente y, poco a poco, empezó a enviar mensajes en este sentido. Por supuesto, no lo hacía a través del lenguaje oral, hubiera sido algo humillante para ella, pero su comunicación no verbal era muy significativa: cada vez sonreía más, empezaba a mirar sin rencor, ya no le huía físicamente, se sentaba a su lado en el sofá, le hablaba sobre temas de trabajo o de los niños... Raúl, en medio de esta crisis, había aprendido a escuchar, por lo que le resultaba cada vez más sencillo responder tal como ella necesitaba.

En esa fase, y de una forma muy consciente, ralentizamos este proceso, profundizamos mucho por ambas partes, pues era necesario que ambos salieran bien, sin heridas cerradas en falso que se pudieran abrir en cualquier momento.

Raúl siempre mostró una actitud muy respetuosa con Rosa, no volvió a insinuarle que quería relaciones sexuales, aunque de vez en cuando se le escapaban miradas muy «tiernas», y no volvió a hablar del tema del aborto, hasta que lo hicimos los tres en el transcurso de una sesión en común. De nuevo éste fue un momento crítico, Rosa volvió a sacar su baúl lleno de reproches, y Raúl aguantó el «tipo»; acusaba los argumentos, los comentarios agresivos de Rosa, pero no se descompuso; en ningún momento pasó al ataque, sino que hizo lo que tenía que hacer: escuchar, y hacerlo con atención, con respeto y con profundo sentimiento. Rosa se quedó otra vez muy sorprendida, aún atacó unos minutos más, pero llegó un momento en que por fin dijo: «¡Bueno, me imagino que tú también lo habrás pasado mal!». En ese instante Raúl contestó de la mejor forma que podía hacerlo, en profundo silencio, pero con un llanto tan sentido, tan lleno de emoción y de esperanza, que terminó conmoviendo a Rosa. Después de unos instantes en que los dos lloraban al unísono, Raúl se atrevió a coger una mano a Rosa y a mirarla con todo el cariño que una persona puede sentir y expresar: por fin se había roto la incomunicación entre los dos, por fin habían dejado de sentirse solos e incomprendidos, por fin habían superado la peor fase de su crisis.

A partir de ahí todo fue más sencillo. Por supuesto que aún había aspectos donde no coincidían, pero habían logrado lo más importante, sentirse juntos, unidos en su sentimiento y comprendidos en sus emociones.

Había sido una prueba de fuego para ambos, pero su relación ahora estaba más consolidada que nunca. Raúl sintió en lo más profundo de su ser el desamparo, la soledad y el terrible dolor que Rosa había experimentado con este segundo aborto, y Rosa se dio cuenta de que, en lo más profundo, el drama se había desencadenado ante una vivencia de total incomunicación.

Como siempre, les pedimos que escribieran aquellas conclusiones, aquellos principios que habían aprendido a lo largo de su profunda crisis, y que nunca deberían olvidar. Para ambos este último ejercicio fue muy positivo y reforzante, pues vieron cómo habían coincidido en la inmensa mayoría de sus conclusiones.

De forma bastante resumida, sus principales conclusiones fueron:

> *Los hombres y las mujeres sienten de forma distinta, por lo que no debemos esperar que actúen de forma parecida.*

— La mayoría de los conflictos y de las discrepancias podrán evitarse si los dos miembros de la pareja se sienten escuchados y respetados en sus opiniones y creencias.

— Cuando uno se siente incomprendido, el otro deberá escuchar. Mandará señales claras de que está comprendiendo el estado emocional de su pareja, sobre todo a través de la comunicación no verbal, con su mirada atenta y cercana, con sus gestos abiertos y conciliadores...; en esos instantes hablará lo menos posible, pues a su pareja le costará escucharle; se mostrará paciente, no saltará aunque se sienta provocado y no emitirá reproches.

— A veces nos puede pillar por sorpresa el dolor que el otro siente. En esos momentos, de nuevo observaremos; si lo hacemos controlando nuestros pensamientos negativos, conseguiremos comprender cómo se siente el otro y cómo debemos actuar. Si en algún

momento seguimos despistados, no digamos nada,
mostremos respeto y cercanía, continuemos observando y dirijamos nuestros esfuerzos a que la pareja
nos vea cercanos y conmovidos ante su dolor

— Cuando nos sintamos injustamente tratados por
nuestra pareja, antes de intervenir, de nuevo obser-
vemos. Si llega un momento en que, a pesar de la
observación, no vemos razón alguna que justifique
su conducta, no nos mostremos agresivos con los gestos o con las palabras, pero sí podemos «extinguir» la
conducta de nuestra pareja, marchándonos de ese
lugar o dejando de prestar atención.

— Cuando nos sintamos manipulados, no entremos en
confrontación, pero tampoco hagamos lo que nos están
pidiendo. Si el otro está tranquilo, expliquemos la razón
de nuestra discrepancia; si está alterado, simplemente
digamos que respetamos lo que dice, pero que tenemos un criterio diferente. En este segundo caso, no
caigamos en el error de exponer nuestro punto de vista,
y no lo haremos hasta que el otro dé señales inequívocas de que es capaz de escuchar y razonar.

— Cuando nos sintamos muy mal, recordemos dos principios que debemos seguir: a) Escuchar la señal que
nos indica que debemos recuperar fuerzas, y b) No
tomar ninguna decisión importante hasta que no estemos bien.

Rosa y Raúl al final consiguieron superar su crisis, y lo
hicieron, fundamentalmente, porque entre ambos existía un
profundo cariño, porque fueron capaces de respetarse en sus
diferencias y porque consiguieron volver a comunicarse.

A veces, como en el caso de la vivencia del aborto, las diferencias entre los hombres y las mujeres parecen insalvables, pero siempre podemos encontrar puntos de acuerdo; recordemos que somos diferentes, pero complementarios. Sólo hay una cosa insuperable en estas situaciones: la insensibilidad por parte del miembro de la pareja que no siente el dolor.

Otra situación que puede conducirnos a momentos críticos es la sensación de fracaso.

La sensación de fracaso

La vivencia del fracaso nos acompaña desde que nacemos, pero esa vivencia no es peligrosa hasta que se convierte en sensación de fracaso.

No se trata de un juego de palabras, aunque habrá quien se pregunte qué quiero decir. Como siempre, vamos a intentar analizar las emociones con una perspectiva amplia, que nos ayude a comprender su origen, su evolución y su posible superación.

Seguramente, cuando nacemos, en ese mismo instante o al cabo de unas horas, el bebé ha tenido una vivencia clara de fracaso, ha pasado del hábitat materno tan confortable en que vivía a este medio lleno de ruidos, de cambios y sobresaltos, que es el mundo exterior.

Durante los primeros meses el niño sigue teniendo innumerables vivencias de fracaso, cuando quiere coger las cosas y aún no tiene una buena coordinación óculo-manual, cuando su prensión es deficiente y se le caen los objetos, cuando se quiere incorporar y no puede, cuando se quiere levantar y se cae, cuando pretende andar y no consigue el equilibrio necesario, cuando quiere hablar y aún no es capaz de articular las palabras, cuando quiere darle a la pelota y le da al aire, cuando quiere leer y aún no sabe... Su primera infancia, su adolescencia, su juventud... están llenas de vivencias de fracaso que, en mayor o menor medida, él ha ido encajando y superando.

¿Qué ocurre cuando llegamos a la etapa adulta?, ¿por qué en esos momentos el fracaso constituye una experiencia tan desagradable?, ¿no tendría que suceder al contrario? Efectivamente, lo lógico sería que, a mayor edad, mayor superación de la vivencia del fracaso; sin embargo, sabemos que no es así; muchas personas, a medida que van cumpliendo años, aceptan peor la vivencia del fracaso.

El punto de inflexión normalmente lo marca la adolescencia, esa etapa en la que de repente el niño pasa de tener una actitud más o menos razonable, solidaria y llena de curiosidad ante la vida, a otra dura, rebelde, provocadora, plena de insatisfacción e inseguridad, en la que el adolescente busca la confrontación como medio de encontrar su propia seguridad; esa seguridad que está tan lejos de sentir. A partir de ahí las vivencias de fracaso se transforman en sensación de fracaso, llegan las grandes dudas, los grandes reproches, los primeros desencuentros, las crisis profundas y las pulsiones incontroladas.

El adolescente se hace muy vulnerable a la opinión y valoración de los demás, sobre todo de su círculo más próximo, de sus iguales, de sus amigos/as o de los chicos/as que le rodean. Su vulnerabilidad le lleva a rebelarse contra el fracaso, hasta el extremo de que puede tener auténticas crisis cuando se siente «fracasado».

En la etapa siguiente, cuando se pasa de la adolescencia a la juventud, la situación se calma un poco, pero no demasiado. En el joven la sensación de fracaso también es muy fuerte; aún se siente muy inseguro, está en una fase en que se cuestiona su auténtica valía, no ha encontrado su «sitio», las relaciones afectivas adquieren mucha importancia, pero cuesta alcanzar un punto de equilibrio. Es un periodo de mucha competitividad, donde la sensación de fracaso constituye una compañía muy molesta y perturbadora.

Cuando pasamos a la etapa de adulto, muchos piensan que ahí será más fácil encontrar la madurez y el equilibrio emocional, pero hay algunos factores que no ayudan a este objetivo. El adulto, al contrario que el niño, ha perdido mucha flexibilidad, y ahí radica uno de sus principales hándicaps: se pasará mucho tiempo luchando contra esa inflexibilidad. Sólo los años, la sabiduría del que sabe aprender, o la estabilidad del que se siente bien con su propia vida hacen que el adulto vuelva a recuperar la flexibilidad que le da seguridad en sí mismo y le facilita la vivencia equilibrada de las emociones. A partir de ahí el adulto vuelve a tener vivencias de fracaso, pero no las etiqueta ni las vive con sensación de fracaso.

Mujeres y hombres viven el fracaso de forma distinta, y lo sienten ante diferentes situaciones. Las mujeres son más vulnerables a los fracasos emocionales y afectivos, a los fracasos en el seno de la familia y muy especialmente con los hijos. Los hombres también pueden sentirse afectados por los fracasos de los hijos, aunque en distinta medida, pero donde tienen su punto más débil, donde se «rompen» con más frecuencia, es ante los fracasos profesionales.

Las consultas de los psicólogos están llenas de mujeres, y las sesiones de *coaching* de hombres. El *coaching* es un entrenamiento que se realiza a nivel profesional, y frecuentemente lo realizamos psicólogos expertos. Se caracteriza por la personalización. Es un proceso interdependiente «entrenador-alumno», cuyo fin último es el aprendizaje de las habilidades, actitudes y competencias que necesita cada persona para desarrollar de forma óptima su trabajo.

El *coaching* es una nueva formulación de la formación, una herramienta muy importante para la gestión de personas en las organizaciones. Sobresale por su carácter individual y práctico, permite potenciar nuevos comportamientos y habilidades.

El *coaching* requiere por parte de los alumnos:

— La aceptación de áreas de mejora dentro del repertorio personal de competencias.
— La aceptación de un proceso de cambio continuo.
— La implicación en el itinerario de desarrollo a través del cambio de conductas.

En definitiva, las mujeres acuden al psicólogo para pedir ayuda, pero ayuda sobre todo a nivel personal o familar; mientras que los hombres lo hacen para pedir ayuda y entrenamiento profesional. Ellos están dispuestos a aceptar que necesitan mejorar en diversas áreas, que durante el proceso habrá que realizar determinados cambios, que asumirán esos cambios y se implicarán en su consecución..., pero lo harán fundamentalmente para facilitar su desarrollo profesional.

Esta diferencia tan evidente no significa que las mujeres no se tomen en serio su trabajo, ¡ni muchísimo menos! La responsabilidad que desarrollan las mujeres en sus puestos de trabajo alcanza al menos el mismo nivel que la que presentan los hombres, pero sus centros de interés no terminan ahí, al contrario de lo que, con frecuencia, les pasa a muchos hombres.

La sensación de fracaso es muy fuerte en la mujer, y la vive con un dolor inmenso. En el hombre la sensación de fracaso es muy incapacitante, pero suele referirse al medio laboral; su trabajo llega a ser el centro de su vida, y el centro también de sus insatisfacciones.

El caso de Teodoro y Teresa puede ayudarnos a ver estas diferencias; igualmente puede servir de orientación a las personas que se encuentren en una situación semejante a la de Teodoro.

El caso de Teodoro y Teresa

Teresa y Teodoro llevaban veinticuatro años casados, y aunque poseían caracteres diferentes, en principio su relación era bastante aceptable.

Tenían dos hijos de veintidós y dieciocho años, que estaban estudiando.

Teresa trabajaba como administrativa en una empresa y Teodoro como directivo de un banco.

Hacía diez meses que Teodoro había sido prejubilado. Le pilló por sorpresa y ocurrió muy rápido. Al principio no salía de su asombro; al cabo de diez meses estaba a punto de entrar en una profunda crisis depresiva.

Teodoro había acudido al gabinete casi arrastrado por su mujer. Aunque reconocía que no había levantado cabeza desde su prejubilación, le costaba mucho pedir ayuda psicológica. En el fondo, tenía muy claro que la causa de su actual estado era su prejubilación, «y eso no lo va a cambiar ningún psicólogo, por bueno que sea».

Teresa se había mostrado muy paciente con este tema, pues entendía que para Teodoro había sido un golpe brutal. Las prejubilaciones eran una práctica habitual de su banco, pero él no había pensado que le llegase a los cincuenta y dos años, de la forma tan repentina y sorpresiva en que se desarrollaron los hechos.

Los hijos también habían apoyado mucho a su padre, pero estaban empezando a cansarse de la actitud derrotista y quejumbrosa de éste.

Cuando vimos a Teodoro, llevaba varios meses en que apenas salía de casa. Se pasaba el día tirado en el sofá, viendo la tele, leyendo la prensa y «picando» a todas horas. Cuando llegaba la hora de marcharse a la cama no tenía sueño, y de nuevo se quedaba viendo la tele hasta las tres, cuatro o cinco de la mañana. Al día siguiente se levantaba tarde, con sensación de malestar, cansado y sin ganas de hacer nada.

En las últimas semanas la situación se había agravado, pues Teodoro cada vez se mostraba más suspicaz, más hiriente y agresivo. Todo parecía molestarle, incluso le fastidiaba que los demás se rieran y estuviesen de buen humor; se había convertido en una compañía lamentable.

Los primeros registros que le pedimos, hechos con bastante desidia y de forma incompleta, nos mostraron una situación muy típica: se pasaba el día pensando en lo «mierda» que era todo, en la injusticia que habían cometido con él, en que ya nadie le llamaba, en que su mujer y sus hijos no entendían lo mal que se sentía... y, para colmo, se estaba convirtiendo en un hipocondríaco, veía enfermedades en cualquier síntoma y se desesperaba porque el médico le había dicho que su estado de decaimiento se debía a que no había aceptado su prejubilación, que no tenía ninguna enfermedad, pero que acabaría con una depresión si seguía con esa obsesión.

Le mandamos hacer otro registro de tareas: debía apuntar las cosas que hacía cada hora y la satisfacción que obtenía al hacerlas. Como era de esperar, la satisfacción era mínima y su actividad se limitaba a estar tumbado y a sentarse, y de ahí a volverse a tumbar; se pasaba el día delante del televisor, pero, eso sí, no paraba de tener pensamientos irracionales, todo era negativo, todo era injusto para él y nada tenía solución.

Esa misma semana tuvo que anotar otro registro de conductas. Dado el incremento de situaciones conflictivas en casa, le pedimos que escribiese qué ocurría cada vez que había alguna situación desagradable o tensa: qué hacía él, qué hacía Teresa, qué hacían los chicos, cómo respondía cada uno ante las conductas de los otros, qué pensaba él en esos momentos de tensión... Al final el análisis era muy claro: Teodoro buscaba la mínima oportunidad para crear tensión, Teresa se controlaba bastante, pero los chicos cada vez entraban más «al trapo» y la convivencia se había convertido en un infierno.

Cuando evaluábamos las situaciones que se producían en casa, Teodoro me dijo que estaba pensando muy seriamente en marcharse a vivir a un apartamento que tenían en la playa, que le fastidiaba hacerlo por Teresa, pero que como ésta finalmente parecía defender lo que hacían los chicos, pues que se quedase con ellos ¡y todos contentos! Le comenté que me parecía muy bien, y cuando aún no había salido de su sorpresa, añadí: «Pero para irte a vivir a la playa, antes tendrás que estar bien contigo mismo, de lo contrario al segundo día de estar allí, vas a querer que te trague el mar». Teodoro asintió con la cabeza, pues era consciente de que la playa no era una solución, sino, como tantas veces hemos señalado, una huida, una salida que al final se convertiría en una trampa muy peligrosa.

Con estos antecedentes, y afortunadamente con la ayuda de Teresa, que en todo momento siguió las instrucciones que le fuimos dando, emprendimos el programa que habíamos diseñado para que Teodoro volviera a sentirse bien.

Lo primero que pusimos en su vida fue actividad. Como siempre le había gustado comer bien, le sugerimos que se apuntase a un curso de cocina, la única condición es que desde el primer día del curso, él sería el encargado de hacer la comida en casa. Lógicamente, para completar la tarea, también haría la compra de lo que necesitase, primero lo limitamos al tema de la alimentación, pero Teodoro pronto sugirió que podía comprar el resto de las cosas de la casa. Rápidamente le pedimos que hiciera una «lista» consensuada con Tere de lo que realmente necesitaban, pues Teodoro, como la mayoría de los hombres, tendía a comprar más de lo necesario.

Poco a poco fuimos trabajando en la confrontación de sus pensamientos; es decir, le ayudábamos a realizar un análisis objetivo de sus pensamientos para que éstos fueran más acordes con la realidad. Un día le pedimos que escribiera todo lo que había sentido desde que se enteró de su prejubilación. Lo hizo muy bien, describía una situación de profunda impotencia y de sentido fracaso; él, que había sido un trabajador brillante, que había dado los mejores años de su vida al banco, sentía que ahora se había convertido en «uno más» de esa larga lista de prejubilados a los que mandaban a casa, porque ya no resultaban rentables, porque ya no encajaban en la nueva política, no había sitio para ellos en la estrategia futura de la entidad. Entonces le pedí que pusiera todos los posibles culpables de esa situación, quiénes le habían decepcionado, quiénes incluso sentía que le habían traicionado; por qué eso implicaba que él ya no tuviera ningún valor como profesional, que era un fracasado, una especie de estorbo del que había que desprenderse; por qué la prejubilación significaba un lastre para él; por qué no lo veía como la oportunidad de hacer las cosas que siempre había deseado; qué era lo que le impedía catalogarlo como una «lotería», como un regalo para su vida... Esta relación la debía completar con las cualidades que creía tener hacía un año, con las que aún pensaba que conservaba y con las que no había tenido ni antes ni ahora, pero le gustaría tener. Posteriormente hubo otras listas, entre ellas destacamos qué cosas no podía hacer un año antes y qué cosas podía hacer en la actualidad. A continuación trabajamos sobre «la gestión del tiempo», cómo sacarle el máximo partido a ese tiempo que él, precisamente él, tenía la suerte de tener; ese tiempo que representaba el control sobre su vida, una posibilidad reservada a muy poca gente...

Ni que decir tiene que en esa lista, en ningún momento aparecían su mujer y sus hijos como culpables de nada. Ellos no habían sido responsables de la decisión que habían tomado con él, ellos tampoco le habían decepcionado, ni le habían hecho sentirse un fracasado o un estorbo. Por el contrario, se dio cuenta de que, bien analizado, se abría ante él la oportunidad de su vida; que las cualidades que tenía hacía un año, permanecían ahí, y que la gran modificación era que ahora tenía tiempo para hacer lo que más le satisficiera; había conseguido lo que casi nadie tiene a su edad: tiempo para vivir su propia vida. Sin darse cuenta, era como si hubiese

comprado su libertad para llenar su vida de lo que él quisiera, no de lo que le impusieran. Pronto sintió que era una pena
que Tere no estuviera en su misma situación, pues así también disfrutaría de un privilegio como el que él tenía.

Llegados a este punto, en que por fin Teodoro abandonaba la sensación de fracaso y empezaba a sentirse un privilegiado, decidimos trabajar con él una «cualidad» que siempre había
echado en falta, la de relacionarse y comunicarse mejor. «Lo
mío son los números —nos dijo un día—, y ahí soy muy
bueno, pero fallo bastante en la relación con las personas;
Tere me conoce y me acepta como soy, pero me gustaría mejorar sobre todo por mis hijos, les quiero mucho, pero lo único
que hago es discutir siempre con ellos». Había llegado el
momento de que aprendiera algo tan vital como comunicarse
mejor, así que trabajamos de forma intensiva esas habilidades de comunicación que brillaban por su ausencia; aprendió a escuchar, a saber lo que el otro está comunicando, a ser
más sensible y más hábil, a parar sus impulsos, a decir lo que
era adecuado en cada momento, a controlar sus propios pensamientos negativos, ese diálogo interior que tanto daño le
estaba haciendo..., y aprendió lo que para él era más importante, aprendió a disfrutar de esos dos chavales que estaban
en una edad en que él les podía ayudar mucho.

Realmente estaba siguiendo muy bien el programa, así
que le pedimos a Tere un esfuerzo adicional; aunque ella llegaba cansada a casa, pues tenía jornada partida y no salía hasta
las seis y media de la tarde, le dijimos que intentara encontrar un hueco para ir un día entre semana al cine, que era una
actividad que a los dos les gustaba, pero que nunca encontraban el momento de realizar. Tere lo hizo con entusiasmo
y, de paso, acordaron que él la iría a buscar al trabajo en coche,

para que pudiera llegar antes a casa y aprovechar todos los días y dar un paseo de treinta minutos juntos.

Por otra parte, dado que Teodoro en los meses precedentes había engordado 12 kilos, le dimos dos alternativas: acudir a un gimnasio, al menos cuatro días a la semana, o hacer algún deporte con sus hijos. Prefirió esta última opción, a la que añadió otra posibilidad: durante el fin de semana intentaría enseñar a Tere a jugar al *paddle*, que era el deporte que a él más le gustaba y que practicaría con sus hijos. A Tere le sorprendió, pero le pareció muy bien esta opción. Ella estaba en una edad en la que le convenía hacer mucho ejercicio.

Cuando ya fue capaz de ver el aspecto positivo de su prejubilación, y que lejos de resultar una carga para su familia se había convertido en una compañía muy grata, le dijimos que era el momento de añadir alguna actividad más que completase el programa.

Teodoro en esos momentos tenía cincuenta y tres años, era demasiado joven para hacer sólo actividades «de relleno»; especialmente en una persona como él, que había estado acostumbrada a una dinámica de trabajo muy intensa. De nuevo contemplamos dos opciones: colaborar en un despacho que habían montado unos ex compañeros, donde podía desarrollar algunas labores de asesoría y de preparación de proyectos, o colaborar en alguna ONG, en temas de su especialidad. Al final decidió una opción mixta. Colaboraría con sus antiguos compañeros en algunos trabajos, pero lo haría de tal forma que esta colaboración no le supusiera más de cinco horas de trabajo real al día, e intentaría ayudar en temas de contabilidad en una ONG, en la que conocía a personas que le merecían todo su respeto y confianza.

Teodoro normalizó sus horarios, se acostaba con Tere y se levantaba a la misma hora que ella, se iba al despacho en el que realizaba algunas colaboraciones y, como muy tarde, a las dos de la tarde se quedaba libre para poder hacer el resto de actividades «gratificantes» que le esperaban. Aunque sus antiguos compañeros le pidieron una y mil veces que ampliase su horario, ahí se mantuvo absolutamente firme, e hizo bien; no se trataba de sustituir un trabajo por otro, se trataba de ganar calidad de vida, de no volver a sentir esa sensación de fracaso que le había llevado a las puertas de la depresión y que había convulsionado a él y a su familia.

Al final de ese recorrido tan interesante que hicimos todos, Teodoro aprendió que:

> *La sensación de fracaso siempre es interna, como interna es la superación del mismo.*

> *Cuando nos sentimos fracasados alimentamos una serie de pensamientos irracionales, que son los que nos hunden en ese fracaso.*

— Aprender a controlar esos pensamientos irracionales es una de las mejores cosas que podemos hacer en nuestra existencia. A partir de ahí nos resultará más sencillo controlarnos emocionalmente y disfrutar de las situaciones que la vida nos brinda.

— No debemos tomar decisiones importantes, que afecten a nuestra vida personal o profesional, cuando nos sentimos fracasados o estamos inmersos en una crisis que ha roto nuestra estabilidad emocional.

— La valía de una persona no depende del éxito profesional que alcance.

— A las personas las prejubilan por la edad, y porque la empresa ha decidido una estrategia donde ellas no tienen cabida, pero eso en ningún momento significa que no sean personas válidas.

— En muchos casos la prejubilación es un auténtico drama desde el punto de vista económico, familiar y personal. En el caso que nos ocupa, la prejubilación fue la oportunidad para recuperar el control de su vida y hacer todo aquello que siempre había anhelado o que no había tenido la ocasión de descubrir, pero que estaba dentro de él.

— En las situaciones de crisis vemos cómo responden las personas que nos rodean. Teodoro había tenido la suerte de comprobar el cariño inmenso que su mujer y sus hijos sentían por él, y la capacidad de comprensión y entrega sin límites ni contrapartidas que Tere podía desarrollar, incluso en esos momentos tan difíciles.

— A partir de ahora, tenía el privilegio de haber aprendido aspectos cruciales para su vida: se conocía mejor, sabía controlarse mejor, se relacionaba mejor y podía disfrutar más.

Teodoro y Tere formaban un buen equipo, y como equipo unido y compacto superaron la difícil situación que él estaba viviendo.

Cuando un miembro del equipo está débil, el otro debe asumir el papel de dinamizador; a veces puede resultar agotador, pero siempre merece la pena.

Una vez que hemos visto cómo poder enfrentarnos y superar la sensación de fracaso, vamos a intentar analizar otra situación que puede resultar familiar a muchas personas: cuando añoramos la libertad.

Cuando añoramos la libertad

¿Quién no se ha sentido poco libre en algunos momentos de su vida? Hay personas que sienten que casi nunca pudieron elegir lo que realmente querían, otras piensan que están llevando una vida muy contraria a la que desearían, pero que no tienen libertad para poderla cambiar, que están condicionadas por su situación actual, por una serie de hechos que les atrapan, por su familia, por la hipoteca de la casa, por las promesas que realizaron en su momento...

Seguramente, pocas personas se sienten auténticamente libres, o al menos con un nivel de libertad que cubra sus expectativas.

Mujeres y hombres se pueden sentir condicionados por decisiones o compromisos que adquirieron en el pasado, por una realidad presente que les asfixia o por la falta de futuro que les espera.

Cuando añoramos nuestra libertad, igual que cuando nos sentimos mal, intentamos buscar un responsable. Muchas veces será la persona o personas que nos rodean; en otras ocasiones sentiremos que es la persona que llevamos dentro.

Una vivencia muy dolorosa es la de sentir que tu vida puede cambiar, que de nuevo se abre ante ti una oportunidad, en algunos casos quizá la última oportunidad, pero las circunstancias que te envuelven parecen aprisionarte y te impiden coger ese tren que, aparentemente, conduce a la felicidad.

> *Cuando una persona siente que ya no tiene libertad en su vida para ser feliz, no puede permanecer sin hacer nada; o cambia sus circunstancias, o cambia su vivencia interna, o empezará a «morir» un poco cada día, en la misma medida en que mueren sus esperanzas.*

A veces podemos sentirnos confusos, en medio de emociones que nos envuelven y provocan sentimientos contradictorios. Por una parte queremos vivir esa nueva experiencia, pese a quien pese y por complicadas que sean nuestras circunstancias; por otra parte, sentimos dudas y nos invaden los temores.

Son momentos difíciles, en que podemos pasar de la exaltación más apasionante al decaimiento más profundo. Podemos tirar por la borda todos los logros que hemos conseguido a través de una vida de esfuerzo, podemos cargarnos el brillante futuro que nos espera, podemos liberarnos de condicionantes absurdos e injustos, o podemos sumergirnos en la telaraña de una relación dependiente, que nos hace más pequeños cada día.

Este problema afecta en parecida medida a mujeres y hombres, aunque suelen reaccionar de forma diferente.

El caso de Samuel y Sonia puede ser un buen ejemplo para esta emoción de añoranza de libertad.

El caso de Samuel y Sonia

Samuel y Sonia formaban una pareja muy estable, nunca habían tenido crisis importantes.

Llevaban veintitrés años casados y tenían tres hijos de dieciséis, catorce y doce años.

Lo habían pasado muy mal los primeros años de matrimonio, pues a los seis meses de casarse los padres de Samuel habían tenido un revés económico muy fuerte, que les había sumergido en una situación lamentable. Samuel y Sonia tuvieron que emplear una parte importante de sus ingresos para hacer frente a las deudas que éstos tenían.

En gran medida, y condicionados por esta circunstancia, no tuvieron hijos hasta siete años después de haberse casado, cuando la situación económica de los padres de Samuel se hizo menos gravosa.

Ambos eran dos triunfadores a nivel profesional, pero Sonia había sacrificado en gran medida su carrera cuando, de común acuerdo con Samuel, había pedido reducción de jornada en su trabajo cuando nació el tercer hijo con un problema físico importante; afortunadamente, la evolución del niño había sido bastante satisfactoria, pero esos seis años de dedicación íntegra al pequeño habían cortado su carrera profesional.

Aparentemente la normalidad se había instaurado en la familia, pero hacía unos meses había ocurrido un hecho importante, tan importante que Samuel, por primera vez, estaba siendo infiel a Sonia y mantenía una relación afectiva con una compañera de trabajo veintidós años más joven que él.

Fue precisamente Samuel el que vino a la consulta. Su mujer no sabía que él tuviera una doble «vida afectiva», pero le notaba muy extraño y llevaba meses preguntándole si le pasaba algo.

La situación para Samuel se había hecho insostenible. Por una parte se sentía fuertemente atraído por su joven amante, hasta el extremo de cometer auténticos disparates en el trabajo con tal de estar con ella, y por otra parte sentía un remordimiento enorme cada vez que pensaba en lo que le estaba haciendo a Sonia.

A pesar de todo, Samuel hubiera seguido «compaginando» ambas vivencias, pero su joven «compañera» le dio un ultimátum, le dijo que tenía que decidirse, que ella no iba a estar permanentemente en esa situación, que tenía veintiocho años, y si él no dejaba a su mujer y a sus hijos, ella rompía la relación.

Curiosamente, este ultimátum llegó un mes después de que Samuel se hubiera empleado a fondo para proponer un fuerte ascenso profesional para esta persona que formaba parte de su equipo. A pesar de las resistencias que encontró en varios integrantes de su propio grupo, incluso en otros directivos, que no veían clara la justificación de este ascenso, finalmente se llevó a efecto; y ahora su adorada joven se encontraba en otra área de la empresa, «por encima» de otras personas que tenían más experiencia y mayor valía profesional que ella.

Cuando analizamos este hecho, Samuel lo consideraba una casualidad y no le daba mayor trascendencia. Se culpaba de la situación actual, pues decía que, en más de una ocasión, esta persona le había dicho que deseaba vivir con él, y Samuel le había contestado que a él también le gustaría poder vivir juntos. En consecuencia, le parecía lógico que ella, a la que veía profundamente enamorada, le exigiera romper con su matrimonio.

Samuel estaba al borde del abismo; no dormía, no descansaba, estaba lleno de pulsiones y de dudas..., y ahora sentía que el ultimátum de su joven pareja le ponía entre la espada y la pared.

De una forma bastante convulsiva cambiaba de decisión de un día a otro. Los fines de semana se convencía de que no podía abandonar a su familia, pero en cuanto veía a esta chica, pensaba que él tenía derecho a vivir este amor; este amor tan apasionado, que le hacía sentir lo que nunca había experimentado.

Resultó muy difícil que empezara a razonar, para colmo, hubo un episodio que le trastornó profundamente; había sorprendido a su «chica» coqueteando abiertamente con otro directivo, y los celos se apoderaron de él, casi sin darse cuenta se puso «en evidencia» con una actitud muy agresiva, que sorprendió tanto al otro directivo como a él mismo. Su joven «amiga» se enfadó muchísimo y le dijo que no le consentía esas reacciones, que no tenía ningún derecho sobre su persona, que ella se lo había dado todo y él se había limitado a disfrutarlo, sin poner en peligro su matrimonio; que había sido muy discreta, pero que ya no aguantaba sus indecisiones, que no le volvería a ver —en la intimidad— hasta que no hubiera tomado la decisión de separarse. De repente Samuel sentía que se le estaba escapando la última oportunidad para ser feliz en su vida, y en un arrebato le había dicho a su mujer que tenían que hablar, que él no se sentía feliz, que necesitaba más tiempo para él, que quizá deberían darse un respiro temporalmente, y que lo mejor sería que él se fuera un tiempo a vivir solo a un apartamento. Sonia, que no tenía un pelo de tonta, le dijo que si por fin empezaba a decir lo que le pasaba, que le contase toda la verdad, que siempre habían dicho que si alguna vez sucedía algo, se lo contarían, y que ella nunca había roto esa promesa. Samuel se paralizó, afortunadamente, y le dijo que estaba agotado, que le disculpase, y que ya hablarían más despacio cuando estuviese mejor, que seguramente lo del apartamento no había sido una buena idea.

Samuel había salido como había podido de esa conversación, en la que él solito se había metido. En este punto, no había más remedio que intentar avanzar con la máxima urgencia, pues no era capaz de controlar sus conductas, y podía realizar cualquier barbaridad, tanto en el seno de su familia, como a nivel profesional. No debíamos correr más riesgos, así que aceleramos al máximo su proceso y le dije que escribiera las condiciones de una separación con Sonia, qué pensaba él que era justo, qué acuerdo deberían alcanzar en relación a los niños, cómo quedaría el tema económico... En un análisis muy difícil, le dije que pusiera en qué saldría él ganando con la separación y en qué saldría perdiendo. También le pedí que escribiera qué es lo que más le gustaba de su compañera, qué aspectos le hacían creer que su relación duraría en el tiempo, qué pasaría si al cabo de unos meses su convivencia no resultaba...

Los ejercicios empezaron a dar resultados, en realidad era mucho lo que él sentía que perdía con su separación, y mucho lo que arriesgaba en función de una nueva relación, en que puntuaba a su joven «amiga» muy por debajo en todo de Sonia.

Al hacer estos ejercicios, Samuel había redescubierto hasta qué punto seguía queriendo a su mujer, hasta dónde le dolería perderla. En el tema de los niños, él, como hipótesis, había apuntado que se quedaran con Sonia; aquí decidí dar un golpe de timón y le dije que no parecía justo, ni para Sonia, ni para él, ni para los niños. Ante su cara de asombro, le comenté que Sonia ya había sacrificado su carrera profesional por los niños, que él había seguido su trayectoria gracias al esfuerzo de su mujer, que no le podíamos pedir ahora que sacrificara su futuro personal, recluyéndose en el cuidado de unos hijos a los que quería con toda su alma, pero que también la impedirían tener vida propia. En relación a él, era un auténtico padrazo, y rápidamente los echaría en falta y se sentiría culpable por no estar con ellos. Los niños, por último, sufrirían su ausencia en unos momentos claves de su desarrollo; se quedarían sin un padre al que querían y necesitaban. En definitiva, ¡había que buscar otra fórmula! «¿Qué fórmula?», preguntó Samuel sorprendido. «Habrá que hablarlo con Sonia, pero quizá los chicos puedan vivir una parte importante contigo, por otro lado —le dije—, ¿cómo has pensado devolver a Sonia la cantidad que ella aportó durante los primeros años de matrimonio para tus padres?». Samuel no salía de su asombro, y casi sin voz contestó: «No había pensado que tuviera que devolver nada, pero ahora que lo dices, sería lo justo; por otra parte, si tuviera que compensarle económicamente por todo lo que ella ha hecho durante nuestro matrimonio, no habría dinero en el mundo para hacerlo». «Bien —repuse—, pero es bueno que seas realista en cuanto a las condiciones de vida que le puedes ofrecer a tu joven amiga, y se lo digas antes de volver a meter la pata con Sonia».

La siguiente vez que Samuel vino a la consulta, no hizo falta preguntarle nada para saber lo que había pasado. En cuanto le insinuó a su amiga que a él le gustaría que sus hijos pasaran temporadas viviendo con ellos, y que económicamente pensaba que lo justo era dejar a su mujer al menos la mitad de todos sus ingresos y el 75 por ciento del dinero ahorrado que tenían en común, su amiga le dijo que ¡se había vuelto loco!, que ella no tenía la culpa de que él tuviera tres hijos, y que no estaba dispuesta a sufrir las consecuencias de que él fuera un ser blando e inseguro, que necesitaba acallar su conciencia a costa suya. Samuel le dijo que él perdía más en esta historia, y estaba dispuesto a hacerlo por ella, a lo que su amiga le contestó que ella sin embargo tenía sus dudas, que había tardado tanto en decidirse que no estaba segura de que lo mejor fuera seguir juntos y que, en cualquier caso, o se olvidaba de que los niños estuvieran con ellos y cambiaba totalmente el tema económico, o no tenían más que hablar.

Samuel se quedó hundido, de repente se sintió engañado, usado, maltratado..., pero seguía teniendo mucha dependencia de esta chica. A pesar de su extrañeza, no insistí en el fondo de la conversación que habían tenido, sino en uno de los ejercicios que había hecho semanas atrás: ¿qué era lo que más le gustaba de su compañera?, ¿qué le hacía pensar que su relación seguiría en el tiempo?, ¿cómo se encontraría si al cabo de unos meses todo se venía abajo?... Samuel dijo que no se encontraba con ánimo para hacer este ejercicio, y ahí le contesté que lo comprendía, pero que era necesario —yo sabía que ya estaba casi decidido a dejar esa relación, pero quería que saliera convencido, no resignado; quería que superase esta situación con ilusión y con fuerza, no con sensación de fracaso y renuncia—. Insistí, en consecuencia, y volvió a quedarse muy sorprendido cuando le dije: «Por cierto, ¿cómo has pensado que reaccionarás cuando tu amiga tenga cuarenta años y experimente ese anhelo sexual que tienen las mujeres a esa edad, cómo vas a conseguir dar respuesta a esa necesidad de relaciones sexuales que la naturaleza potencia en la mujer en los últimos años de su vida fértil?, ¿has pensado que entonces tú tendrás sesenta y dos años?». Samuel de nuevo reaccionó como si nunca hubiera contemplado esta posibilidad.

En las siguientes sesiones trabajamos al máximo lo que él aún seguía sintiendo por Sonia, cómo creía que podría volver a recuperar parte de esas ilusiones y de esas emociones que parecen decrecer con el tiempo; le dije que no podía vivir en una situación de aparente falta de libertad, que a pesar de que la relación con su amiga había terminado —ésta se había mostrado totalmente esquiva después de la conversación que habían tenido sobre las condiciones de su vida en común—, él debía decidir libremente si quería continuar con Sonia, y si quería hacerlo al margen de los niños.

Samuel sintió que había sido un cretino, que en realidad lo que pasaba es que se había dejado enganchar por una persona ambiciosa que le había utilizado, y que gracias a esta experiencia se había dado cuenta de nuevo de todo lo que quería a Sonia. Llegados a este punto le dije que se olvidase de las circunstancias en que se había desarrollado su aventura, que tenía que ponerse en la hipótesis de que otra chica pudiera quererle por sus propios méritos, «sin buscar otra cosa que no fuera su amor y su compañía; en esa hipótesis —le expliqué— tienes que ver si sintiéndote como te sentías de ilusionado con tu compañera, te merecería la pena intentarlo con Sonia». «¡Claro que sí!», respondió sin dudarlo. «Pues entonces —repuse—, ya puedes empezar a correr, porque quizá Sonia esté en una situación parecida a la tuya, y decida que quiere vivir su vida libremente, sin ataduras, con toda la fuerza de las emociones y del apasionamiento, ¿qué pasaría si ella estuviese enamorada de un chico más joven que tú, de una persona que la hiciera sentirse querida, mimada y deseada?, ¿qué pasaría contigo?». Samuel descubrió que no había contemplado tampoco esa posibilidad, y con toda la emoción del mundo dijo: «Si eso pasara, no podría perdonármelo en la vida, porque sabría que yo nunca sería tan feliz con nadie como con Sonia». «Bien, en ese caso —añadí—, ¿a qué esperas para volver a reconquistar vuestro amor?».

Sonia había respetado profundamente a Samuel, y aunque intuía que algo le pasaba, no le había forzado con preguntas indiscretas ni con escenas difíciles, había respetado su proceso, se había comportado suave y dulcemente, como era su estilo, no había hecho referencia alguna a la conversación pendiente, y cuando Samuel le dijo que le perdonara, que aquel desparrame de semanas atrás había sido producto de un agotamiento, que no sentía nada de lo que le había dicho, ella le comentó algo parecido a: «Samuel, tú y yo sabemos que algo pasaba, pero de nuevo veo un brillo en tus ojos que hacía tiempo había desaparecido, quizá estábamos teniendo una vida demasiado rutinaria y los dos nos merecemos algo mejor; no me gustan las convulsiones, pero nuestra relación se merece algunos cambios; en estas semanas me he dado cuenta de lo que te quería, de lo que sufriría si nuestro matrimonio se iba a pique, así que si todo era cansancio por tu parte, ¡vamos a cansarnos de verdad!, es bueno agotarse de vez en cuando, pero por pasárselo bien, no por encontrarse infeliz, ¿por dónde empezamos?». Samuel inmediatamente respondió: «Por irnos de viaje y por volver a tener aquel sexo tan increíble entre nosotros». «Los hombres siempre pensáis todos en lo mismo —rió Sonia—, pero me gusta tu plan».

Samuel de nuevo estaba flotando, pero esta vez era por su relación con Sonia, por su felicidad de volver a disfrutar de sus hijos sin miedo a perderlos, por su confianza en sí mismo, en su mujer y en el amor tan profundo que se seguían teniendo. Trabajó mucho para que su matrimonio recuperase parte de la emoción que había perdido. Un día me preguntó si debía decirle a Sonia lo que había pasado, pues a veces se sentía culpable por aquella historia y pensaba que debía confesárselo. Le comenté que no, y ante su sorpresa añadí: «Sonia seguramente sabe que pasó algo, confirmárselo sólo traería de nuevo dolor, inseguridad y miedos a vuestra relación, ¿en qué le beneficiaría a Sonia esa confesión? No puedes volver a herir, de forma tan innecesaria, a quien tanto amor te demuestra cada día; quedarte tú más tranquilo con tu conciencia no justifica el dolor que producirías; si quieres sentirte redimido, sigue esforzándote cada día en mimar, cuidar y disfrutar de tu relación, ése es el mejor pago que puedes hacer a Sonia y a ti mismo».

Antes de dar por finalizado el caso, le pedí que escribiese todo lo que él sentía que había aprendido, o que le había resultado especialmente útil. De forma muy resumida escribió:

— En las condiciones de vida que disfrutamos, en una situación como la mía, la libertad es algo que tú mismo te das o te quitas.

El que seas más libre no depende de los demás, pero el sentirse esclavo depende de ti.

— Cuando añoras la libertad, lo que en realidad estás necesitando es volverte a encontrar, poner tu vida encima de la mesa y realizar cambios que te hagan de nuevo sentir e ilusionarte cada día.

— La mayoría de las veces, los cambios no significarán cambios de personas, sino cambios de actitudes, de costumbres, de rutinas.

— Si en algún momento sientes que eres profundamente infeliz con lo que vives, si después de realizar todos los esfuerzos a tu alcance, sigues pensando que la situación ya no da más de sí, que cada día te vas a arrepentir de cómo estás viviendo, o mejor dicho, de cómo no vives, ése será el momento de tomar una decisión importante, pero antes de hacerlo, deberás conseguir estar bien contigo mismo; sólo ese equilibrio interior te dará la fuerza y la seguridad para efectuar los cambios que necesites.

— Si alguna vez piensas que no debes perder tu «último tren», recuerda que los demás también merecen tener la oportunidad de poder coger otros «trenes», así que facilita al máximo esta posibilidad y sé generoso con quien ha compartido contigo una parte de su vida.

— Cuando despiertes un día sintiéndote de nuevo cansado, aburrido..., significará que te has relajado, que debes esforzarte de nuevo por poner en tu vida, y en este caso en tu vida de pareja, dosis de buen ánimo, de ingenio, de creatividad..., que hagan posible que cada día esperes algo nuevo, algo que te ilusione y te llene por dentro.

Samuel era una persona estupenda, que merecía ser feliz, al igual que lo merecía Sonia. Ambos aprendieron a ver lo que les separaba y supieron acercarse de nuevo, para revitalizar ese amor que, de vez en cuando, necesita una «puesta al día».

Si hubieran sabido lo que les separaba, seguramente habrían trabajado más lo que les acercaba, y esa crisis no habría sido tan peligrosa.

Capítulo 6

Cómo vencer las diferencias

Las diferencias entre hombres y mujeres no se limitan al aspecto físico externo; las diferencias son mucho más profundas, y se refieren básicamente a los principales ejes que mueven nuestra vida: los pensamientos, los comportamientos y las emociones.

En general, hombres y mujeres piensan de forma distinta y, en consecuencia, actúan de manera diferente.

Los últimos estudios que se han realizado con técnicas de imagen, para evaluar la actividad cerebral, ponen de relieve que las mismas áreas cerebrales se comportan de forma distinta en el cerebro masculino y en el cerebro femenino. Este hecho, demostrado científicamente, podría justificar esas diferencias tan evidentes en la conducta del hombre y la mujer.

Ya hemos comentado que las mujeres tienen más intuición, son más observadoras, pueden realizar varias tareas a la vez, poseen un área del lenguaje más completa y desarrolla-da..., y los miles de años de historia en que han realizado un papel duro, abnegado y difícil han desarrollado al máximo su sentido de la responsabilidad, su sensibilidad, su capacidad de observación y reacción en circunstancias difíciles, su espíritu romántico y soñador —que compensaba la difícil realidad que vivían—, y su predisposición para sacrificarse por los demás. Las mujeres son unas «luchadoras infatigables», con mucha capacidad intelectual, que pueden desarrollar la mayoría de los trabajos con gran eficacia y que son capaces de transformar las costumbres de la humanidad en menos de un siglo.

Los hombres tienen más fuerza física, poseen mejor orga-nización espacial —se orientan bien—, son más concretos en sus pensamientos y en sus conductas, están muy centra-dos en el área sexual, poseen una sensibilidad muy diferente a la de las mujeres, son menos románticos, seguramente más ingenuos, y dan menos vueltas a las cosas. Para ellos la dis-persión es su gran enemigo; rinden más haciendo las cosas de una en una, gran parte de su mundo y su propia valora-ción giran en torno al trabajo, y aceptan mal el fracaso.

Sin duda, las diferencias que existen entre hombres y muje-res enriquecen a ambos géneros, pero a veces dificultan en extremo la convivencia y la comunicación.

Las semejanzas pasan más desapercibidas. En general, somos menos conscientes de ellas y, casi sin quererlo, nos fijamos más en las diferencias, aunque, paradójicamente, las mujeres piden a los hombres que sientan como ellas, y los hombres piden a las mujeres que actúen como ellos.

Vamos a tratar de profundizar en los que nos separa, para tender puentes, y en lo que nos acerca, para potenciarlo y disfrutarlo al máximo.

Lo que nos separa

Los hombres dan buenos consejos, las mujeres escuchan mejor.

En un curso que impartí sobre comunicación y habilidades para relacionarnos mejor, ésta fue una de las conclusiones que alcanzaron los asistentes, en relación a su experiencia sobre cómo se relacionan y se comunican los hombres y las mujeres. Lo pongo aquí porque es un buen diagnóstico de dos de las principales características que más distinguen y separan a ambos sexos.

Las mujeres, en líneas generales, escuchan más, conversan mejor y son sensibles a la comunicación verbal y no verbal. A los hombres les cuesta escuchar, es demasiado pasivo para ellos, pero como están muy orientados a la acción, rápidamente generan respuestas o posibles soluciones; mientras sus compañeras piden detalles y más detalles de los hechos, ellos ofrecen alternativas, dan consejos y marcan el camino a seguir; eso sí, lo hacen de una forma algo imperativa y demasiado resolutiva, que genera mucho rechazo en la mujer. Ellos dicen: «Tú lo que tienes que hacer es...», y las mujeres piensan: «Ya están éstos simplificando las cosas, diciéndome lo que tengo que hacer, sin haberme escuchado y sin haberse enterado de que la situación es mucho más compleja de lo que parece».

En los capítulos anteriores hemos visto muchos ejemplos y situaciones que nos ofrecen un panorama bastante completo de las principales diferencias entre hombres y mujeres; no obstante:

> *En la mayoría de los conflictos, a las parejas les cuesta ponerse mínimamente de acuerdo, en relación a lo que más les separa o lo que más les acerca.*

Vamos a tratar de ofrecer aquí una serie de herramientas, bastante sencillas de utilizar, que nos pueden ayudar en nuestro objetivo de saber cómo es el otro, qué desea, qué quiere, qué le molesta, en qué es capaz de ceder, dónde conviene intervenir, cómo debemos actuar... para conseguir el objetivo que nos hayamos propuesto: llevarnos mejor, comunicarnos mejor, discutir menos, aumentar las coincidencias, disminuir las discrepancias, lograr un acuerdo razonable...; en definitiva, aclararnos y alcanzar la relación que queremos con la otra persona.

En todos los casos en que intervenimos como psicólogos, lo primero que hacemos es establecer un psicodiagnóstico, que nos permite establecer el punto de partida, para proyectar el programa que seguiremos con las personas que nos piden ayuda u orientación.

En relación a los problemas afectivos o de relación, nos encontramos con una diferencia muy significativa en la valoración que hace cada miembro de la pareja sobre su situación en general o sus sentimientos en particular. Una escala muy sencilla y un cuestionario que mide las áreas de compatibilidad-incompatibilidad en la pareja nos resultan muy útiles para establecer las prioridades. (Adaptación del cuestionario de C. Serrat, 1980).*

Nivel de felicidad y satisfacción

Marque con una cruz, en la escala inferior, el nivel global de felicidad y satisfacción que tiene actualmente en su relación de pareja.

0	1	2	3	4	5	6	7	8	9	10

Muy   Satisfecho   Muy
Desgraciado   feliz

Nota: Resulta muy interesante el ejercicio anterior como punto de partida. La mayoría de las parejas se asombrarían de sus puntuaciones al realizar esta sencilla escala.

Cuanto más diferencia existan entre la evaluación que hacen los dos miembros de la pareja, mayores dificultades tendremos para encontrar un «punto de partida» que sea compartido por los dos.

Cuanto menos diferencias existan en la evaluación de ambos, más fácil resultará ponerse de acuerdo en las acciones que puede acometer la pareja.

---

* Miguel Costa y Carmen Serrat, *Terapia de parejas*, Alianza Editorial, Madrid, 1987.

Esta escala se complementa con el cuestionario que exponemos a continuación. Ponga una cruz en la columna que mejor defina su relación de pareja actual.

Cuestionario de compatibilidad-incompatibilidad

Diferentes áreas	No supone un problema	Tenemos problemas con frecuencia, pero los resolvemos	Tenemos problemas con frecuencia, pero no encontramos una solución y discutimos	Tenemos problemas con frecuencia, pero difícilmente hablamos de ello
Comunicación				
Diálogo en la pareja				
Finanzas y economía; prioridades en gastos				
Comidas				
Compras				
Transporte/coche				
Trabajo del hombre				
Trabajo de la mujer				
Cuidados de los hijos				
Tareas y actividades familiares				
Tiempo de ocio y entretenimiento de los hijos				
Tiempo de ocio y entretenimiento de la familia				

Diferentes áreas	No supone un problema	Tenemos problemas con frecuencia, pero los resolvemos	Tenemos problemas con frecuencia, pero no encontramos una solución y discutimos	Tenemos problemas con frecuencia, pero difícilmente hablamos de ello
Tiempo de ocio y entretenimiento de los adultos				
Amistades				
Relaciones sociales de compromiso				
Religión				
Educación de los hijos				
Valores y criterios morales				
Tareas domésticas				
Política				
Intereses culturales				
Puntos de vista conservadores actuales				
Filosofía de la vida				
Relaciones sexuales				
Control de natalidad				
Celos				
Relaciones extramatrimoniales				
Demostraciones de afecto				
Apariencia personal				

Diferentes áreas	No supone un problema	Tenemos problemas con frecuencia, pero los resolvemos	Tenemos problemas con frecuencia, pero no encontramos una solución y discutimos	Tenemos problemas con frecuencia, pero difícilmente hablamos de ello
Cuidado físico				
Hábitos personales				
Salud				
Diferencias de temperamento y personalidad				
Gustos				
Hobbies				
Relaciones con familiares próximos				
Independencia propia				
Independencia del otro				
Otros:				

Señale con una P las 3 áreas más problemáticas.

Señale con una S las 3 áreas más satisfactorias.

Una vez que sabemos las áreas donde hay más o menos compatibilidad en la pareja, conviene que nos entrenemos en cómo evitar conflictos o discusiones estériles. Es importante que ambos miembros de la pareja aprendan a escuchar, a dialogar, a defenderse de la manipulación, de las críticas, a controlar sus emociones negativas, a llegar a acuerdos que sean razonables...

Cómo alcanzar acuerdos razonables

Una vez que los dos miembros de la pareja, o al menos uno, han logrado mejorar el proceso de comunicación y el control de sus emociones negativas, es el momento de alcanzar esos acuerdos razonables, que tan beneficiosos resultan en la superación de las áreas más conflictivas.

Estos acuerdos constituyen una herramienta muy eficaz para superar problemas y situaciones conflictivas que influyen negativamente en la pareja.

Algunos consejos prácticos nos resultarán muy útiles para alcanzar estos «acuerdos»:

— Los acuerdos son un punto de partida. En consecuencia, no podemos empezar exigiendo las metas u objetivos finales. Por ejemplo: *Punto de partida*: «Deseo que después de cenar hablemos todos los días durante diez minutos». Ejemplo: *Objetivo final:* «Deseo que nuestra comunicación sea siempre fluida, transparente y espontánea, y adquiera la máxima prioridad en la relación de pareja». Sería un grave error empezar por un objetivo final tan difícil y tan ambicioso.

— Los acuerdos deben referirse a áreas que resulten importantes para uno o los dos miembros de la pareja.

— Es importante que busquemos el momento apropiado y las circunstancias idóneas para establecer los acuerdos. Nunca pretenderemos establecer un acuerdo en medio de una discusión o bajo los efectos de una situación de tensión emocional. Tampoco lo haremos cuando al menos uno de los miembros de la pareja esté muy cansado, triste o agresivo...

— Los dos miembros harán una lista de las conductas de su pareja que desearían que se modificasen, pues se sienten «mal» cuando ocurren y les resultan difíciles de llevar.

— Posteriormente graduarán la dificultad que puede tener su pareja para cambiar esas conductas que le estamos pidiendo. Es decir, harán una valoración de lo que ellos estiman que le puede costar a su pareja modificar cada conducta. Por ejemplo: recoger el baño tiene una dificultad 3; levantarse cuando los niños lloran por la noche tiene una dificultad 4; escucharme todos los días cuando le cuento mis problemas de la jornada tiene una dificultad 1 (máxima dificultad).

— A continuación examinarán las conductas propias que piensan que deberían cambiar; entre otras cosas porque reconocen que no son apropiadas, o porque su pareja se lo ha expresado reiteradamente.

— Después valorarán la dificultad que tendrían para cambiar esas conductas propias.

— Finalmente harán un ejercicio de selección, en el que elegirán qué conducta le piden a la pareja que cambie a lo largo de la próxima semana, y qué conducta propia ofrecen cambiar durante esa semana.

— Las conductas que se deben cambiar se expresarán en términos muy concretos y específicos, para que ambos miembros tengan muy claro qué es lo que el otro les pide a ellos, y qué es lo que pueden esperar que les ofrezca.

Por ejemplo: «Durante esta semana vendrás todos los días a casa antes de las nueve de la noche (suponiendo que salga de trabajar a una hora fija, por ejemplo a las ocho, y que acostumbre a llegar después de las nueve), y yo te recibiré sin hacerte reproches por todo lo que me ha pasado durante el día».

— Al final habrá que alcanzar un «acuerdo» entre lo que cada uno le pide al otro; es decir, si un miembro de la pareja está dispuesto a ofrecer una lista de cosas que cambiar, pero el otro miembro le pide algo diferente, lo que tendrá que intentar cambiar será lo que al otro le molesta, y cada uno tendrá libertad para decidir qué es lo que le pide a su pareja.

— La dificultad de ambas conductas, la que uno solicita y la que te solicitan, debe ser proporcional. Por ejemplo: «Todos los días estarás de buen humor y no chillarás en ningún momento (conducta muy difícil, pues implica un nivel de control muy fuerte y un cambio de hábitos complicado); a cambio yo compraré el pan y la prensa (desproporción evidente)».

— En función de la relación que exista en la pareja, graduaremos la dificultad de nuestras peticiones. Es decir, cuanto más difícil sea la relación, más fáciles de conseguir serán las peticiones que cada uno establezca al

principio del programa. Por ejemplo: «Cuando te mar-
ches por la mañana dirás adiós, y cuando vuelvas darás
las buenas noches (petición para una pareja donde la
convivencia esté muy deteriorada)». En estos casos
conviene no tener prisa en los primeros objetivos que
se pueden lograr, pues fácilmente caeríamos en el error
de ahogar las escasas posibilidades de mejora o «arre-
glo» que tenga la pareja. Sólo el cambio gradual y continuo, con una graduación muy bien realizada del nivel
de dificultad, nos ofrecerá una mejoría significativa.

— Todo lo que pidamos a la pareja o ella nos pida debe ser
negociado y consensuado. Ninguno de los dos puede
imponer su criterio al otro. Aunque cueste, es necesario
alcanzar un acuerdo consensuado. Recordemos que en
la relación de pareja, los acuerdos impuestos no funcionan, sólo contribuyen a distanciar más a sus integrantes y a que al menos uno de los dos miembros no se sienta respetado, ni comprendido, ni valorado por el otro.

— Una vez que la pareja se haya puesto de acuerdo en
las conductas seleccionadas, verbalizará «en positivo»
lo bien que cada uno se sentirá cuando el otro consiga la conducta que le hemos pedido. De la misma
forma, tratarán de ponerse en el lugar del otro, para
valorar el esfuerzo que cada uno realizará.

— Cuando empiece «el acuerdo», cada uno se esforzará
por «reforzar» la conducta que la pareja esté intentando cambiar; es decir, si hemos pedido a nuestra
pareja que nos pregunte todos los días cómo estamos
de ánimo, por ejemplo después de cenar, cuando lo
haga le comentaremos lo bien que nos sentimos ante
su esfuerzo, y le comunicaremos cómo esa conversa-

ción nos ayuda a recuperar fuerzas y ánimos después
de una dura jornada.

— Con frecuencia, la pareja establecerá una serie de «premios» para fortalecer las conductas que se están intentando cambiar; de la misma forma, se detallarán las
faltas en que incurrirán por su incumplimiento. Por
ejemplo: «Si durante la semana todos los días has ayudado durante 45 minutos a hacer los deberes a los
niños, el fin de semana invitaremos a tus amigos a
venir a casa y jugaremos al *paddle*». «Si no has logrado cumplir tu compromiso los días de diario, te toca-
rá ponerte con los niños durante el fin de semana una
hora y media cada día, y les llevarás tú al entrenamiento de fútbol el sábado por la mañana». Aunque
parezca «muy infantil» contemplar en un acuerdo
entre adultos este tipo de «premios y de faltas», la realidad es que nos movemos en función de los antecedentes y las consecuencias de nuestras conductas; es
decir, si al integrante de la pareja que no está los 45
minutos con los niños haciendo los deberes no le pasa
nada, o todo lo que recibe es la amonestación o «bronca» de su pareja por no hacerlo —amonestación ante
la que está insensibilizado después de escucharla tantas veces—, seguramente seguirá sin conseguirlo las
siguientes semanas; lo mismo ocurre si se esfuerza y
está los 45 minutos, pero no recibe ningún reconocimiento «extra» a cambio: pronto dejará de esforzarse y no realizará algo que le cuesta y no le supone
un refuerzo positivo por parte de su pareja. No nos
engañemos, los adultos necesitamos recompensas o,
de lo contrario, ¿creemos que la mayoría de las per-

sonas irían a trabajar todos los días, si el trabajo no llevara unido una recompensa económica? ¿El sobresaliente que saca un niño no le anima más que un suspenso?

¡Cuidado en este sentido cuando nos empeñamos en que los demás hagan las cosas por obligación! A la mayoría de los niños les cuesta esforzarse y estudiar, y aunque pensemos que es su obligación, que es lo que deben hacer a esa edad, más nos vale que reforcemos esas conductas, que les reconozcamos ese esfuerzo, que les felicitemos por sus logros, si queremos que sigan esforzándose. A los adultos nos pasa algo parecido, no es fácil pasarse el día «de obligación en obligación», levantándonos antes de lo que nos apetecería, trabajando más horas de las que nos gustaría, no teniendo tiempo para nosotros mismos, luchando para salvar todos los imprevistos en ese difícil día a día en que se ha convertido nuestra vida, si encima, al final de la jornada, sentimos que no hemos tenido ningún refuerzo, ningún reconocimiento por nuestra labor. De ahí que los psicólogos insistamos tanto en el reconocimiento interno, en nuestra propia valoración, pues, de lo contrario, estaríamos siempre en manos de los demás, y a veces los que nos rodean son fantásticos y nos muestran su apoyo y su valoración, pero otras son menos generosos, o nada sensibles, o hasta injustos y agresivos, y lo que recibimos de ellos no son precisamente halagos, sino castigos.

Si todos tenemos claro que los castigos no nos gustan, y lo pasamos mal, por muy adultos que seamos,

¿por qué nos cuesta tanto reconocer que necesitamos los refuerzos, los reconocimientos, los premios, las recompensas...?, ¿acaso es que los adultos hemos dejado de ser personas y ya no sentimos?

Éste es un error muy frecuente, que trataremos en la lista de errores que no debemos cometer, pues, recordemos:

> *Los adultos, afortunadamente, seguimos siendo humanos. La edad no nos ha quitado la sensibilidad, ni los sentimientos, ni la emoción que nos produce sentirnos valorados, aceptados y queridos.*

— Los acuerdos deben redactarse en positivo. La pareja intentará por todos los medios facilitar el cumplimiento de las conductas, y con ello el refuerzo de las mismas, antes que la sanción por su incumplimiento.
— Cada día anotaremos las conductas que el otro ha hecho, en lo que se ha esforzado, lo que ha conseguido, lo que no pudo alcanzar..., así como lo que nosotros hemos sentido ante la presencia o ausencia de esas conductas; igualmente anotaremos lo que nosotros hemos hecho, lo que hemos conseguido, lo que no hemos logrado..., dentro de lo que habíamos acordado. Este registro nos permitirá ver la evolución de cada miembro de la pareja y evitará discusiones inútiles sobre si cumplimos o incumplimos los términos del acuerdo.

— Cada semana revisaremos el acuerdo. Para ello habrá que fijar previamente un día y una hora. Por ejemplo: «Analizaremos cómo ha ido el acuerdo el sábado, después de comer». Cuando se revise, se marcarán los objetivos, las peticiones y los compromisos para la siguiente semana.

— A medida que vayamos alcanzando acuerdos, mejoraremos en nuestra comunicación e intensificaremos al máximo las conductas reforzantes. En consecuencia, manifestaremos lo bien que nos sentimos ante el esfuerzo, la pericia o la habilidad que está demostrando la pareja. Igualmente, verbalizaremos cómo nos encontramos cuando conseguimos realizar la conducta que nos han pedido; cuando controlamos manifestaciones que antes causaban dolor en la pareja, cuando nos sentimos más contentos y satisfechos...

— En el acuerdo se incluirán las conductas con otros miembros de la familia y personas cercanas: hijos, familiares, amigos...

— Por último, para darle mayor fuerza y adquirir el máximo nivel de compromiso, los dos miembros de la pareja firmarán el acuerdo que hayan alcanzado.

Esta práctica puede resultar chocante, pero resulta muy eficaz para potenciar al máximo el compromiso de ambas partes y el esfuerzo que la pareja realizará. Si uno de los miembros de la pareja se resiste a ponerlo por escrito y firmarlo, habrá que comentarle que nuestra memoria es frágil y que así evitaremos discusiones posteriores sobre los contenidos del acuerdo. Por otra parte, al tener que escribirlo, realizamos un esfuerzo de síntesis y de clarificación de conductas y objetivos que resulta muy beneficioso para la puesta en marcha del acuerdo.

Al final, si trabajamos positivamente para reducir al máximo lo que nos separa, cada vez potenciaremos más lo que nos une y, poco a poco, la relación será más satisfactoria para los dos miembros de la pareja.

Por el contrario:

Si a pesar de nuestros esfuerzos, siguen creciendo nuestras diferencias y desencuentros, habrá llegado el momento de tomar las medidas que la situación demanda. No se trata de castigar al otro, ni de que la pareja se autoflagele, se trata de encontrar la vía que termine con un sufrimiento absurdo o con una relación imposible.

Vamos a profundizar ahora en todo aquello que acerca a la pareja.

Lo que nos acerca

«No me identifico en nada con mi pareja»; «No compartimos nada»; «No coincidimos en nada»; «No me siento cerca de mi pareja»; «Nuestros gustos son diferentes»; «Ahora no hay nada que me guste de él/ella»... Éstas son expresiones muy típicas que nos manifiestan los miembros de las parejas que se encuentran en situaciones de crisis.

A pesar de todo, incluso en esas parejas, seguro que hay áreas en las que se encuentran más cerca.

Resulta sorprendente comprobar cómo parejas que se sintieron fuertemente impactadas y llenas de una energía desbordante al comienzo de su relación, que les hizo sentirse en la cima de sus ilusiones y emociones, transcurrido un tiempo, sienten con parecida intensidad un miedo que les llena de dudas, y que parece anunciarles el final de su relación. Es como si hubieran pasado del «todo» a la «nada» en sus sentimientos y en sus afectos.

No es fácil analizar objetivamente cuál es la realidad en esos momentos de incertidumbre. Afortunadamente, en muchos casos las circunstancias no son extremas; no obstante, vamos a intentar ofrecer algunos «recursos» que nos ayuden a ver lo que aún tienen en común, o lo que puede servirnos de ayuda en una pareja que está en crisis, o que quiera mejorar su situación actual, o que esté bien, pero desee asegurarse el éxito futuro de su relación.

Ya hemos comentado que una vez que empiezan las dudas, la rutina, los problemas y dificultades del día a día, cuando sentimos cierto vacío o cansancio, tenemos más tendencia a estar atentos a los aspectos negativos que a los positivos, y esto constituye una tragedia, tanto para nuestra vida personal, como para nuestra vida social, pero muy especialmente para nuestra convivencia y nuestra relación de pareja.

En esos instantes «duros», en esos momentos de crisis, conviene que tomemos un poco de distancia y comprobemos de forma objetiva la realidad actual de nuestros sentimientos.

Un test que puede resultarnos muy útil es la puesta en marcha de lo que los psicólogos llamamos el «Día del Amor».

Éste es uno de los ejercicios que más nos ayuda en las terapias de pareja, desde que Weiss *et al.*, 1973, Wills *et al.*, 1974 y Bircholer, 1973, lo empezaron a utilizar.

Una de las ventajas que tiene este test es que podemos realizarlo aunque sólo estemos tratando a uno de los miembros de la pareja; si las dos personas están siguiendo un programa conjunto, lo hablaremos primero con uno de los integrantes y al otro no le diremos nada, hasta que vea por sí mismo las consecuencias que ha tenido esta práctica en la relación de ambos y en sus emociones respectivas.

Cualquier persona que esté leyendo este libro y que quiera saber si, efectivamente, aún es capaz de sentirse bien esforzándose por mejorar la relación con su pareja, y además desee comprobar hasta dónde puede influir en la conducta y los sentimientos de las personas que le rodean, podrá poner en marcha el «Día del Amor».

Con frecuencia pensamos que hay conductas que las personas no podemos modificar, que se deben a eso que popularmente llamamos la personalidad de cada uno. La realidad es que la conducta de uno influye en la del otro; de tal forma que si queremos cambiar la conducta de nuestra pareja, o de una persona cercana, deberemos introducir algunas modificaciones en nuestras conductas para favorecer ese cambio.

En concreto, el «Día del Amor» consiste en que la persona que lo vaya a realizar aumentará de forma muy significativa el número de conductas positivas que habitualmente tiene con la otra persona. Es decir, ese día, a pesar del comportamiento que manifieste la pareja, tratará de hacer, decir o facilitar situaciones que resulten de su agrado, y lo hará tanto si las circunstancias favorecen esas manifestaciones, como si las dificultan. De esta forma, comprobará cómo su conducta influye en el otro; es decir, cómo cuando él/ella cambia su modo de comportarse, cambia el modo de comportarse de su pareja.

Será muy importante que la persona registre —escriba literalmente— el efecto que produce su diferente forma de comportarse. Pondrá qué es lo que ha hecho, cómo ha reaccionado el otro, qué ha vuelto a hacer él/ella, cómo ha vuelto a responder la pareja, qué emoción le ha suscitado el cambio de actitud por parte de la pareja, cómo ha vuelto a actuar él/ella...; así aumentamos el refuerzo que ha obtenido con su cambio de actuación, a la par que incrementamos su control de la situación.

Con frecuencia, cuando la otra persona hace algo que nos ayuda a sentirnos bien, pensamos que es su obligación, que no tiene demasiado mérito. Éste es otro de los errores que no podemos cometer en nuestras relaciones. Si pensamos que los otros tienen determinadas obligaciones, no les reforzaremos por esas conductas, no les mostraremos nuestro agrado y nuestro reconocimiento, y pronto las extinguiremos; es decir, conseguiremos que la pareja deje de hacerlas. Si cuando llegamos a casa pensamos que el otro tiene que escucharnos «por obligación», porque es nuestra pareja, y no le mostramos nuestro bienestar y nuestro agradecimiento cuando lo hace y, por el contrario, le manifestamos nuestro desagrado cuando no lo hace, de esa forma sólo conseguiremos que deje de escucharnos o lo haga transmitiendo la pesadez y el escaso entusiasmo que le supone hacerlo.

El caso de Victoria y Valentín puede ayudarnos a entender los efectos de este «ejercicio», a veces mágico.

El caso de Victoria y Valentín

Victoria y Valentín llevaban siete años de convivencia, tenían una hija de cuatro años y estaban atravesando una crisis importante.

Valentín no tenía claro si quería continuar con esta relación que, en principio, ya no le entusiasmaba y le hacía sentir que estaba renunciando a vivir su propia vida.

Le costaba tomar la decisión por la hija que ambos tenían, a la que él quería por encima de su propia pareja, pero pensaba que si esta relación seguía con tan poco entusiasmo, al final la niña notaría que entre sus padres no había ilusión, ni cariño, ni cosas en común.

Valentín vino a vernos para decidir si debía separarse y, en ese caso, cómo hacerlo para que a la niña le afectase lo menos posible.

Victoria sabía que Valentín había decidido ir al psicólogo, pero se encontraba muy enfadada con él, pues pensaba que llevaba varios años comportándose de una forma muy egoísta, por lo que dijo que sólo vendría un día para exponernos su visión de la situación.

Efectivamente, Victoria vino a las dos semanas de la visita de Valentín, para decir que estaba hasta el último pelo de tener que cargar ella con todo el trabajo de la casa, de la niña..., y encima aguantar a una pareja que actuaba como un niño malcriado, que requería toda la atención para él. Dado que estaba decidida a no volver, y que en realidad apostaba muy poco por la continuidad de la pareja, decidí aprovechar su visita para obtener la máxima información, y le pedí, entre otras cosas, que por favor confeccionase dos listas. En una escribiría diez conductas placenteras que ella estaba dando a Valentín —al menos durante las dos última semanas—, y en la otra pondría diez conductas placenteras que estaba recibiendo por parte de Valentín, también en las dos últimas semanas. (Éste es otro ejercicio que utilizamos mucho en terapia de parejas, y que es original de Azrin, Master y Jones).

Tal y como nos temíamos, Victoria escribió sin problemas las diez conductas placenteras que ella estaba dando a Valentín, pero sólo escribió cuatro conductas placenteras que estaba recibiendo de él y, curiosamente, las cuatro en relación a Cristina —la hija de la pareja—. En concreto, las únicas conductas placenteras que recibía de Valentín eran: bañar a la niña y jugar con ella durante el baño, estar con la niña mientras cenaba, llevar a la niña a la cama y contarle un cuento hasta que se dormía y dar de desayunar los fines de semana a la niña y jugar con ella hasta que Victoria se levantaba.

Tuvimos que retroceder varios meses atrás hasta que consiguió encontrar diez conductas de Valentín que a ella le hacían sentirse bien.

Quedamos en que volveríamos a verla en dos meses, aunque ella podría llamarnos y solicitar en cualquier momento una nueva sesión.

Con estos antecedentes nos dispusimos a trabajar con Valentín, y lo hicimos entrenándole en habilidades de comunicación: cómo escuchar mejor, cómo transmitir información positiva, cómo controlar su conducta no verbal de desagrado, cómo favorecer un clima relajado y cordial, cómo intensificar las muestras de cariño y afecto... Simultáneamente trabajamos con él en el reconocimiento de sus propias emociones, en el análisis de sus insatisfacciones y en el control de algunas conductas negativas.

Pasado un mes desde la visita de Victoria, le pedimos que hiciera el ejercicio del «Día del Amor». En concreto, se esforzaría por realizar aquellas conductas placenteras que tanto valoraba Victoria, y que hacía tiempo que no manifestaba (sorprenderle con alguna propuesta que le hiciera ilusión, llamarle al trabajo para preguntarle cómo estaba, presentarse en casa con algo comprado para cenar, alabarle su físico, ofrecerle muestras de cariño, darle un masaje, preguntarle por sus problemas con sus compañeros...); igualmente, se mostraría especialmente atento para reforzar a su pareja por su conducta. (Por ejemplo: «¡Qué contenta está siempre la niña a tu lado!, «¡qué bien supiste salvar ese problema con tu jefe!», «¡cómo me gusta tu forma de hablar!»...). Él anotaría fielmente todo lo que sucediese ese día, lo que él hacía, lo que hacía Victoria, cómo reaccionaba ella, qué volvía a hacer él...

El resultado fue espectacular, tanto, que Valentín, antes de volver a la consulta, repitió el «Día del Amor» en dos ocasiones más. Por primera vez en muchos meses se sentía feliz, había vuelto a ver esos ojos brillantes, llenos de cariño, que tanto le gustaban de Victoria; se había sentido como un adolescente, lleno de emoción, esperando las respuestas de Victoria a sus conductas positivas; habían hecho el amor como años atrás —aspecto este al que siempre están muy sensibilizados los hombres—, y había salido corriendo del trabajo para llegar pronto a casa y seguir sorprendiendo a Victoria con sus conductas. Valentín estaba feliz y, lo más importante, se había dado cuenta de que aún quería mucho a su pareja; que cuidando la relación, mimando la convivencia, mostrándose especialmente sensible en los momentos difíciles..., volvía a sentirse feliz, recompensado e ilusionado con esa vida en común.

Cuando vino Victoria, su semblante era muy diferente; teníamos ante nosotros a una persona esperanzada, llena de ánimos y con un rostro que reflejaba la felicidad que sentía.

Esa felicidad que nos «embellece» y nos hace sentirnos privilegiados. «¿Estoy viviendo un espejismo —me preguntó—, o una realidad?». «Estás viviendo —le contesté— lo que tú y Valentín lleváis dentro; aquello que os hizo enamoraros el uno del otro, y que el paso del tiempo, la llegada de la rutina, la irrupción de los múltiples problemas, el desgaste de la convivencia... habían desdibujado». «Pero sigue estando ahí», exclamó con fuerza Victoria. «¡Claro que está! —le comenté—, y tú lo sabes mejor que nadie, pues tú vives tu realidad día a día, y sufres o disfrutas con esa realidad». «Por favor, necesito saber si esto va a continuar, no quiero ilusionarme y entregarme como lo estoy haciendo, si de nuevo voy a sufrir dentro de unos meses». «De ti depende, Victoria, de ti y de Valentín, pero si seguís mimando vuestra relación, si cada día intentas ofrecer algo agradable, si verbalizas lo bien que te sientes cuando ves cosas que te agradan en Valentín, si te esfuerzas por estar atenta a lo positivo y respondes con afecto, en lugar de con resentimiento, ¡lo lógico es que vuestra relación cada vez esté más consolidada!, pues si lo analizamos despacio, no existen diferencias insuperables entre vosotros».

La semana siguiente tuvimos una sesión los tres juntos, y les pregunté qué había sido lo que más les había impactado del proceso que habían seguido; qué creían haber aprendido. Cada uno expuso sus vivencias, pero las principales conclusiones fueron:

Si te esfuerzas, puedes cambiar las emociones del otro, incluso en las peores circunstancias.

— Tú siempre tienes la libertad de enfadarte o seguir tranquilo/a; tu estado emocional no depende de lo que él otro haga, depende de lo que tú te estés diciendo internamente a ti mismo/a y de la confianza que tengas en tu persona.

— Si cambiamos nuestras costumbres negativas y empezamos a estar atentos a todo lo positivo que hace la otra persona, y a todo lo positivo que podemos hacer nosotros, inmediatamente nos sentiremos mejor.

— A medida que nos acostumbramos a pensar y a actuar en positivo, cada vez nos cuesta menos hacerlo y obtenemos mejores resultados.

— El «Día del Amor» nos hace sentir la fuerza y el poder que llevamos dentro para provocar emociones placenteras en el otro y en nosotros mismos. No deberían pasar tres días sin que al menos uno de ellos hubiera sido el «Día del Amor».

— La comunicación «de verdad», en positivo y realizada desde el cariño, nos puede mostrar muy bien cómo seguir ayudándonos mutuamente y cómo alcanzar la complicidad que le pedimos a nuestra pareja.

> *La relación de pareja es diaria, y diariamente nos deberíamos preguntar qué hemos hecho y podemos hacer para mimar y cuidar esa relación.*

— Si nos esforzamos y recordamos las cosas que nos unieron al principio de la relación, será más fácil que volvamos a encontrar qué es lo que nos sigue uniendo y contra qué debemos luchar para que no nos separe.

> *Los niños son un fruto maravilloso de la pareja, pero ni sustituyen a ésta, ni significan una garantía que impida su ruptura.*

— Si la relación de pareja no está definitivamente rota, y aún tenemos fuerzas e interés por encontrar «puntos de acuerdo», terminamos descubriendo muchos más puntos en común de los que creíamos.

> *Si la convivencia es el mayor peligro de la pareja, no podemos llegar a casa agotados de ideas y de afecto. Dejemos parte de nuestra creatividad para esa convivencia en común, y potenciemos cada día nuestras muestras de cariño y de ternura.*

— Proyectemos y estimulemos actividades en común, aquéllas en las que ambos disfrutamos; pero no olvidemos que también tenemos el derecho y el privilegio de poder hacer esas otras actividades en que nuestros gustos no coinciden, siempre y cuando no supongan una falta de respeto a la dignidad de nuestra pareja.

— La vida es una carrera continua, llena de metas y de obstáculos; cuando alcanzamos las metas, disfrutamos, y cuando superamos obstáculos, aprendemos y nos fortalecemos. Vivir en común es una meta, pero ni es el final de una carrera, ni podemos pensar que estará libre de obstáculos. Los dos integrantes de la pareja se sentirán bien si potencian sus cualidades y forman un buen equipo; un equipo equilibrado, sin desajustes, donde sus integrantes compartan los objetivos, las tácticas y las estrategias comunes; un equipo, en definitiva, que resulte ilusionante y recompensante para sus miembros.

— Si en una pareja uno de los integrantes se comporta como un «ladrón», que nos roba nuestros sentimientos y nos deja sin emociones que nos llenen de alegría, y sin ilusiones que nos ayuden a luchar cada día, esa pareja no funcionará, pues uno de los integrantes del equipo no actúa honestamente, se aprovecha del trabajo, del esfuerzo y de la generosidad del otro. Si en el equipo un miembro de la pareja actúa desde el egoísmo y la mentira, cuanto antes le dejemos solo, antes terminaremos con un sufrimiento inútil y una agonía inmerecida.

— No hay cosas que universalmente nos unan o nos separen. Cada pareja intentará potenciar sus puntos de encuentro, pero si lo que les separa prevalece sobre lo que les une, no deberán empeñarse en un imposible.

Victoria y Valentín aprendieron que, en su caso, aún merecía la pena luchar; aún sentían ese amor que les unía más allá de sus diferencias, pero ese amor no sería suficiente si no aprendían a cuidarlo, a mimarlo y a potenciarlo cada día. La reciente crisis vivida era un claro exponente de ese peligro que subyace en la mayoría de las relaciones: el peligro de la monotonía, de la falta de novedad, del desgaste diario, del agotamiento al que llegamos por nuestro ritmo de trabajo y de obligaciones, por esa vida que cada día parece pertenecernos menos, y se nos vuelve más complicada, más difícil y menos solidaria.

En definitiva:

No hay aspectos que unan universalmente a hombres y mujeres. Cada persona es única, y como tal intentará encontrar en la pareja a la persona que potencie sus cualidades y mitigue sus defectos; esa persona que le haga vibrar de alegría y de ilusión; que provoque sus sueños, que sea objeto de su cariño y destino de sus emociones.

Lo que más une es la coincidencia en los valores fundamentales, el respeto a las ideas ajenas y el diálogo permanente como forma de superar las diferencias.

Cada pareja que experimente dudas sobre su situación actual, haría bien en realizar el sencillo test que mide su nivel de felicidad, satisfacción o insatisfacción en su relación de pareja (página 255). A partir de ahí, podrá completar el cuestionario de áreas de compatibilidad-incompatibilidad en la pareja (página 256), y finalmente hará la lista de las diez cosas agradables que ha hecho durante las dos últimas semanas para agradar a su pareja, y las diez cosas que su pareja ha hecho, durante el mismo periodo de tiempo, y que le han agradado.

Si el resultado final es que aún hay mucho cariño en la pareja, mucho respeto y muchas coincidencias en lo fundamental, será el momento de empezar a introducir cambios en la forma de comunicarse; especialmente cambios que ayuden a estar más sensibles a todo lo que hay de positivo en la relación, y que predispongan favorablemente para poner en práctica muchos «Días del Amor».

Con este objetivo, nos resultará muy útil dejar de cometer esa serie de «errores» que resultan tan frecuentes en la mayoría de las relaciones de pareja, a la par que potenciaremos las principales «reglas de oro» que favorecerán la consecución de relaciones sanas, positivas y equilibradas.

Empezaremos por los errores.

Capítulo 7

Errores que se deben evitar

«¡Qué claro está todo!, ¿cómo no me he dado cuenta antes?, ¿cómo he podido ser tan torpe?...». Muchas veces, en el transcurso de nuestro trabajo como psicólogos, escuchamos estas expresiones cuando analizamos las claves que nos explican el por qué de la conducta de cada uno de los integrantes de la pareja. La realidad es que cuando estamos dentro de la relación resulta más difícil ser objetivo/a; no tenemos suficiente distancia para analizar con calma los sentimientos, las emociones y los comportamientos que afloran en los miembros de la pareja.

Por el contrario, la mayoría de los lectores habrán experimentado cómo les resulta más sencillo evaluar las relaciones que mantienen sus amigos o las personas más significativas de su entorno.

No obstante, hay una serie de errores que cometemos con frecuencia en muchas relaciones. Sin duda son errores que tienen su base en un concepto erróneo de las relaciones afectivas. Desde pequeños hemos recibido una serie de consignas y principios que, en lugar de ayudarnos, parecían encaminados a dificultar la implantación de unas relaciones sanas y equilibradas.

Esos principios proceden de viejas ideas arraigadas a lo largo de cientos de años de historia, que no tienen nada que ver con los recientes descubrimientos de la psicología moderna. Son postulados acientíficos, que han influido e influyen aún muy negativamente en millones de personas.

Sin duda, a través de la educación, mejor dicho, del control de la educación, se han mantenido y propiciado situaciones injustas, que no estaban encaminadas a facilitar la felicidad, la autonomía e independencia de las personas, sino el seguimiento de una serie de reglas, que perpetuaban un sistema de vida que favorecía intereses particulares o de clases minoritarias. A estas alturas de nuestro desarrollo, en pleno siglo XXI, aún permanecen algunos postulados que entorpecen y condicionan la buena marcha de las relaciones afectivas.

Todos tenemos muy claros algunos errores del pasado, como por ejemplo el que decía «¡la letra con sangre entra!»; sin embargo, no nos hemos parado a pensar que muchas de nuestras conductas y reacciones obedecen a ese mismo principio.

Vamos a tratar de analizar y «sacar a la luz» algunos de los errores más comunes en nuestras relaciones personales.

Estar siempre con el hacha preparada

Esta expresión «tan plástica» ejemplifica muy bien la actitud que, sin darse cuenta, mantienen muchas personas.

Sus expectativas, y sobre todo sus pensamientos, condicionan las emociones y los sentimientos que les producen determinadas situaciones y vivencias.

No son conscientes de que llevan una especie de «censor» dentro, que a modo de juez implacable dicta sentencias de condena de forma ininterrumpida.

Son personas que están permanentemente insatisfechas, que da igual lo que hagan los demás, pues rápidamente ven lo negativo en cualquier actuación. Hacen la vida muy difícil a los que sienten más seguros o incondicionales (la pareja, hijos, grandes amigos...). En función de sus características personales pueden adoptar conductas muy contradictorias; en algunos casos se muestran encantadores/as con la mayoría de la gente (compañeros, jefes, vecinos...) y auténticos «tiranos» con su círculo más cercano. También pueden pasar de un extremo al otro con la misma persona; al principio de la relación, en la fase de conquista, son simpáticos/as, ocurrentes, divertidos/as, amables, alegres..., y en cuanto sienten que ya han conseguido que se rindan a sus pies, enseñan su faceta más agria y amarga.

Muchas personas relatan cómo su pareja sufrió una auténtica transformación y pasó de ser una persona maravillosa a un ser cruel y déspota, que parecía disfrutar con el sufrimiento que causaba.

De todas formas, sin llegar a esos extremos, algunas personas, cuando ya se sienten seguras con alguien, tienden a relajarse demasiado y dejan de mimar y cuidar la relación. Esta conducta es un auténtico disparate, pero cada vez se da con mayor intensidad.

Ya comentábamos que nos sentimos y reaccionamos mejor ante el refuerzo positivo que ante el castigo, pero este principio tan básico aún no se ha instaurado en la forma de comportarse de mucha gente que, a la mínima, genera conflicto o discusión.

No debemos relajarnos, autoexcluirnos y pensar que no formamos parte de ese perfil de personas, pues casi todos tenemos alguna área donde somos especialmente intransigentes o actuamos de forma poco objetiva. Es importante que reflexionemos y pensemos de qué se nos quejan las personas más cercanas, qué actitudes o conductas nuestras les resultan menos positivas o injustas, porque seguramente estamos cometiendo una serie de errores de los que no somos conscientes.

Con los niños, los adultos generalmente estamos muy encima; cuando llega la adolescencia, a veces para compensar, y sobre todo para autoafirmarse, los jóvenes tienden a ponerse muy intransigentes, y esto forma parte del ciclo normal, pero lo que no es lógico es que de adultos actuemos como adolescentes, o sintamos que podemos tratar a las personas de nuestro alrededor como si fueran niños.

En definitiva, como ya exponíamos anteriormente, se consigue mucho más desde el afecto, desde la cercanía y el respeto, que desde la tiranía, el castigo o la intransigencia.

> *Estar con el hacha levantada es sinónimo de inmadurez, de falta de control emocional y de ausencia de habilidades para las relaciones interpersonales.*

> *Si queremos que una relación funcione, pongamos muchas dosis de flexibilidad, de generosidad, de afecto, de humor y de actitud positiva.*

Si además de lo anterior, tratamos a la pareja con profundo respeto, no cometeremos el siguiente error: querer cambiar a la pareja en lo fundamental.

Querer cambiar a la pareja en lo fundamental

Muchas veces pensamos que hay aspectos de la pareja que no nos gustan, pero si surgen cuando ya estamos afectivamente muy enganchados a esa persona, tendemos a infravalorarlos y creemos que con el tiempo desaparecerán o que, en última instancia, conseguiremos cambiarlos.

La realidad es que hay costumbres o hábitos muy arraigados que cuesta mucho modificarlos; incluso aunque sea la propia persona quien esté interesada en hacerlo.

> *Los hábitos y las creencias más profundas forman parte de los principios sobre los que se asienta el individuo; podemos cambiar aquello que no nos «rompe por la mitad», que no afecta a nuestra seguridad o estabilidad emocional, pero difícilmente cambiaremos o nos cambiarán los valores sobre los que gira nuestra existencia.*

Muchas personas cometen la ingenuidad de pensar que pueden cambiar lo imposible. Otras están tan seguras de conseguir sus objetivos que actúan con torpeza, incluso con prepotencia, y pretenden anular o modificar lo sustancial de su pareja.

Podemos influir en algunos aspectos de la conducta y las actitudes de la pareja, y lo haremos dominando los secretos

de la comunicación, pero no pretendamos volver del derecho
lo que está del revés, porque sufriremos uno de los mayores
golpes y desencuentros que podemos experimentar en nuestras relaciones afectivas.

No aclarar situaciones conflictivas

Éste es uno de los problemas más comunes en la mayoría de las relaciones. En principio, los hombres se muestran
más reticentes a hablar sobre las situaciones conflictivas.

Las mujeres, por el contrario, necesitan dialogar sobre
aquello que les preocupa o supone motivo de conflicto en la
pareja, pero a veces tratan de imponerlo, en lugar de propi-
ciarlo, y fallan al no elegir el momento adecuado y la forma
idónea.

Los temas pendientes, a medida que se acumulan, van creando un sentimiento de impotencia y desesperanza en la mujer.

A los hombres les cuesta hablar sobre aspectos conflictivos con sus parejas; se encuentran en inferioridad en este
terreno, piensan que las mujeres son demasiado complicadas
y nunca se sienten satisfechas, por lo que rehúyen las conversaciones. Por otra parte, como ya hemos indicado, les supone mucho esfuerzo escuchar, por lo que tienden a zanjar el
tema, ofreciendo soluciones que no les han pedido y realizando análisis y valoraciones precipitadas, que son recibidas
con desagrado por las mujeres.

Ya explicamos en el capítulo anterior cómo realizar un
buen acuerdo entre los miembros de la pareja. En ese acuerdo deberíamos reservar siempre un espacio todos los días para
que ambos integrantes puedan comunicarse todas sus dudas,

inquietudes, diferencias..., pero también sus encuentros, sus afectos y sus sentimientos de cariño. Resaltamos este punto porque sin darnos cuenta tendemos a manifestar más aquello que nos preocupa, que aquello que nos satisface y refuerza a la pareja.

En definitiva:

> *Uno de los primeros objetivos de toda pareja es establecer un espacio de diálogo y comunicación entre ambos, pues de lo contrario, esos pequeños conflictos se terminan convirtiendo en barreras insalvables.*

Sin embargo, para que ese diálogo sea fructífero, no deberemos cometer el siguiente error: tratar de imponer nuestro criterio.

Tratar de imponer nuestro criterio cuando se trata de principios fundamentales

Todas las personas tienen una serie de criterios, valores y creencias que para ellas son cruciales. Podremos pensar que están equivocadas, pero ni podemos forzarlas para que los cambien, ni debemos abdicar de nuestros principios; al menos mientras unos y otros sigamos convencidos de su validez.

Igual que no podemos imponer las emociones, tampoco podemos transformar la esencia de las personas.

Si esos principios chocan violentamente, trataremos de buscar una vía de encuentro, un «puente» que acerque posiciones y mitigue desencuentros, pero no podemos volver lo blanco negro.

Si a pesar de todos los esfuerzos las posturas son irreconciliables, tendremos que plantearnos hasta qué punto esas creencias o principios impiden la relación, o hasta dónde son salvables, pues no afectan a lo fundamental o irrenunciable por parte de cada uno.

> *Más que empeñarnos en cambiar los principios fundamentales de la pareja, nos irá mejor si nos esforzamos por entender el origen, la causa y las circunstancias que han generado y conformado esos principios.*

El entendimiento nos facilitará el respeto y el análisis objetivo de la realidad que vivimos. Con frecuencia, principios diferentes no significan necesariamente actitudes distintas ante los aspectos cruciales de la vida.

> *Siempre que tengamos que optar, el respeto prevalecerá sobre la imposición. Es preferible dejar una relación que dejarnos a nosotros mismos; de lo segundo no nos recuperamos nunca, pues ni podemos transformarnos en lo que no somos, ni podemos sentir lo que no sentimos, ni podemos renunciar a los pilares sobre los que se asienta nuestra vida.*

Las personas que han renunciado a mantener los criterios en los que creen, renuncian a vivir en libertad, y eso se termina pagando con la infelicidad, la desesperación o la baja estima personal.

De la misma forma, no nos podemos empeñar en cometer el siguiente error: seguir con la pareja cuando la relación está agotada.

Seguir con la pareja cuando la relación está agotada

Seguramente éste es uno de los errores más dolorosos que podemos experimentar. Muchas parejas me preguntan cuáles son los síntomas que evidencian que una relación está agotada.

No es fácil contestar a esta pregunta, y en función de cómo sea cada persona, existirán unas u otras razones; no obstante, podemos adelantar algunas señales que claramente nos indican el final de una relación:

— Cuando al menos uno de los integrantes de la pareja ha perdido el respeto hacia la otra persona.
— Cuando uno disfruta con la humillación del otro.
— Cuando el sistema de valores que representaba la pareja se ha caído por completo.
— Cuando hayamos comprobado una incoherencia permanente entre lo que nuestra pareja dice y lo que hace en aspectos esenciales de la vida.
— Cuando de forma continuada sintamos pena por nosotros mismos, y/o por los hijos que hemos tenido en común.
— Cuando la desesperación ha desplazado a la ilusión.
— Cuando sólo sentimos dolor al imaginarnos el futuro en común.

— Cuando la falta de control de un miembro de la pareja haya dado lugar a la vejación del otro, y la persona sin control y equilibrio emocional no admita que necesita ayuda inmediata para superarlo y no se someta al tratamiento indicado.

— Cuando nos sentimos prisioneros de nuestra relación, y desearíamos que esta persona desapareciera de nuestra vida.

— Cuando nuestra pareja ya no nos suscita ninguna de las emociones que antes nos hacían vibrar, soñar o disfrutar de la forma en que únicamente él/ella lo conseguía.

— Cuando sintamos que no hay cariño mutuo en la relación.

— Cuando las diferencias en aspectos cruciales sobre cómo enfocar la vida sean insalvables.

— Cuando hayamos comprobado la imposibilidad de alcanzar acuerdos en las áreas básicas de la convivencia o de la educación de los hijos, y/o cuando esta discrepancia cree confusión e inseguridad en los hijos.

Pero no nos confundamos...

... Llegará un momento en que se nos pasará el apasionamiento de la atracción inicial, y eso no significará que la relación esté terminada; si así lo creyésemos, estaríamos cambiando de pareja cada pocos años. Un tema muy diferente es que se hayan terminado el cariño, el respeto, la sintonía, la complicidad en aspectos básicos de la vida, la posibilidad de sentirse bien cada día, de reírse y disfrutar juntos, de compartir actividades, ocio, ilusiones..., entonces tendremos que poner punto final a lo que hacía tiempo estaba agotado.

Otro de los errores que nunca deberíamos permitir son las vejaciones o ataques a nuestra dignidad, de nuevo ésas serían señales inequívocas para terminar con la relación.

Permitir vejaciones o ataques a nuestra dignidad

> *Si ante el primer signo de vejación no reaccionamos, nuestro dolor no encontrará consuelo.*

Hay situaciones que no admiten dudas o interpretaciones condescendientes. La persona que es capaz de perder el control y llegar a la vejación, lo volverá a perder si las consecuencias no han sido suficientemente fuertes como para extinguir una conducta tan patológica como la señalada.

> *¿Podemos distinguir la vejación del maltrato? No, no podemos ni debemos distinguirlo, porque la vejación siempre implica maltrato y el maltrato, vejación.*

Hay personas que sólo etiquetan de maltrato al maltrato físico, pues argumentan que el maltrato psicológico es más difícil de probar; según estas personas se trata de un maltrato subjetivo, donde las «secuelas» no son evidentes. Es como si la culpa la tuviera la víctima, por ser «endeble» y sufrir sin necesidad. Este concepto es una auténtica aberración, que esconde un cinismo intolerable, o se basa en un profundo desconocimiento del ser humano. En cualquier caso, es inadmisible que hoy en día existan maltratadores que puedan seguir maltratando desde la impunidad más absoluta.

> *Uno de los problemas fundamentales de la vejación o del maltrato es el daño «permanente» que sufre la persona vejada. La víctima, en su debilitamiento, llega a sentirse en cierta medida culpable; su autoestima se hunde y se siente invadida por una inseguridad que afecta a todas las áreas de su vida.*

Otra de las consecuencias más dolorosas es el rechazo que pueden llegar a sufrir por parte de sus hijos. En efecto, los hijos buscan la seguridad que no tienen en sus padres cuando ven que uno de sus progenitores maltrata o veja al otro, inmediatamente se sienten conmocionados; en esos momentos desean que se haga justicia de forma inmediata, y que el padre/madre culpable sienta el rechazo que provoca su acción. Los hijos necesitarían que la víctima actuase con decisión y firmeza, que fuera capaz de defenderse, de tal forma que el agresor se sintiera tan impactado que no volviera a repetir su fechoría. Pero si en lugar de esto se encuentran que el progenitor maltratado deja que el otro siga con sus humillaciones, agresiones y/o vejaciones, se resienten contra el padre/madre que no es capaz de defenderse, y en su impotencia llegan a sentir rechazo por la víctima, y la pueden tratar con extrema dureza por permitir la humillación. En cierta forma, con su actitud intentan que el progenitor maltratado reaccione y resuelva una situación que a ellos les resulta insoportable y que les llena de incertidumbre e inseguridad.

No olvidemos, además, que otro de los efectos terribles de los padres maltratadores es que sus hijos pueden llegar a repetir esas conductas tan violentas y destructoras.

El resultado final es horroroso: una persona maltratada puede terminar sintiéndose culpable, despreciándose a sí misma y sufriendo el rechazo de sus hijos.

En definitiva, no podemos tolerar conductas vejatorias con nosotros, pues si lo hacemos nos habrán quitado algo sin lo que no podemos vivir: nuestra propia dignidad, nuestra valoración y el respeto que nos debemos como personas.

Pero como ya decíamos, si estas consecuencias son terribles, ¿cómo nos podemos sentir cuando utilizan a los hijos en nuestra contra?

Utilizar a los hijos contra la pareja

Pocas personas admitirán que utilizan a sus hijos para vengarse de sus parejas, pero todos sabemos que, desgraciadamente, ésta es una realidad en permanente ascenso.

Hay progenitores que lo hacen de forma consciente y deliberada; otros como reacción ante el ataque que sufren por parte de sus parejas, y otros sin darse cuenta del daño que están produciendo en sus hijos.

Algunas personas nos preguntan cómo pueden defenderse ante la actitud desleal y canallesca que mantiene la pareja que es capaz de utilizar a los hijos como arma arrojadiza. La respuesta no es sencilla, pero siempre hay una cosa muy importante que podemos hacer: clarificar la situación a los hijos, en función de la edad y del desarrollo emocional que tengan. Si algo necesitan los hijos en estas situaciones, es poder tener las ideas claras y sentir que al menos un progenitor conserva la calma y es capaz de actuar con justicia, con objetividad y con equilibrio.

Ellos podrán llegar a asimilar, aunque les cueste, que uno de los padres manifiesta una conducta o una actitud poco racional, pero al menos necesitan que el otro progenitor actúe de forma diferente. En estos casos, hay padres que se plantean que a ellos les toca la parte más difícil de la educación; que mientras uno actúa de «bueno y de consentidor», ellos deben asumir la parte menos grata, la que debe imponer una serie de normas, reglas, hábitos, pautas y límites, sin los cuales sería un caos la convivencia. A estos padres quiero decirles que no se agobien:

> *Los hijos saben distinguir muy bien quién actúa desde la comodidad, y quién lo hace desde la coherencia y el esfuerzo. Al final, siempre valorarán más al padre coherente que al padre oportunista.*

Por otra parte, ya insistíamos en *El NO también ayuda a crecer* que, a veces, intereses ajenos a los padres provocan situaciones muy dramáticas. Con frecuencia hemos encontrado en nuestra práctica profesional a parejas que deseaban alcanzar un acuerdo razonable por el bien de sus hijos, pero la intervención de otras personas hacía inviable este buen propósito. En estos casos, si realmente buscamos que nuestras acciones repercutan favorablemente en la marcha de los hijos, dejémonos aconsejar por los psicólogos y los profesionales de la educación, no por las personas cuyo centro de interés responde a otros objetivos.

En definitiva, nunca debemos utilizar a los hijos contra la pareja, pero tampoco debemos dejar que éstos sufran la manipulación de un progenitor sin escrúpulos.

Esperar que las mujeres reaccionen como si fueran hombres, o los hombres como si fueran mujeres

Parece evidente, pero algo tan razonable, tan coherente, seguramente es uno de los aspectos que más les cuesta recordar y asumir a los dos miembros de la pareja.

Las mujeres se empeñan en que los hombres tienen que reaccionar como lo harían ellas, y los hombres esperan lo mismo, pero en sentido contrario.

Desde el punto de vista de la psicología, ambas posturas obedecen más al área del deseo que de los hechos; esas expectativas no tienen ninguna base científica, y sus probabilidades de ocurrencia, salvo casos excepcionales, son mínimas.

A grandes rasgos, las mujeres no deben cometer el error de esperar que los hombres:

— Sepan escuchar, como lo hacen sus amigas.
— No se precipiten y den soluciones, u ofrezcan consejos que no les han pedido.
— Tengan parecida sensibilidad y den importancia a las cosas que son fundamentales para las mujeres.

Los hombres muestran una especial torpeza para decir «No te preocupes» cuando la mujer está angustiada y se siente incapaz de quitar esa preocupación de su pensamiento.

— Se fijen en los detalles, se acuerden de las fechas y las sorprendan con propuestas creativas.

— Sean capaces de no quedarse en la literalidad de las palabras que dicen las mujeres y sepan captar las emociones que se reflejan en su comunicación no verbal.

— No interrumpan a la mujer cuando habla.

— No reaccionen mal cuando están haciendo algo y las mujeres les pregunten o les pidan su cooperación o ayuda para una tarea específica del hogar.

De la misma forma, los hombres no deben cometer el error de esperar que las mujeres:

— Sean concretas cuando hablan, no se pierdan en los detalles y no den rodeos para exponer lo que quieren.

— Hagan las cosas de una en una; cuando su naturaleza les permite realizar varias tareas a la vez con la mayor espontaneidad y eficacia.

— Sepan que ellos no son buenos conversadores y no pretendan hablar con ellos cuando llegan a casa.

— Dejen de ser románticas y se muestren pragmáticas en las relaciones afectivas.

En definitiva, si no hubiera diferencia entre los hombres y las mujeres, sería lógico que esperásemos iguales reacciones, pero no tiene sentido sufrir por lo imposible.

Vamos a centrarnos ahora en las principales reglas de oro, que nos ayudarán a mejorar y clarificar las relaciones afectivas.

Capítulo 8

Reglas de oro

Es importante saber los errores que no debemos cometer en nuestras relaciones, pero si queremos dar un paso adelante, que nos permita controlar y dirigir nuestra vida, tenemos que actuar de forma «proactiva»; es decir, tenemos que adelantarnos a los acontecimientos, para influir en los mismos, y no dejar que la suerte o las circunstancias sean las que determinen el éxito o el fracaso.

El éxito en las relaciones afectivas dependerá, en gran medida, de nuestra actuación. Algunas personas se extrañarán ante esta afirmación, pues pensarán, con toda lógica, que una relación afectiva al menos es cosa de dos. No obstante este principio, con el que plenamente coincidimos, no es menos cierto el hecho de que cada uno controla lo que hace, y puede influir en algunas de las conductas del otro, repetimos, en algunas, no en todas. En consecuencia, mediremos el éxito en función de nuestro comportamiento y de la incidencia que hemos tenido en aquellas áreas sobre las que podemos influir; de ahí deduciremos que si nuestro «trabajo» lo hacemos bien, habremos alcanzado el máximo que podemos obtener en nuestra área de influencia. Por ejemplo: si nuestra pareja bebe demasiado, y a pesar de nuestra ayuda no deja de beber, el fracaso no será nuestro, nosotros podemos ayudarle/a, pero no podemos dejar de beber por él/ella. En estos casos, en que hay conductas que perturban, condicionan y hacen imposible una buena relación de pareja, el éxito será romper con esa relación, que sólo provoca un dolor tan intenso como innecesario.

En definitiva:

> *El éxito consistirá en actuar de la forma adecuada en cada momento. La ruptura o la terminación de una relación frustrante o imposible significará un éxito en la conquista de la independencia, la estabilidad y el equilibrio emocional de la persona que sufre esa relación condenada al fracaso.*

Sin duda aprendemos mucho cuando nos equivocamos, pero no se trata de ser masoquistas, hay sufrimientos que podríamos haber evitado si hubiéramos sabido una serie de pautas, de reglas de oro, que nos mostrarán algunos principios irrenunciables, que conviene seguir y mantener en las relaciones afectivas.

¡No renunciemos a ser nosotros mismos! No perdamos nuestra identidad, nuestra autonomía e independencia

Cuando preguntamos a las personas que se encuentran en esa fase tan difícil de la ruptura o del desengaño, de qué se arrepienten más, qué es lo que no volverían a hacer nunca, con mucha frecuencia nos dicen que lo peor que hicieron fue quedarse solos/as, abandonar a sus amistades, dejar de tener vida propia y hacer que todo girase en torno a esa relación que finalmente les ha fallado y les ha conducido a una soledad dolorosa.

Este fallo es más común en las mujeres. Su entrega es diferente, tienden a volcarse tanto, a vivirlo con tal intensidad, que apenas se plantean que se están quedando solas y que están abandonando al resto de las personas de su entorno.

Los hombres generalmente siguen saliendo con sus amigos; ellos separan ambas relaciones, no abandonan una en función de la otra, y aunque a muchas mujeres les parezca una actitud egoísta, la realidad es que es mucho más sano conservar el círculo de amistades y de personas cercanas que encerrarse y limitarse sólo a la pareja o a las amistades del otro.

Aislarse produce necesariamente empobrecimiento, genera inseguridad y nos resta autonomía, independencia y equilibrio emocional.

Las relaciones afectivas serán más sanas y saludables en la medida en que sigan potenciando las relaciones de amistad, de compañerismo, de inquietudes intelectuales... Los dos miembros de la pareja conservarán sus hobbies, *compartirán parte de su ocio y su tiempo libre, pero recordarán que sólo el crecimiento continuo potencia las relaciones gratificantes y duraderas.*

Hablemos en positivo y expresemos nuestros sentimientos desde el afecto

Un ejercicio sencillo nos ayudará a comprender el auténtico significado de esta regla de oro. Cerremos los ojos e intentemos centrarnos en la experiencia más tierna y afectiva que hayamos sentido; ahondemos en cómo nos sentíamos, cómo nuestro corazón estaba lleno del amor y del cariño que recibíamos; a continuación, pausadamente, sin prisas, recordemos y visualicemos los ojos, la expresión y la forma de comunicarse de la persona que teníamos a nuestro lado en esos momentos de felicidad, ¿cómo nos miraba?, ¿qué nos decía?, ¿qué gestos mostraba?, ¿cómo se dirigía a nosotros,..?; ¡paremos la imagen!, profundicemos en nuestros sentimientos, intentemos centrarnos en aquellas emociones maravillosas que sentíamos, y sabremos cómo podemos y debemos tratar a las personas que queremos. Finalmente, preguntémonos: ¿ésta es la forma en que yo me dirijo a mi pareja o a mis seres queridos?; si la respuesta es positiva, sigamos cultivando esos hábitos saludables en nuestra comunicación, pero si la respuesta es negativa, ¡pongámonos inmediatamente en acción, hasta que nuestros gestos y nuestras palabras logren expresar todo el cariño, el afecto y la positividad que llevamos dentro!

¡Cuánto poder tenemos!, ¡cómo cambian las emociones cuando hablamos desde el cariño!, cuando nos permitimos mostrar esa parte tan tierna que llevamos dentro. ¡Seamos generosos!, el afecto genera afecto y produce bienestar, de la misma forma que el distanciamiento potencia las relaciones frías y hace crecer la semilla de la hostilidad y el aislamiento.

La forma de comunicarnos puede constituir nuestro principal tesoro o nuestra mayor desgracia.

Las diferencias nos acercan cuando sabemos comprenderlas

Todas las personas somos únicas, pero es innegable que, en general, los hombres se parecen más entre ellos que si los comparamos con las mujeres.

Con frecuencia, las diferencias nos asustan, y podemos llegar al convencimiento de que los hombres y las mujeres están condenados al desencuentro. Esta creencia es profundamente errónea. Es cierto que a veces nos despistamos en la forma de relacionarnos, de comunicarnos y de entendernos, pero el conocimiento de nuestras diferencias potenciará nuestro acercamiento.

Hay muchas personas que parecen haber tirado la toalla y renuncian a potenciar esa comunicación; presas de relaciones insatisfactorias intentan evitar nuevas frustraciones, sin darse cuenta de que han elegido el camino equivocado. No se trata de aislarnos, ni de convencernos de que ellos o ellas son muy difíciles; esa actitud de cerrazón, lejos de abrirnos opciones, bloqueará cualquier posibilidad de apertura y conocimiento.

> *Los hombres son el contrapunto perfecto de las mujeres, y viceversa. Llevamos miles de años juntos, unos sin los otros no podríamos existir; no tiene sentido que, en esta etapa de la humanidad en que intentamos conocer hasta los últimos rincones del universo, nos empeñemos en cerrar nuestras mentes y nuestros corazones a las personas que tenemos al lado.*

Si nos limitamos a relacionarnos únicamente con hombres, o con mujeres, una parte de nosotros quedará bloqueada, de la misma forma que permanecerá inerte una parte de nuestras emociones.

Adentrémonos en ese conocimiento que posibilitará la superación de nuestras diferencias.

No somos mártires, ¡no actuemos como tales!

No debemos disculpar, basándonos en el amor o el cariño, un sufrimiento o un dolor intencionado, producido por un integrante de la pareja.

Una relación afectiva no puede ser una cobertura que permita una actuación impune en función de la confianza o de la dependencia afectiva que se haya establecido entre sus miembros.

Como psicólogos, muchas veces hemos visto relaciones de auténtico martirio, donde una o las dos personas sufren lo indecible.

Hay situaciones tan dramáticas, que llegan a anular la voluntad, la independencia y la capacidad de decisión y reacción de las personas que las padecen.

Algunas personas, condicionadas por la debilidad del dolor permanente, sienten que no pueden «abandonar» a su pareja, pues... ¿qué hará el/ella si le dejan? Sin querer, cierran todas las salidas a una situación insoportable, que no debe perdurar más en el tiempo. Estas personas, confundidas por su sensibilidad y por un sentimiento equivocado de la responsabilidad, creen que sólo les queda aguantar y aguantar; sin darse cuenta de que eso nunca es una salida, sino que es una trampa que sólo lleva a un sufrimiento estéril y a la prolongación de una situación injusta y enfermiza.

> *Ni podemos tolerar que nadie nos martirice, ni podemos creer que no hay salidas a ese martirio. Tan terrible es provocar ese sufrimiento, como no reaccionar ante el mismo.*

Con nuestro silencio o sacrificio no ayudamos a la persona que de forma patológica provoca ese dolor; muy al contrario, sin pretenderlo favorecemos que su actitud y sus conductas cada vez se hagan más crónicas.

No nos dejemos manipular por la pareja o el entorno

De nuevo se trata de crecer en salud, no de hundirnos en la enfermedad.

Desafortunadamente, no nos han enseñado desde pequeños a defendernos contra la manipulación; sin embargo, muchas veces, a lo largo de nuestra vida, nos encontraremos con situaciones y personas manipuladoras.

En algunas ocasiones la manipulación vendrá de nuestro entorno, del medio laboral, personal, social o afectivo; en cualquiera de los casos, nuestra finalidad será mostrarnos como personas asertivas; es decir, como personas que creen en sí mismas, que saben defender sus principios, que argumentan sus propuestas y no se dejan arrastrar o confundir por la presión que ejerzan determinadas personas o situaciones de su entorno.

Cuando afectivamente estamos muy «enganchados», podemos ser más vulnerables a la manipulación de nuestros afectos. Aquí tendremos que tener especial cuidado, pues en función del amor o de esas relaciones afectivas, hay gente desaprensiva que abusa de nuestro cariño y nos hunde en nuestras emociones.

No podemos conceder a nadie el poder de decidir por nosotros; la manipulación es la usurpación de nuestros derechos más básicos. Los llamados manipuladores del amor son profesionales del engaño, que nos roban nuestra voluntad y nos hacen prisioneros de nuestros sentimientos.

Capítulo 9

Reflexiones finales

¿Resulta tan difícil que las relaciones afectivas sigan siendo gratificantes para la pareja, a pesar del paso del tiempo, de la llegada de la rutina, de las dificultades de la convivencia, del final de la novedad y la pasión, de los problemas del día a día, de esa larga lista de responsabilidades y dificultades con las que tenemos que enfrentarnos en nuestras vidas...? Desde luego no es fácil, pero tampoco imposible.

Si tuviéramos que resumir en unas líneas nuestra valoración final, las conclusiones serían:

— Si aprendemos a observar, si reconocemos nuestras diferencias, si no esperamos imposibles, si actuamos desde el afecto profundo y positivo, pero también desde el realismo pragmático, ¡tenemos razones para sentirnos optimistas!

— Ya hemos comentado que el éxito de una relación no es su permanencia en el tiempo, sino la vigencia de los sentimientos y las emociones que nos llenan de felicidad y plenitud.

— Siempre habrá hombres y mujeres que no sepan amar, que sean incapaces de actuar con generosidad y equilibrio; en esos casos estaremos atentos a las «alarmas» que nos indican el peligro o el final irreversible de la relación. Resistirse y no aceptar lo inevitable constituye uno de los errores que hay que erradicar en nuestras relaciones.

— El final de una relación dolorosa siempre es el principio de una etapa de esperanza, pero no debemos ser impulsivos y actuar desde la impaciencia. No conviene empezar una nueva relación con las heridas abiertas, pues sangraríamos ante las primeras dificultades. Las heridas necesitan cicatrizarse, como las personas necesitan recuperarse de las emociones que les hicieron sufrir, y de los sentimientos que rompieron sus expectativas y acabaron con sus sueños.

— Desde aquí damos un SÍ con mayúsculas al amor de verdad, y un NO rotundo al engaño, a la manipulación y a la falta de respeto hacia la dignidad y los sentimientos de la pareja.

— Cuando una relación falla, no falla la naturaleza, falla la persona que no sabe amar. No es cierto que en el fracaso de una relación existan siempre dos culpables. Con frecuencia una de las personas ha hecho todo lo imposible por salvar ese sentimiento de afecto, que en un principio ambos parecían compartir, pero que el tiempo y los hechos demostraron que sólo uno de ellos lo experimentó; porque no sabe amar quien es incapaz de vivir desde la generosidad, desde la coherencia y desde la verdad.

A veces nos confundimos y nos engañamos en nuestro intento por encontrar el amor que buscamos. Es normal que nos ocurra, porque frecuentemente los deseos se imponen a las realidades.

La naturaleza no se equivocó

Tanto en la consulta, como en los cursos de formación, muchas veces nos preguntan a los psicólogos si «la naturaleza» no se habrá equivocado al hacer a las mujeres y a los hombres demasiado diferentes.

Si observamos los equipos que funcionan bien, veremos que están compuestos por integrantes muy singulares, que gracias a sus diferencias se complementan en sus aportaciones y pueden desempeñar papeles muy distintos, pero todos necesarios.

La naturaleza no solamente no se equivocó, sino que hizo una auténtica obra de arte. Si los hombres y las mujeres se parecieran más, reaccionasen de forma semejante y sintieran las mismas emociones, la relación se perdería en la rutina, en la falta de novedad, en la ausencia de aportaciones y en la carencia de complementariedad.

— Las personas que piensan que sus parejas deben ser como ellas se equivocan, y pronto sufren su desengaño.
— Una cosa son los amigos y otra la pareja. Elegimos a la pareja porque nos aporta lo que nadie puede

ofrecernos. Seguro que hay personas a nuestro alrededor con las que nos sentimos bien, con las que hablamos, dialogamos, conversamos y nos enriquecemos con sus opiniones y razonamientos. Pueden ser personas importantes en nuestra vida, pero no sentimos por ellas el amor de pareja; no consiguen hacer estallar nuestra piel, ni transportar nuestros sentidos al éxtasis, ni ocupar el mismo sitio en nuestros corazones. Hay emociones que únicamente las sentimos con nuestra pareja, y hay vivencias que sólo reservamos a nuestra intimidad más profunda...

— A veces confundimos las distintas formas de amar. Podemos amar a nuestros amigos, a nuestros familiares, a las personas entrañables de nuestra vida, pero es un amor diferente.

— Las parejas, para tener éxito y perdurar en la cúspide de sus sentimientos, deben coincidir en lo fundamental, en los valores y principios que para ellos son básicos, pero deben diferir en su forma de ser, en su manera de actuar, en sus habilidades ante la vida. La persona melancólica buscará alguien alegre y positivo, el optimista se sentirá atraído por el reflexivo, el tranquilo por el inquieto, el relajado por el estimulante..., todos buscamos alguien que nos complemente, que nos mejore, que potencie nuestras cualidades y mitigue nuestros defectos; alguien, en suma, que nos haga ser más humanos, pero que nos transporte en las nubes del firmamento.

— ¡La naturaleza hizo un trabajo increíble! Lo que ocurre es que a veces no sabemos escucharla, perdemos nuestra capacidad de observación, y con ella nuestro entendimiento.

— Las personas que se enamoran diariamente, se enamoran de la vida, de nuestra capacidad para disfrutar y gozar, pero el enamoramiento del amor es algo distinto, más especial, más impactante, menos común, más reservado y más hondamente sentido.

— No confundamos la pasión y el amor. Las mujeres, y de forma muy especial los hombres, pueden sentir pasión sin estar enamoradas/os. La diferencia es que la pasión se acaba, pero el amor, cuando es auténtico, permanece y se consolida en el tiempo.

La naturaleza ha hecho posible el milagro del amor, pero no es la responsable de cuidar ese amor, de mimarlo, de sentirlo, de acariciarlo, de llenarlo de generosidad...; el cuidado diario y el crecimiento continuo depende de nosotros.

Busquemos la naturaleza profunda que hay dentro de cada uno de nosotros y recordemos que encontrar a la pareja adecuada es nuestra misión y nuestro reto.

Mujeres/hombres, ¿quiénes lo tienen más difícil?

Las mujeres, por lo general, piensan que han cargado con la parte más difícil en el sistema de vida actual.

Han tenido que adaptarse a una vida muy distinta, han cambiado gran parte de su papel tradicional, han luchado para conseguir la formación necesaria, han logrado desempeñar los trabajos más complicados, han demostrado su valía y su esfuerzo, pero... aún se les siguen negando determinados privilegios, mientras que las obligaciones, las responsabilidades, las tareas y los esfuerzos parecen crecer a un ritmo imparable.

Los hombres, sin embargo, no tienen la sensación de vivir mejor que antes. Se sienten más cuestionados, especialmente por las mujeres; más presionados —tanto en casa, como muy especialmente en el trabajo—; más inseguros, permanentemente examinados y evaluados en todas sus acciones; teniendo que responder ante expectativas más altas y exigencias más complejas...

Los hombres también han perdido tranquilidad. No les resulta fácil adaptarse a unas transformaciones tan rápidas como las que han realizado las mujeres; con la diferencia, además, de que mientras éstas se han preparado para esos cambios, a ellos les han pillado un poco a contrapié.

No obstante lo anterior, todos deben adaptarse a la realidad actual, y en ese «todos» no solamente nos referimos a los hombres y a las mujeres; también a las empresas que pretenden comprar la vida de las personas, implantando unos horarios inhumanos que hacen imposible la convivencia.

No se trata de compartir las horas que quitamos al sueño, se trata de VIVIR, con mayúsculas.

Si la presión sigue al nivel actual, al final esas condiciones tan extremas se vuelven en contra de la pareja y de la familia. Cuando nos sentimos «al límite», lo primero que hacemos es mirar hacia la persona que tenemos al lado, y ésta, lejos de recibir lo mejor de nosotros mismos, se convierte en el destinatario de nuestras insatisfacciones.

En cualquier caso, compartir es compartirlo todo; si hay poco tiempo y muchas tareas por hacer, nada justifica que las mujeres o los hombres se lleven la peor parte. Una distribución adecuada significaría que los dos integrantes de la pareja pudieran terminar con sus «obligaciones» a la vez. Estar tranquilos, tener tiempo para leer, para charlar, para oír música, para ver nuestro programa favorito... es algo que nos gusta a todos; si nos repartimos equitativamente las tareas, ganaremos tiempo para nosotros y espacios para el amor.

Ni las mujeres lo tienen más difícil, ni los hombres más fácil; para todos es bastante complicado, de ahí que hoy, más que nunca, debamos aunar esfuerzos y aplicar nuestra inteligencia para encontrar soluciones. Recordemos que, generalmente, el tiempo libre de uno se realiza a costa del otro.

¡Saquemos lo mejor de nosotros!

Hay personas que, sin darse cuenta, llevan años mostrando su peor faceta, su cara más negativa y su convivencia más difícil.

Con frecuencia responsabilizamos de nuestros malos humores a las circunstancias de nuestra vida. Casi sin darnos cuenta, adoptamos el papel de víctimas, y nos preparamos para defendernos de los ataques que nos depara el destino. No hemos aprendido que, en gran medida, que estemos bien o mal depende de nosotros. Personas en circunstancias extremas nos enseñan cómo son capaces de seguir con ánimo, de conservar su sonrisa, de facilitar la convivencia, de promover el compañerismo, de aportar afecto y cariño.

Imaginemos de nuevo un sencillo ejercicio. Pensemos que nos han grabado todos nuestros pasos durante la última semana y que nos disponemos a ver esas grabaciones. ¿Qué imagen ofrecerán las cámaras?, ¿veremos a una persona amable, sonriente, que genera y favorece un buen clima, que ayuda a los que están a su lado, que se sobrepone ante las dificultades, que se muestra cercana y comprensiva, que comparte sus sentimientos y muestra su afecto...?; ¿o veremos a una persona agobiada, cansada, apática, con cara de pocos amigos, que se estresa con facilidad y se muestra huraña y distante?

Cuando estamos enamorados nos transformamos, pero, ¿qué nos impide vivir en una permanente transformación, si ése es el estado que mayor felicidad nos produce a nosotros y a los que nos rodean?

No estoy pidiendo que vivamos en una nube, sino que vivamos con lo mejor de nosotros, que nos regalemos nuestra mejor compañía, que disfrutemos no sólo de nuestras alegrías, también de nuestros esfuerzos, de nuestro trabajo diario, de cada responsabilidad que asumimos y cada tarea que afrontamos.

Al cabo del día respiramos muchas veces, cada respiración la podemos vivir como un esfuerzo o como una satisfacción. Podemos mirar con ojos sonrientes o con ojos cansados, el esfuerzo es el mismo, pero el resultado será muy diferente.

Propongo un ejercicio final: hagamos una lista con todas las cosas positivas que nos sucedan mañana, desde que nos levantamos. Algunas pistas nos podrán ayudar a realizar este sencillo ejercicio:

— Podemos apuntar si hemos dormido en una cama confortable. Sin duda es más positivo que pasar la noche en un sillón, en el suelo...

— Apuntemos si tenemos la suerte de poder disfrutar de un café, un té o alguna bebida reconfortante para desayunar.

— Escribamos si tenemos el privilegio de podernos duchar y si el agua está a la temperatura que deseamos.

— Sigamos apuntando las cosas agradables que nos encontramos a lo largo del día, y nos daremos cuenta de que cuando llega la noche aún podemos seguir apuntando, aún veremos un cielo estrellado o encapotado, pero siempre tendremos encima un firmamento sugerente y atractivo.

Si la vida depende del cristal con que se mire, vamos a verla a través de un cristal maravilloso, el cristal que todos llevamos dentro, el cristal donde habremos conseguido que las luces prevalezcan sobre las sombras.

Anexos

1. Principales registros mencionados en el texto

Registro nº 1

Día/hora	Situación (¿Dónde estamos, quiénes y qué estamos haciendo?)	Respuestas fisiológicas (¿Qué sentimos a nivel físico?)	Respuestas cognitivas (¿Qué estamos pensando en este momento?)

Nota. Este registro se utiliza al principio de la intervención y nos permite ver cómo está emocionalmente la persona, cuál es el punto de partida, en qué situaciones se siente mal, el tipo de pensamientos que tiene...

Registro de conducta

Nombre _____   **Edad** _____

Día/hora	Situación ¿Dónde estáis, quiénes y qué hacéis?	Conducta problema Qué hace o dice la pareja (literalmente)	Respuesta tuya o de otras personas presentes (literalmente qué hacen o dicen)

Nota. Este registro nos permite analizar las conductas más problemáticas, en qué momento ocurren, cómo reaccionan los miembros de la pareja...

Registro de conductas alternativas

Día/hora	Situación ¿Dónde estáis, quiénes y qué hacéis?	Conducta problema Qué hace o dice (literalmente)	Respuesta de otras personas presentes (literalmente qué hacen o dicen)	Qué podría haber hecho o qué he hecho diferente

Nota. Este registro es un instrumento muy eficaz para empezar a ver los efectos de posibles conductas alternativas.

Registro de conductas en casa (niños)

Nombre _____　　Edad _____

Día/hora	Situación ¿Dónde estáis, quiénes y qué hacéis?	Conducta problema Qué hace o dice el niño (literalmente)	Respuesta de los padres/ otras personas presentes (literalmente qué hacen o dicen)

Nota. Este registro nos ayuda a ver la situación familiar: cómo reaccionan los niños, en qué circunstancias, cómo responden los padres y el resto de las personas que hay en la casa...

2. Algunas nociones básicas sobre la ansiedad y el estrés

En primer lugar vamos a tratar de definir lo que se entiende por ansiedad

Cuando el ser humano se encuentra ante una situación *percibida* como «problemática», o como «prueba que hay que superar», se producen en él una serie de reacciones fisiológicas (aumento de la tasa cardiaca, incremento de la tensión muscular, aumento de la ventilación pulmonar, sudoración...) que tratan de potenciar nuestro estado de activación corporal, para que podamos enfrentarnos al evento «potencialmente amenazante», con las máximas garantías de éxito.

Lo paradójico es que nuestro cerebro «no distingue», y reacciona con la misma intensidad ante situaciones reales de peligro que ante lo que simple y llanamente son pensamientos internos irracionales, que en nada se corresponden con la realidad.

En consecuencia, ese estado de activación se produce normalmente de forma automática; es decir, sin que seamos plenamente conscientes de que somos nosotros mismos, mediante determinados procesos mentales, los que estamos induciendo a nuestro organismo a que se active, a través de las órdenes concretas que enviamos desde el cerebro, vía el sistema nervioso, hasta el último rincón de nuestro cuerpo.

A dicho *estado de activación* se le conoce con el nombre de *ansiedad*.

Esa ansiedad, es decir, ese estado de alerta fisiológica que «nos provocamos» ante situaciones percibidas como problemáticas, se expande como un continuo. En los extremos tendríamos, por un lado, el nivel de máxima ansiedad (representado por la pérdida de control que tiene lugar durante un «ataque de pánico»), y por otro lado, el estado de profunda relajación (un ejemplo sería el momento que pasamos justo antes de dormirnos).

Lógicamente, en función de la actividad que nos dispongamos a desarrollar, será más o menos efectivo, y por tanto más o menos aconsejable, uno u otro nivel de ansiedad/activación. De esta forma, podemos hablar de *ansiedad positiva* o facilitadora de rendimiento, y de *ansiedad negativa* o inhibidora y perturbadora de dicho rendimiento.

Si pretendemos, por ejemplo, ejecutar una actividad manual de motricidad fina, como puede ser recomponer las piezas minúsculas de un reloj de pulsera, obviamente no nos ayudará nada un nivel de tensión muscular alto, que haga temblar nuestros dedos. Por el contrario, si queremos correr y ganar una prueba de atletismo de cien metros lisos, la activación muscular será de gran ayuda, siempre que no sobrepase un límite que acabe agarrotándonos los músculos.

Cuando de un modo natural somos capaces de controlar nuestro grado o nivel de activación, de manera que éste se ajuste a los requerimientos de la práctica o actividad concreta que deseemos llevar a efecto en un momento dado, todo irá «viento en popa». Pero, ¿qué sucede cuando tal circunstancia no se produce, y por el contrario nos ponemos muy *nerviosos*, es decir, ansiosos, ante determinados acontecimientos, lugares, personas, animales o cosas, sin que tal grado de ansiedad nos agrade, ni nos ayude a enfrentarnos mejor a esa situación específica?

En ese preciso momento podemos llegar a pensar que esa situación concreta nos está superando y que comienza a convertirse en un problema, para el que quizás no tengamos una respuesta efectiva.

De hecho, estas situaciones se producen con mucha frecuencia y afectan en alguna medida a casi todas las personas. Es suficiente con que tengamos un problema que consideremos importante, real o imaginario; si para ese problema no vislumbramos una solución más o menos clara o inmediata, rápidamente desencadenemos un proceso de ansiedad.

El ritmo de vida moderno, y a menudo contrarreloj, particularmente en las grandes ciudades, así como los estilos de comportamiento cada vez más competitivos, hacen que muchas personas se encuentren en *actitud de alerta permanente* ante la expectativa de encontrar un problema a la vuelta de cada esquina.

A esta situación de ansiedad constante, particularmente cuando afecta a contextos laborales, es lo que se ha denominado *estrés*.

Después de esta introducción, vamos a tratar de mostrar, de forma parecida a como lo haríamos en un curso de formación, los fundamentos teóricos del autocontrol.

De la misma forma, intentaremos exponer algunas estrategias de enfrentamiento, que puedan ayudarnos a controlar las situaciones potencialmente estresantes que tengamos en nuestra vida cotidiana.

Básicamente, nos adentraremos en las técnicas de autocontrol emocional fisiológicas y cognitivas (relajación, respiración abdominal, parada de pensamiento y autoinstrucciones).

*Cómo mejorar nuestro autocontrol. Cómo «racionalizar»
nuestros pensamientos*

¿Cómo definiríamos el autocontrol? Podríamos contestar que es la capacidad que podemos adquirir y desarrollar las personas para mantener bajo control nuestras emociones y comportamientos.

Para ejercer ese autocontrol, previamente debemos tomar conciencia de nuestros estados emocionales (positivos y negativos).

Una vez que somos conscientes de nuestras emociones, determinaremos qué comportamientos deseamos controlar.

Ya hemos señalado que las situaciones, los hechos que nos suceden, no provocan nuestras emociones. Las emociones responden a los pensamientos que en ese momento tenemos.

De forma esquemática, podríamos representar:

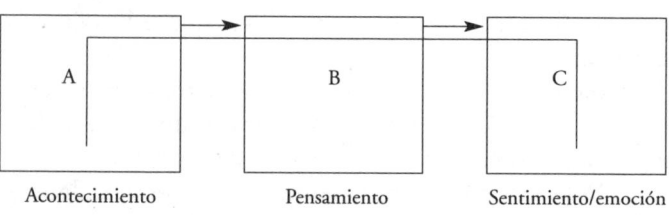

A	B	C
Acontecimiento	Pensamiento	Sentimiento/emoción

En definitiva, cuando nos sintamos mal, intentaremos analizar «qué estamos pensando en esos momentos», y si vemos que al confrontar nuestros pensamientos con la realidad, éstos están impregnados de «ideas poco racionales», los intentaremos cambiar.

Estaremos muy atentos para «ver» las ideas irracionales que más se repiten, y una vez que las hayamos «descubierto», procederemos a su confrontación.

3. **Creencias irracionales más comunes**

- Los «debería» y los «condicionales». ¡Cuidado con las frases donde nos encontramos estas palabras típicas!:
    — Yo debería haber sabido que esta pareja no me convenía...
    — Si él me quisiera como yo necesito que me quiera...
    — Yo tendría que conseguir que todo saliera bien...
    — Si yo hubiera hecho lo correcto, ahora no estaría así...
    — Mis compañeros tendrían que mostrarse más amables conmigo...
    — La sociedad debería o tendría que...
    — Los demás deberían o tendrían que...

- Pensamientos «acientíficos». Estos pensamientos tienen poca o nula validez, y los podemos descubrir porque casi siempre van acompañados de los siguientes términos o expresiones:
    — Siempre
    — Nunca
    — Todos
    — Nadie
    — Nada
    — Necesito
    — No puedo (soportar)

- Pensamientos «catastrofistas». Son aquellos pensamientos extremos, que no se corresponden con la realidad objetiva, y donde abundan palabras como:
  — Horrible, terrible
  — Espantoso, horroroso
  — Catastrófico, fatal

Debemos considerar que los pensamientos irracionales, además de estar contaminados por estos pensamientos, son muy «idiosincrásicos»; es decir, en un momento determinado una persona «aprendió» a tener miedo ante una situación concreta, por ejemplo: subir a un avión, ir de compras a una gran superficie, entrar en espacios cerrados, conversar con determinadas personas o en contextos muy específicos y... a partir de ese momento, en cuanto se presentan esas situaciones, automáticamente se les dispara su sistema nervioso autónomo y difícilmente pueden controlarse o pensar de forma racional.

¿Cómo actuar?, evidentemente, tomando distancia y siendo consciente de esos pensamientos que disparan o activan nuestra parte más irracional.

Intentaremos escribir nuestros pensamientos. Como ya hemos señalado, un instrumento muy valioso serán los registros. Nos obligaremos a registrar, literalmente, qué ocurre cuando nos sentimos mal: dónde estamos, qué hacemos, con qué personas, qué sentimos a nivel fisiológico y, lo más importante, qué estamos pensando en esos momentos.

En consecuencia, en una primera fase, durante una semana, escribiremos todo lo que nos ocurre y lo que pasa por nuestra mente cuando nos encontremos mal (registro nº 1). Transcurrida una semana intentaremos analizarlo. Es el momento de hacer la «confrontación»; es decir, ver qué ideas tenemos, contrastarlas con la realidad y, si vemos que no son adecuadas, cambiarlas.

En definitiva, intentaremos validar o desechar los pensamientos irracionales; de esta forma generaremos emociones y comportamientos más adecuados.

Para enfrentarnos a nuestras autoverbalizaciones negativas, utilizaremos fundamentalmente las «preguntas».

Existen tres tipos de preguntas:

1. Las que intentan evaluar la evidencia, la consistencia lógica y la claridad semántica:
   — ¿Dónde está la evidencia de que esto es como yo me lo digo?
   — ¿Puedo probar esto que me estoy diciendo?
   — ¿Puedo demostrarlo?
   — ¿Por qué es eso verdad?
   — ¿Es eso una buena prueba?
   — ¿Dónde está escrito que eso es así?

2. Suponiendo que las cosas son como uno dice, ¿las consecuencias serían tan terribles?
   — ¿Qué ocurriría si...?
   — ¿Por qué sería tan terrible?
   — ¿Puedo encontrarme bien aun cuando esto sea así?
   — ¿Puedo estar contento incluso si no tengo lo que quiero?

3. Preguntas que intentan analizar a qué conduce pensar de esa forma:
   — ¿Me es rentable pensar como pienso?
   — ¿Merece la pena que me arriesgue?

— ¿Qué consecuencias tiene para mí pensar de esta manera?
— Si pienso así, ¿soluciono mis problemas?

Una vez que hemos «confrontado» nuestros registros, normalmente empezamos a ser conscientes de algunas de nuestras ideas irracionales, pero la verdad es que al principio nos cuesta mucho «cazarlas», y sentimos una «resistencia natural» a aceptar que nos estamos equivocando.

No obstante, aunque es menos usual, también hay personas que rápidamente ven sus ideas irracionales, pero se sienten incapaces de conservar un buen nivel de control; saben lo que les pasa, pero ¡no pueden evitar sentirse mal!

4.   **¿Qué hacer cuando estamos bloqueados?
Parada de pensamiento**

Depende del tipo de bloqueo que experimentemos, podremos controlarlo con relajación, respiración abdominal, terapia racional emotiva, parada de pensamiento...

Como siempre, utilicemos un ejemplo: «Estamos esperando a nuestra pareja y empezamos a ponernos nerviosos: sentimos un nudo en el estómago, estamos muy inquietos, no podemos dejar de pensar que "seguro que otra vez se ha marchado con los/as amigos/as y estará bebiendo", "nunca tiene prisa por volver a casa", "ya verás como viene de mal humor y chillando"...». ¿Qué es lo que nos está pasando? Pues que al estar preocupados se nos ha activado el SNA (Sistema Nervioso Autónomo) y sentimos ansiedad.

Lo que necesitamos en ese momento no es ponernos a hacer una relajación, porque no arreglaríamos nada; tenemos que desenganchar el SNA de forma física, y para eso vamos a tener que utilizar un procedimiento específico: la parada de pensamiento

El SNA es el encargado de nuestra supervivencia y se tiene que activar ante situaciones de peligro; lo que ocurre es que al pensar que nuestra pareja va a venir de mal humor, con demasiado alcohol en el cuerpo..., se ha activado de forma automática, y nos ha provocado esa situación de malestar.

¿Qué podemos hacer para desactivarlo? Podemos provocarnos una pequeña emergencia, para que ese SNA tenga que acudir (supuestamente a solucionarla) y, de paso, se desconecte y nos permita volver a tomar el control. Por ejemplo, podemos producir una activación fisiológica alternativa si apretamos fuertemente las manos, entrelazando los dedos. ¿Qué conseguimos con esto? Provocar una situación de alarma, pues impedimos la circulación normal de las manos. Esto hace que el SNA, que como sabemos se activa en situaciones de emergencia, tenga que desconectarse de lo que estaba haciendo (en nuestro caso bloquearnos ante el pensamiento de que nuestra pareja llegará en mal estado físico o emocional), para tratar de solucionar el pequeño problema circulatorio que hemos creado.

Con este procedimiento, en apariencia rudimentario pero muy eficaz, hemos conseguido desenganchar nuestro SNA. A partir de ese momento tenemos que hacer algo para evitar que los pensamientos que nos estaban provocando la ansiedad vuelvan a actuar.

¿Qué podemos hacer? En el caso que nos ocupa darnos autoinstrucciones, del estilo de: «¡Coge el bolígrafo, respira profundamente, estira los músculos, cierra y abre los ojos varias veces, lee de nuevo la pregunta, escribe cuatro palabras claves sobre ella, que te sirvan de esquema y recuerdo de los aspectos más importantes, y ponte a contestarla pensando sólo en lo que vas a decir!». En los casos en que la actividad que estábamos haciendo no sea tan urgente, podremos tratar de centrar nuestra mente en otras actividades que impidan que de nuevo el SNA se concentre en esos pensamientos que tanto nos perturban. Para ello nos valdremos de aquellas actividades que más útiles nos resulten; las podemos realizar desde el plano físico (salir a la calle, pasear, llamar a alguien por teléfono...), o mental (recordar nombres de películas, decir listas de países...). Hay personas que se ponen a ver la tele en esos momentos, o miran una revista, o se enganchan con la lectura de un libro apasionante...; en cualquier caso, se trata de realizar una actividad mental que distraiga.

¿Y después? Una vez que hayamos conseguido controlar nuestra ansiedad y sintamos que nuestro pulso es normal, respiramos tranquilamente, no tenemos presión en el pecho..., continuamos con lo que estábamos haciendo, pero, recordemos, para centrar nuestra atención deberemos darnos órdenes muy precisas y concretas.

A veces la parada de pensamiento resulta muy eficaz y las personas se sienten rápidamente liberadas de tensión; no obstante, muchas otras, cuando nuestra mente está presa de pensamientos muy repetitivos, las paradas de pensamiento deberán realizarse con mucha frecuencia, para conseguir desconectar el sistema nervioso autónomo. Lógicamente, algunas personas pueden mostrar cierto cansancio si tienen que repetir la técnica cada 30 o 60 minutos, dado el umbral de ansiedad que permanentemente parecen tener; no obstante, la realidad nos demuestra que estos ensayos, precisamente porque se repiten mucho, se graban rápidamente y pronto y en el transcurso de pocas semanas la gente experimenta avances muy significativos.

En otras ocasiones podemos encontrarnos con un peligro importante, cuando se ha producido una mejoría muy rápida. La razón es obvia, no ha dado tiempo a los procesos mentales a interiorizar, grabar y mecanizar la parada de pensamiento; por lo que tarde o temprano, en cuanto se juntan una serie de circunstancias negativas, la persona puede experimentar un claro retroceso, que le haga dudar de la eficacia del trabajo que estaba realizando. Aquí será importantísimo que no decaiga, ¡que no se venga abajo!, porque seguro que lo puede conseguir; pero al igual que no conviene perder peso de forma demasiado brusca, tampoco podemos pretender que en «dos días» nuestra mente funcione como si nos la hubieran transplantado.

Tendremos que repetir muchas paradas de pensamiento antes de conseguir cambiar determinados hábitos, pero al final, ¡habrá merecido la pena!

En muchas ocasiones convendrá que completemos esta técnica con otra de las principales ayudas que tenemos a nuestro alcance: la relajación.

Ya hemos comentado que la relajación puede ser contraproducente cuando estamos en situaciones de máxima ansiedad; a veces puede contribuir a disparar aún más esa ansiedad, pero sin duda nos será muy útil en otros momentos, cuando todavía conservamos cierto control, o cuando estamos al comienzo de un estado de ansiedad.

La relajación no tiene nada de misterioso, pero no forma parte del repertorio de cosas que nos enseñan de pequeños, por lo que muchas personas no han tenido ocasión de practicarla.

Existen muchas técnicas de relajación, vamos a tratar de exponer una de las más sencillas.

5. Aprender a relajarnos

Acabamos de comentar que hay muchas técnicas de relajación y, siempre que consigan su objetivo, todas pueden resultarnos válidas.

Vamos a exponer una de las más utilizadas y fáciles de seguir.

Técnica de relajación muscular progresiva

— El lugar: procuraremos estar en una habitación tranquila, con una luz tenue, y carente de ruidos y distracciones. La práctica puede realizarse en una silla o sillón que permita apoyar la espalda, así como espacio suficiente para extender las piernas en línea recta. La temperatura de la habitación ha de ser confortable y conviene que nos desprendamos de ropas incómodas o que nos aprieten demasiado.

— El procedimiento: el primer paso consiste en leerse todo el ejercicio y familiarizarse con el método y con los grupos de músculos que nos dispongamos a relajar. Al principio esto puede parecer un poco complicado, pero al final de la primera sesión conoceremos todo el procedimiento y lo podremos realizar con bastante facilidad. Para ayudarnos, hemos dividido los grupos en seis zonas principales del cuerpo, que son:

Grupo M. Manos y brazos.
Grupo N. Nuca, hombros y cuello.
Grupo O. Ojos, cejas y frente.
Grupo C. Cuello, lengua, labios, maxilares y boca.
Grupo T. Tronco (pecho y abdomen).
Grupo P. Piernas, glúteos y pies.

Podemos recordarlo memorizando la siguiente frase mnemotécnica: *Mamá No Oye Cómo Toca Papá*. Como podemos ver, la primera letra de cada una de las palabras de la frase se corresponde con una de las seis partes del cuerpo. Este ejercicio mnemotécnico y una cuidadosa lectura del texto nos permitirá completar la primera sesión práctica sin demasiadas dificultades.

El procedimiento es muy simple. Consiste en ir concentrándose en cada uno de los grandes grupos de músculos de las seis partes del cuerpo, tensándolos y relajándolos alternativamente. No tardaremos en aprender la diferencia que existe entre tensión y relajación. Pero debemos concentrarnos en el acto de desplegar los músculos. Aun cuando pensemos que ya están relajados, continuaremos e intentaremos relajarlos todavía un poco más. Sintamos cómo los músculos se nos hacen cada vez más y más pesados. Debemos concentrarnos en cada uno de los grupos de músculos durante un periodo aproximado de medio minuto.

Durante este tiempo, puede que los músculos comiencen con un hormigueo y los sintamos ligeramente fríos. No debemos preocuparnos, es una parte normal del proceso de relajación.

Cuando realicemos los ejercicios de respiración para tensar y relajar los músculos del pecho, comprobaremos que la inspiración produce tensión y la espiración, relajación. Cuando relajemos estos grupos de músculos estaremos respirando de forma sencilla y ligera, pero en cada ocasión que exhalemos, intentaremos relajarnos un poco más profundamente que la vez anterior. Aprenderemos a asociar la exhalación con la relajación.

Una vez que hayamos relajado todos los grupos de músculos, permaneceremos serenos y quietos, y trataremos de formarnos una imagen mental de alguna escena tranquila y suave. Puede ser un río rodeado de una vegetación exuberante, o una playa cálida y desierta, o la imagen de las olas rompiendo lentamente en una bahía tropical. O puede tratarse simplemente de un conjunto de colores suaves. Al principio puede resultarnos difícil mantener esta escena mental durante algunos segundos, pero con la práctica nos resultará cada vez más fácil la utilización de estas imágenes, que nos sirven para aumentan nuestra sensación de bienestar y relajación.

Los ejercicios

Cada persona deberá leer el desarrollo de todos estos ejercicios y mantendrá en su memoria la frase mnemotécnica, para ayudarle a recordar los grupos de músculos implicados: *Mamá No Oye Cómo Toca Papá*.

En nuestro caso, y dado que estamos en un soporte escrito, sería aconsejable que grabásemos en una cinta todo el proceso de relajación. Aunque lo hemos transcrito en tercera persona, conviene que lo hagamos refiriéndonos a nosotros. Por ejemplo: «Dobla los brazos por los codos, para tensar los músculos de la parte anterior de los brazos».

• GRUPO M (manos y brazos)

Puños: cierre los puños todo lo fuerte que pueda durante cinco segundos y sienta la tensión que esto produce. Después, relájelos por completo y note la diferencia entre la tensión y la relajación. Concéntrese en desplegar los músculos durante aproximadamente un minuto.

Parte anterior de los brazos: ahora doble los brazos por los codos para tensar los músculos de la parte anterior de los brazos. Mantenga esta posición durante unos cinco segundos y después relájese y deje colgar los brazos a lo largo de su cuerpo. Continúe desplegando los músculos y concéntrese en la sensación de dejarse llevar durante medio minuto, más o menos.

Parte posterior de los brazos: en esta ocasión debe extender los brazos todo lo rígidamente que pueda. Sienta la tensión en la parte posterior de sus brazos durante unos cinco segundos y después relájese. Extiéndalos a lo largo de su cuerpo y siga dejando que los músculos se desplieguen durante aproximadamente medio minuto.

• GRUPO N (nuca, hombros y cuello)

Hombros: encoja los hombros, elevándolos hacia la nuca todo lo que pueda y sintiendo la tensión en ellos. Mantenga esa misma posición durante cinco segundos y después relájese. Deje que sus hombros caigan y se desplieguen. Mantenga esa sensación de dejarse llevar durante medio minuto.

Nuca: puede tensar estos músculos apretando la parte posterior de la cabeza contra el respaldo del sillón o simplemente echando la cabeza hacia atrás, todo lo fuerte que pueda, durante unos cinco segundos. Sienta la tensión y después vuelva la cabeza a la posición inicial, relajando la nuca y sintiendo cómo su cabeza descansa suavemente. Concéntrese en la sensación de dejarse llevar durante el siguiente medio minuto.

Cuello: gire la cabeza hacia su derecha y ponga en tensión los músculos del cuello durante cinco segundos. A continuación vuelva la cabeza a la posición de partida y concéntrese en los músculos del cuello durante medio minuto. Seguidamente realice el ejercicio simétrico del anterior, girando la cabeza a su izquierda y poniendo los músculos del cuello en tensión durante cinco segundos, para después volver la cabeza a la posición inicial y relajar de nuevo los músculos durante medio minuto, concentrándose en ellos.

• GRUPO O (ojos, cejas y frente)

Frente y cuero cabelludo: ponga en tensión estos músculos elevando las cejas como en un signo marcado de interrogación. Trate de elevar las cejas todo lo que pueda y mantenga esa misma posición durante unos cinco segundos. Sienta la tensión y después relájese durante medio minuto. Note la diferencia existente entre la tensión y la relajación y concéntrese en la sensación de dejarse llevar. Mantenga los ojos cerrados o quietos, mirando directamente hacia delante.

Ojos y cejas: ponga en tensión las cejas frunciéndolas todo lo intensamente que pueda, al mismo tiempo que cierra con fuerza los ojos. Mantenga esa misma posición de tensión durante cinco segundos y después relájese. Sienta el alivio de dejarse llevar y siga suavizando la caída de las cejas. Durante el medio minuto siguiente, concéntrese únicamente en estos músculos.

• GRUPO C (cuello, lengua, labios, maxilares y boca)

Boca y labios: los músculos de los labios y del rostro se pueden tensar presionando fuertemente los labios entre sí. Mantenga esta posición durante cinco segundos y después relájese. Deje que sus labios descansen juntos y siga notando la sensación de dejarse llevar durante aproximadamente medio minuto.

Maxilares: pueden tensarse apretando los dientes (como si estuviera mordiendo algo entre las muelas) durante cinco segundos. Sienta la tensión en la mandíbula y después relaje los músculos. Finalmente, separe ligeramente los dientes, de modo que no se produzca ninguna tensión en la mandíbula y sienta el alivio de dejarse llevar durante el siguiente medio minuto.

Cuello y lengua: estos músculos pueden tensarse colocando la punta de la lengua sobre el paladar, y presionando hacia arriba todo lo fuerte que pueda durante unos cinco segundos. Sienta la sensación de dejarse llevar y deje que la lengua se hunda en el fondo de la boca. Mantenga la sensación de relajación durante aproximadamente medio minuto.

- GRUPO T (tronco: pecho y abdomen)

Pecho: haga una inspiración profunda y contenga la respiración durante unos cinco segundos. Sienta la tensión en el pecho y después exhale el aire, concentrándose en la sensación de dejarse llevar. A continuación, vuelva a respirar profundamente. Sienta la tensión. Contenga la respiración durante unos cinco segundos, exhale y relájese. Mantenga la respiración superficial y relájese como antes. Cada vez que exhale concéntrese en la sensación de alivio de dejarse llevar. Continúe practicando este ejercicio durante el minuto siguiente.

Estómago-abdomen: encoja los músculos situados alrededor de la zona del estómago como si se estuviera preparando para recibir un golpe. Sienta la tensión mientras los músculos están encogidos y rígidos. Mantenga esta posición durante unos cinco segundos. Después relájese y deje que los músculos del tronco se distiendan durante medio minuto.

- GRUPO P (piernas, pies y glúteos)

Glúteos: presione uno contra otro durante cinco segundos y a continuación relájelos durante el medio minuto siguiente.

Piernas y pies: ténselos extendiendo las piernas hacia adelante y dirigiendo los dedos de los pies hacia abajo. Mantenga esa misma posición durante cinco segundos. Sienta la tensión en sus piernas y pies y después relájese por completo. Sienta cómo la tensión va desapareciendo de sus piernas y caderas y siga dejándose llevar, desplegando los músculos durante el siguiente medio minuto. A continuación repita el ejercicio pero tirando de las puntas de sus pies hacia arriba, y después relájelos de nuevo.

Repaso mental de todo el cuerpo: durante los dos o tres minutos siguientes haga un repaso mental de todos y cada uno de los grupos musculares que ha ido tensando y relajando, de modo que pueda relajarlos aún un poco más. Basta para ello con que se concentre alternativamente en los músculos, en el orden en que lo hizo la primera vez (manos, brazos, hombros..., hasta terminar por las piernas y los pies).

A continuación vamos a tratar de exponer, de forma muy resumida, otra de las técnicas de relajación más utilizada: la respiración diafragmática.

Respiración diafragmática

Nadie puede negar que nos pasamos la vida respirando, pero ¿hemos dedicado algún tiempo de esa vida a aprender a respirar correctamente?

La respiración más completa es la abdominal. Sin embargo, normalmente respiramos sólo con el tercio superior de los pulmones, y este hecho provoca que la respiración sea deficitaria.

Por el contrario, un control adecuado de nuestra respiración constituye una de las estrategias más sencillas para hacer frente a las situaciones de estrés, y manejar los aumentos que tienen lugar en la activación fisiológica.

Puede acercarse a la respiración abdominal a través de tres fases:

— Localización del diafragma. Para ello ayúdese colocando sus manos en el abdomen.
— Respiración abdominal con presión de las manos sobre el abdomen.
— Respiración abdominal libre. Una vez que ya ha conseguido realizar la respiración diafragmática con la ayuda de las manos, proceda a retirarlas gradualmente, para conseguir la respiración automática.

Respiración abdominal

— Inspire dirigiendo el aire a la zona del abdomen.
— Para ello, coloque las dos manos sobre el abdomen, justo donde terminan las costillas. Si realiza el ejercicio correctamente, percibirá un claro movimiento sobre las manos, pero no en el pecho ni en los hombros. (Presione las manos sobre el abdomen en el momento de espirar, como si contrajera el vientre; a continuación dirija el aire que aspira a esa zona del vientre, donde usted siente su mano; hágalo como si quisiera empujar su mano hacia fuera; recuerde que al respirar usted deberá sentir como se mueve el abdomen, pero no el pecho).
— Continúe respirando de esta forma, lenta y pausadamente.
— A continuación retire las manos del abdomen y siga respirando del mismo modo.

— Imagine que los dos tiempos de su respiración (inspiración y espiración) son los suaves movimientos
de una ola que llega a la playa y a continuación se
retira:

Inspiración – Llegada de la ola
Espiración – Retirada de la ola

Practicaremos la respiración abdominal tanto como nos
sea posible. Es normal que al principio nos resulte un poco
molesta (exageramos demasiado los movimientos), pero pronto aprenderemos a ejecutarla correctamente y sentiremos los
beneficios de su uso.

Podemos potenciar los efectos positivos de la respiración diafragmática cuando unimos a la misma la visualiza-
ción (como en el caso de las olas). Cada persona intentará
visualizar aquello que más le relaje o le produzca mayor
satisfacción; se concentrará en esa imagen y disfrutará de la
sensación general de relajación. Mantendrá esa sensación
en la mente todo lo que pueda, sintiendo cómo se va relajando más y más. Durante este periodo mantenga los ojos
cerrados y trate de ver en su mente la imagen agradable.
Al cabo de unos minutos abra los ojos y vuelva a mover el
cuerpo lentamente. A continuación, levántese y reanude sus
tareas.

Lógicamente, cuando practiquemos la relajación, intentaremos que en todo momento nuestra respiración sea
abdominal; aunque tampoco nos obsesionaremos por este
hecho, porque entonces podríamos dificultar la propia relajación.

6. El autorrefuerzo

Como su nombre indica, consiste en administrarnos refuerzos; es decir, en «premiarnos» ante determinadas situaciones o después de algunas conductas.

Si lo pensamos un poco, nos daremos cuenta de que, en general, no estamos acostumbrados a autorreforzarnos; sin embargo, ¡con qué facilidad nos regañamos!

De nuevo la educación que hayamos podido recibir, las costumbres imperantes a nuestro alrededor, los modelos de conducta que hayamos tenido..., así como nuestro propio carácter, habrán contribuido en mayor o menor medida a que seamos unas personas que nos premiemos con cierta facilidad, o nos castiguemos continuamente.

Puede ocurrir que apenas estemos utilizando uno de los mecanismos que más contribuyen a mejorar nuestra seguridad y autoestima personal.

Cuando reforzamos una conducta, ésta tiende a repetirse. Parece pues lógico que, por ejemplo, si nos cuesta mucho decir «no» a lo que nos piden, una vez que lo hemos hecho debemos reconocérnoslo ampliamente; nos felicitaremos por ello, nos diremos frases del estilo a: ¡lo he conseguido!, ¡lo he hecho bastante bien!, ¡la próxima vez me resultará más sencillo!, ¡lo logré!... En algunas ocasiones lo comunicaremos también a las personas más cercanas o más significativas para nosotros y, si lo estimamos adecuado, podemos premiarnos con alguna cosa extra; por ejemplo, con la cena que nos gusta, con una película, con un libro; aunque autorrefuerzo no significa necesariamente comprarnos cosas; en absoluto, recordemos siempre que el mejor refuerzo es el refuerzo social (el reconocimiento nuestro o de las personas que nos rodean).

En definitiva, según cómo nos encontremos y en qué circunstancias, podremos utilizar una serie de técnicas y recursos que mejoren nuestro autocontrol.

En muchas ocasiones utilizaremos una combinación de las diferentes técnicas:

— Percibir la «señal» de ansiedad + confrontación
— STOP: parada de pensamiento
— Relajación + respiración diafragmática
— Autorrefuerzo por la aplicación de la técnica

En los casos en que estamos practicando el autocontrol, siempre insisto en que tengamos cuidado con lo que nuestro cuerpo, a nivel físico, nos pide. Es lógico que en esos momentos no nos apetezca hacer nada y sólo deseemos que nos dejen en paz y tranquilos en nuestra casa; pero sería un error hacerlo.

Justo en esas situaciones es importante que nos mantengamos activos, que salgamos de casa, que nos obliguemos a hacer algunas actividades. Sin duda, hay muchas cosas que habitualmente nos ayudan a sentirnos bien, será el momento de recordarlas y de «ponernos en marcha».

Por otra parte, cuando sintamos que nos cuesta mucho confrontar nuestras ideas irracionales, aquellas que nos preocupan, ¡no nos empeñemos en seguir haciéndolo!; es preferible que nos obliguemos a centrar nuestra atención en otra cosa. Las personas que están a nuestro lado nos ayudarán más cambiando de conversación, que escuchando pacientemente cómo repetimos, una y otra vez, lo que nos hace sentirnos mal.

Cuando nos sintamos flojos, lejos de «regañarnos», nos animaremos y premiaremos con generosidad.

Pero todas estas técnicas estarían incompletas si no intentamos desarrollarlas utilizando nuestros mejores recursos; a saber:

— El razonamiento lógico/el sentido común
— El sentido del humor/la alegría
— La empatía
— La esperanza
— La motivación
— La ilusión
— La afectividad
— La felicidad
— ...

Bibliografía

Álava Reyes, M. J., *El NO también ayuda a crecer*, La Esfera de los Libros, Madrid, 2002.

—, *La inutilidad del sufrimiento*, La Esfera de los Libros, Madrid, 2003.

—, *Emociones que hieren*, La Esfera de los Libros, Madrid 2005.

Beck, A., *Con el amor no basta*, Paidós, Barcelona, 2003.

Castanyer, O. y Ortega, E., *¿Por qué no logro ser asertivo?*, Desclée de Brouwer, Bilbao, 2001.

Corbella, J., *Vivir en pareja*, Luciérnaga, Barcelona, 2005.

Costa, M. y Serrat, C., *Terapia de pareja*, Alianza, Madrid, 1987.

Dyer, W., *Cómo controlar la ansiedad antes de que le controle a usted*, Paidós, Barcelona, 2000.

Echeburúa, E. y Fernández-Montalvo, J., *Celos en la pareja: una emoción destructiva*, Ariel, Barcelona, 2001.

Ellis, A., *Ser feliz y vencer las preocupaciones*, Obelisco, Barcelona, 2003.

—, Crawford, T., *Cómo mejorar las relaciones íntimas*, Obelisco, Barcelona, 2003.

—, *Ser feliz*, Obelisco, Barcelona, 2005.

Garrido, V., *Contra la violencia*, Algar, Barcelona, 2002.

GONZÁLEZ, J. L. y LÓPEZ, L. A., *Sentirse bien está en tus manos*, Sal Terrae, Santander, 1999.

GORDON, S. y FANTLE, E., *Otra oportunidad para el amor*, Amat, Barcelona, 2005.

GORMAN, A. S., *Casebook of Marital Therapy*, Guilford, Nueva York, 1985.

HERAS, J. de las, *Conflictos de pareja*, Espasa Calpe, Madrid, 2003.

JACKSON, A. J., *Los diez secretos de la abundante felicidad*, Sirio, Barcelona, 2003.

KEYES, K. Jr. y BURKAN, B., *Cómo hacer que tu vida funcione*, Obelisco, Barcelona, 1994.

KLEIN, S., *La fórmula de la felicidad*, Urano, Barcelona, 2004.

LÓPEZ-JURADO, M., *¿Es posible mejorar la relación con tu pareja?*, Desclée de Brouwer, Bilbao, 2004.

NIVEN, D., *Los 100 secretos de las parejas felices*, Granica, Barcelona, 2004.

—, *Los 100 secretos de ser feliz*, Granica, Barcelona, 2004.

PEASE, P., *Por qué los hombres mienten y las mujeres lloran*, Amat, Barcelona, 2003.

RIBEIRO, L., *Inteligencia aplicada*, Planeta, Barcelona, 2003.

RISO, W., *Ama y no sufras*, Granica, Barcelona, 2005.

ROJAS, E., *Remedios para el desamor*, Temas de Hoy, Madrid, 2002.

ROJAS MARCOS, L., *La pareja rota*, Espasa Calpe, Madrid, 2002.

SELIGMAN, M., *La auténtica felicidad*, Vergara, Barcelona, 2003.

SERUAN-SCHREIBER, D., *Curación emocional*, Kairós, Barcelona, 2005.

SHELTON, N. y BURTON, S., *Haga oír su voz sin gritar*, FC Editorial, Madrid, 2004.

True, D., *¿Qué quieren las mujeres de los hombres?*, Amat, Barcelona, 2004.

Urra Portillo, J., *Escuela práctica para padres*, La Esfera de los Libros, Madrid, 2004.

Vallejo-Nágera, A., *El amor no es ciego*, Temas de Hoy, Madrid, 2005.

Varela, P., *Amor puro y duro*, La Esfera de los Libros, Madrid, 2004.

VV. AA., *Educar con inteligencia emocional*, Plaza & Janés, Barcelona, 2000.